广播电视文艺编导专业"十四五"规划实践教材

综艺节目创作

关玲　过彤　朱星辰　著

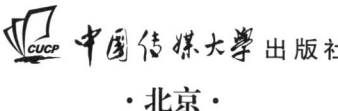

·北京·

图书在版编目(CIP)数据

综艺节目创作 / 关玲，过彤，朱星辰著. -- 北京:中国传媒大学出版社，2022.10
ISBN 978-7-5657-3267-6

Ⅰ.①综… Ⅱ.①关… ②过… ③朱… Ⅲ.①文娱活动—电视节目—制作 Ⅳ.①G222.3

中国版本图书馆CIP数据核字(2022)第159971号

综艺节目创作
ZONGYI JIEMU CHUANGZUO

著　　者	关　玲　过　彤　朱星辰
策划编辑	王雁来
责任编辑	王雁来
封面设计	张李聪
封面制作	郭　琳
责任印制	李志鹏
出版发行	中国传媒大学出版社
社　　址	北京市朝阳区定福庄东街1号　　邮　编　100024
电　　话	86-10-65450528　65450532　　传　真　65779405
网　　址	http://cucp.cuc.edu.cn
经　　销	全国新华书店
印　　刷	北京中科印刷有限公司
开　　本	787mm×1092mm　1/16
印　　张	15.75
字　　数	265千字
版　　次	2022年10月第1版
印　　次	2022年10月第1次印刷
书　　号	ISBN 978-7-5657-3267-6/G·3267　　定　价　78.00元

本社法律顾问：北京嘉润律师事务所　郭建平

版权所有　翻印必究　印装错误　负责调换

　　从2013年开始，我国的综艺节目市场进入了节目类型不断丰富、节目品质不断提高、节目影响力不断扩大的繁荣时代。这个属于综艺的时代发展至今，爆款节目频出，但同样也迈入了创新的瓶颈期，无数广播电视从业者，我的同事、学生们不禁发问，当下的综艺节目应当如何进一步创新？要成为一名优秀的综艺节目策划者，节目创作过程中最重要的是什么？我们作为广播电视行业的研究者，应当回到业界，回归节目策划本体，为从业者提供一个答案，一份参考。

　　这本《综艺节目创作》，是由中国传媒大学戏剧影视学院广播电视文艺系为主导编著的，我相信它会成为很长一段时间内我们教学与实践工作的一本指南。它仍然是文编人熟悉的原汁原味的教科书，问题导向意识强，但又不同于以往的教材，这次我们秉持着精准聚焦、迅速上手、直击实践的原则，紧密联系业界创作者，结合时下最新最潮最火爆的综艺节目案例现身说法，解答节目创作中遇到的种种问题与挑战，为当下以及未来的广播电视文艺从业者们指引方向。本书一共分为四章，从电视综艺节目的诞生发展到创作实务，从创作元素到问题解惑，涵盖了综艺节目策划的万千气象。这将是一本宝典，也将是每个综艺节目从业者的必备日志。

　　编写过程中我不禁回首望去，看到了无数先辈前行的身影，也看到了当下广播电视人努力的笑容。这三十余年广播电视行业的从业经历让我感慨万千，我见证了整个广播电视文艺从兴起、发展到今天的繁荣的整个过程，也深切感受到文编人的可爱之处，他们敢于突破、勇于创造，他们坚持标准、恪守原则，这是一群永远热爱综艺、热爱文艺的人，这是一群永远在路上的人，向你们致敬，我的同仁们！

慎海雄部长曾经提到，我们需要坚持发扬精益求精、一丝不苟、追求完美的工作精神，全链条全领域全方位实现"满屏皆精品"，这与中国传媒大学戏剧影视学院的办学育人原则是一致的，我相信，从这片土壤中开出的文艺之花，将不断茁壮成长，直至绽放到中国广播电视事业的每一个角落！

是为序。

关玲

中国传媒大学戏剧影视学院院长

广播电视艺术学教授、博士生导师

当今是中国电视媒体剧烈变革的时代,全媒体融合正在构建中国电视产业发展的全新格局,数字化发展大潮的到来,对媒体从业者提出了更高的要求。我们常说"新闻立台,文艺兴台",可见文艺在一个媒体机构发展中所扮演角色的重要性。一个时代有一个时代的气质,一个时代有一个时代人们对美好生活的愿景,一个时代也有一个时代的审美追求,综艺节目就像一面镜子,让我们清晰地看到这种气质、愿景和追求。综艺节目如何顺应这个时代?作为综艺从业者的我们如何自我迭代?

慎海雄部长曾提到,我们要牢牢把握创新这一主基调主旋律,增强创新创造的行动自觉。央视创造传媒的"创造"二字正取自于此,央视频也正在技术与艺术、技术与思想、技术与受众的融合方面不断创新创造。面对已经到来的变革时代,我们希望这些探索不仅能为中央广播电视总台的创新积累经验,还能为电视行业的发展服务。于是,《综艺节目创作》应运而生。

从《正大综艺》到《谢天谢地,你来啦》,从《挑战不可能》《故事里的中国》《典籍里的中国》到《央young之夏》,回首三十年来一路引领电视综艺的浪潮,触摸着市场变革的心跳,我们整理、总结一线节目制作的探索和经验,并以案例的形式通过这本《综艺节目创作》分享给读者。值得一提的是,这次我们尝试从更多元的维度探讨节目创作,不仅涉及内容创作的方方面面,也从商业运作、品牌营销、产业生态等角度提供了新路径和新思路。

"江山留胜迹,我辈复登临。"这是广播电视文艺领域学界和业界互通共融、联合创新的一次有益尝试,既是对三十年来广播电视文艺工作者宝贵实践经验的总结，也为综艺节目今后的发展提供了新的视点和思路，是一部承前启后的指南。

"文章合为时而著，歌诗合为事而作。"我们希望通过这本教材，为当下以及未来的综艺节目从业者指引方向，在这样多媒体融合的大传播时代中，拥抱用户、拥抱技术、拥抱产业，把握时代的脉搏，创作出更多与时代同呼吸、共命运的精品。

过彤

央视国际网络有限公司党委书记、董事长

央视频融媒体发展有限公司总经理

CONTENTS 目录

导 读 / 1

第一章　综艺节目的诞生、发展历程及类型划分 / 1
　　第一节　综艺节目发展历程概述 / 1
　　第二节　综艺节目的类型划分 / 11

第二章　综艺节目创作实务 / 32
　　第一节　综艺节目策划的基本概念 / 32
　　第二节　节目策划的前置准备 / 54
　　第三节　节目策划的核心——构建故事 / 67
　　第四节　节目策划的重点——创新并建立模式 / 78
　　第五节　节目策划的支点——人物 / 89
　　第六节　节目策划的空间选择——场景 / 107
　　第七节　什么是好的策划 / 116

第三章　综艺节目创作的四个热门元素 / 122
　　第一节　竞赛元素 / 122
　　第二节　音乐元素 / 131

第三节　游戏元素　　　　　　　　　　　　　　　　　　　／ 161

　　第四节　女性元素　　　　　　　　　　　　　　　　　　　／ 172

第四章　综艺节目发展的瓶颈及未来趋势　　　　　　　　　　／ 179

　　第一节　综艺节目的现状及发展瓶颈　　　　　　　　　　　／ 179

　　第二节　综艺节目呈现特征及未来发展趋势　　　　　　　　／ 186

附　录　　　　　　　　　　　　　　　　　　　　　　　　　／ 199

后　记　　　　　　　　　　　　　　　　　　　　　　　　　／ 241

导　读

一、教材目标

　　1.从项目内容创作、编排制作、商务运营、宣发传播等多角度宏观讲解综艺节目的生产机制及规律，提供行业宏观视角。

　　2.为相关领域从业者及高校相关专业学生提供规范化的理论参考。

　　3.连通学界与业界平台，将理论教学与实践案例相结合并进行深度解读分析。

二、教材章节划分

　　教材分为四个章节，分别为：

　　1.综艺节目本体内容概括，具体包括综艺节目的诞生、综艺节目的发展历程和综艺节目的类型划分。

　　2.综艺节目创作实务。

　　3.近年来综艺节目创作的热门元素。

　　4.综艺节目发展所面临的瓶颈和未来发展趋势。

三、教材内容布局

　　教材采用板块写作的方式对所阐释问题进行有针对性的论述和解答，板块包括：章节内容概述、主体内容、案例分析、课后思考题。

第一章
综艺节目的诞生、发展历程及类型划分

本章内容

对电视综艺节目的诞生及发展历程进行系统论述，总结综艺节目的历史分期及特征，并依据当前综艺节目的内容及形态进行不同视角下的类型划分，旨在清晰解读综艺节目本体的元素架构及特色。

第一节　综艺节目发展历程概述

从电视综艺节目发展历程来看，电视综艺节目的发展大致可以分为三个阶段（见表1-1）：

第一阶段：以《综艺大观》《正大综艺》为代表的综艺节目的诞生期；

第二阶段：以《幸运52》《开心辞典》为代表的综艺节目成熟期；

第三阶段：以《故事里的中国》《典籍里的中国》为代表的综艺节目井喷期。

从各个时期综艺节目发展的特点来看，电视综艺节目又可以细分为五个发展阶段：

1990—1996年，以"表演"为核心内容的综艺节目；

1997—2000年，以"游戏"为核心内容的综艺节目；

2001—2006年，以"互动"为核心内容的综艺节目；

2007—2013年，以"体验"为核心内容的综艺节目；

2014年至今：以"文化"为核心内容的综艺节目。

表1–1　综艺节目发展三个阶段的代表节目

发展时期	节目名称	制播信息	节目概述
诞生期	《正大综艺》	1990年4月21日起每周六19:30在中央电视台财经频道首播； 2003年7月13日起每周日19:30在中央电视台综艺频道首播； 2004年10月9日起每周六20:35在中央电视台综艺频道首播； 2010年9月19日起每周日18:00在中央电视台综合频道首播	节目由"世界真奇妙""五花八门""名歌金曲"三部分构成，以世界各地的旅游文化为切入点，围绕"看"做文章，通过猜谜的形式向观众介绍世界各地的风光、习俗、名胜、趣事
诞生期	《曲苑杂坛》	1991年11月2日起在中央电视台综艺频道首播，2011年10月13日停播	节目以"弘扬中华传统文化，尽显民族艺术瑰宝"为宗旨，节目形式以相声、小品、魔术、杂技、评书、笑话、马戏、说唱等为主，同时介绍世界各国的杂技、马戏和滑稽节目等
诞生期	《东西南北中》	1993年3月起每周六在中央电视台综合频道播出，2003年停播	中央电视台文艺部推出的一档介绍全国各地文化的休闲娱乐节目
成熟期	《幸运52》	1998年11月22日起每周日22:35在中央电视台综合频道首播； 2000年7月7日起每周五19:30在中央电视台经济频道首播； 2008年10月27日停播	《幸运52》是中央电视台最具知名度的益智性、互动性品牌节目。节目以场内外互动的方式呈现，打破娱乐类、知识竞赛类节目界限，有机地融合游戏与知识普及，充分调动观众参与热情，知识性、游戏性与竞赛性并重
成熟期	《开心辞典》	2000年7月7日起每周五22:00在中央电视台经济·生活·服务频道首播； 2009年8月12日改由中央电视台综艺频道播出； 2013年1月5日停播	节目面向大众，提供广泛的参与空间和机制，搭建刺激的智慧擂台，集趣味、益智、知识、紧张、惊险、幽默于一身
井喷期	《故事里的中国》	第一季于2019年10月13日起每周日20:00播出，2020年1月25日完结； 第二季于2020年10月2日起每周六20:00播出，2021年1月31日起调档至每周日20:00播出，2021年2月7日完结； 第三季于2021年11月21日晚首播	节目通过"戏剧+影视+综艺"的综合表达方式，演绎经典片段，访谈主创人物，再现真实故事背后的情感力量
井喷期	《典籍里的中国》	2021年2月12日起在中央电视台综合频道首播，2021年10月10日完结，目前正在筹备第二季	节目聚焦优秀中华文化典籍，通过时空对话的创新形式，以"戏剧+影视化"的表现方法，讲述典籍在五千年历史长河中的源起、流转以及书中的闪亮故事

一、综艺节目的诞生期

（一）节目概述

纵观电视综艺节目发展历程，从20世纪80年代中央电视台《春节联欢晚会》开始，电视有了综艺化的理念；到了1990年，随着《综艺大观》《正大综艺》的开播，电视综艺节目有了固定的形态。根据历史资料及论证，业内及学界普遍认为，电视综艺节目诞生于1990年左右，其标志为中央电视台《综艺大观》节目的开播。同传统栏目式文艺节目最大的不同在于，《综艺大观》以当时的知名演员和文艺表演为主要呈现方式，这奠定了综艺节目与参与者知名度密不可分的节目基调。

从节目内容角度来看，《综艺大观》综合了不同的艺术门类，体现了节目内容多元复杂的综艺化属性；从节目参与者角度来看，《综艺大观》集合不同时期最具有知名度的主持人、演员参与节目，王刚、成方圆、倪萍、周涛等先后担任该节目的主持人；从节目风格来看，《综艺大观》具有鲜明的大众性、娱乐性风格，适合不同年龄、不同领域的受众群体观看，因此，该节目自开播以来，备受关注。由此，娱乐流量、多元艺术与大众传播话题，就成为该类节目必备的属性特色。

（二）案例分析：《综艺大观》

1.播出平台

中央电视台综合频道。

2.播出时间

1990年3月14日起每周六20:00开播，2004年10月8日停播。

3.节目时长

50分钟。

4.节目模式

节目以"真情温馨、娱乐百姓"为主题风格，运用现代电视手段，综合了各艺术门类的娱乐特征；在强化节目意识、品牌意识的同时，与中央电视台的其他优秀节目实现精彩互动、横向组合；每一期换一个合作节目，形成强强联手；用戏剧、演唱、器乐演奏、舞蹈、魔术、杂技、戏曲、音乐剧、诗朗诵，甚至内心独白等艺术形式来表现故事。

5.节目价值

（1）培养了综艺晚会类主持人，由此，主持人领域非常鲜明地出现了新闻类和综艺类主持人的划分。

（2）培养了综艺节目类编导，是后续综艺节目编导成长的摇篮，形成了文艺编导所针对的节目类型阵营，使文艺编导专注于大型晚会及综艺节目，有效区分了新闻、纪录片的电视编辑。

（3）推出了诸多文艺作品，小品尤为突出。

（4）成为后续春节晚会各个内容环节、制作环节参与人员的孵化基地。

6.节目瓶颈

（1）一旦小品成为节目收视的主要推动力量，小品创作的衰落就会使节目的闪光点逐渐暗淡。

（2）同类型电视节目层出不穷，节目缺乏新意。

（3）主持人更换频繁，导致节目风格及定位逐渐模糊，丧失特色。

二、综艺节目的成熟期

（一）节目概述

综艺节目的发展成熟期约为1996年至2010年，在这一时期，央视和湖南卫视皆有高品质综艺节目产出。

以央视《幸运52》《开心辞典》等为代表的益智类综艺节目成为这一时期综艺节目的主要表现形式，湖南卫视的《快乐大本营》和《欢乐总动员》则将娱乐元素和明星元素不断放大，游戏环节成为节目的必备环节，明星做游戏也成为节目最受欢迎的爆点之一。

与此同时，江苏卫视、浙江卫视、上海卫视、北京卫视成为综艺节目输出四大阵营。风格上，央视的表演+益智与湖南卫视固有的娱乐+游戏成为两大主体类型。其中，央视综艺节目不断强化与普通观众的互动环节，增强了益智类综艺节目的可看性。湖南卫视综艺节目则强化普通观众在游戏环节中的参与感，对观众的关注成为这一时期各大平台综艺节目共有的特色。

(二) 案例分析：《幸运52》

1. 播出平台

中央电视台。

2. 播出时间

1998年11月22日起每周五22:35首播，2000年7月7日起调整为每周五19:30首播，2008年10月27日停播。

3. 节目时长

60分钟左右。

4. 节目模式

原版为英国博彩类节目GOBINGO，央视对其进行了本土化改造。《幸运52》主要节目形式是邀请普通百姓担当选手，以智力竞猜和趣味竞赛的方式进行智力比拼，获胜选手将会获得丰厚的实物奖品。在场内选手激烈角逐的同时，场外观众也可以通过热线电话及时地参与到节目中，并获得相应的奖励。节目共设五个环节，考察选手的创造性、发散性思维以及手脑协调能力等。在纯知识性环节的设计中，题目的选择也更注重趣味性和新知性。

2005年，其推出的特别节目《幸运购物街》采取全家集体报名的方式参与节目，家庭团队没有人数限制，每个家庭成员都有机会成为选手，到舞台上展示自己的风采。所有上台的选手都是现场从参与节目的观众中随机抽取的。

2008年2月24日，《幸运52》推出"谁家更聪明"主题节目。与"益智答题"的节目形式的区别在于，该主题更注重节目的趣味性和播出效果，选手在答题场上的表现形式丰富多彩，给观众的印象不再是单纯的"百科知识全才"，而是跳出考察选手知识储备量的局限，让选手有充分的空间展现其活跃的思维、敏捷的身手，以及创新力、表现力等特质。

5.节目价值

（1）让知识娱乐化呈现，利于传播与普及。

（2）节日结合了公益事业，社会价值与经济价值并重。

（3）开辟了益智类节目的初创模式。

6.节目瓶颈

题目资源及表现形式逐渐枯竭、缺乏新意。

（三）案例分析：《快乐大本营》

1.播出平台

湖南卫视。

2.播出时间

1997年7月11日起每周五20:15首播，后调整至每周六19:45首播，2016年1月9日起每周六20:20播出，2021年12月28日停播。

3.节目时长

85分钟左右。

4.节目模式

节目打造"快乐家族"主持人团体，采取板块的形式分割节目内容。1997年，以"快乐"为主题的《快乐大本营》诞生，节目包括"快乐传真""心有灵犀""爱的抱抱""火线冲击""音乐大不同"五大环节。2004年，《快乐大本营》接连推出了"歌词接龙""萝卜蹲""谁是卧底""抢凳子"节目环节，以及"主持人PK""闪亮新主播选拔"等内容。2011年，《快乐大本营》推出了"神马都上墙"的新环节，现场观众通过手机发送微博，其微博中关于节目、嘉宾的点评提问，均会即时显现在演播厅的大屏幕上，主持人会即兴根据节目的进展，口播大屏幕上的点评和提问。2012年，《快乐大本营》推出了"正话反说""推手""崩扣子""科学试验站"环节。2013年7月，《快乐大本营》推出了"天才笨笨碰"环节，利用随机抽取的汉语拼音声母进行汉语组词，配合高科技的游戏道具，使得知识性和可看性相得益彰。2017年，《快乐大本营》推出了新环节"不好意思让一让"。该环节是集歌唱、舞蹈、小品、情景演绎等各种表演形式于一身的大型明星创意秀。在新环节中，每一期的明星嘉宾都将分为"让让团""不让团"两大阵营进行三轮对决，每轮表演结束后，由现场观众投票，实时决定双方主导权。2018年3月，《快乐大本营》推出了"下一站是我"环节，这一环节迎来20位年轻的主持人进行才艺展示，只有表现最好的4个人才会留下来。同年7月，《快乐大本营》推出了"不要说，唱"环节，每期嘉宾与"快乐家族"参与新歌的创作并进行现场演绎。

5.节目价值

（1）奠定了较为鲜明的综艺真人秀风格。全民娱乐，明星与草根共同参与节目，增加游戏成分，形式更为丰富。

（2）根据时代需求不断进行调整，更新改版最为实时频繁，赋予节目持久的生命力。

（3）精准对标青年受众，带动时尚热点潮流。视听语言风格市场化、时尚化，由此奠定后续真人秀节目创作基调。

（4）主持人群体成为节目标志，并引领了节目的整体风格。

6.节目瓶颈

过度娱乐化和商业化造成了一系列负面社会舆论。

三、综艺节目的井喷期

（一）节目概述

2000年至今，互联网综艺节目大量出现，综艺节目类型多样化发展，真人秀元素被大规模引入综艺节目，市场化运作展开，综艺节目迎来了作品高产的井喷发展时期。这一时期的综艺节目出现了互联网综艺、央视系综艺、地方五大卫视系综艺几大阵营，宏观上被归纳为台综和网综两大类。综合来看，这一时期的综艺节目呈现出如下特点：

首先，真人秀元素被大规模引入综艺节目之中，真人秀成为综艺节目的直接卖点。

其次，综艺节目种类繁多，不论是节目形式还是节目内容，皆出现了不同类型的综艺作品，并逐渐确立品牌风格，延续至综N代。

再次，明星、流量、粉丝、饭圈成为综艺节目的市场赢利点。

最后，综艺节目的娱乐化、市场化功能逐渐被放大，甚至超越了内容与文艺作品的社会价值。

这一时期比较经典的综艺节目包括央视的《国家宝藏》《故事里的中国》《朗读者》《典籍里的中国》《经典咏流传》等，北京卫视的《上新了故宫》，浙江卫视的《奔跑吧兄弟》，东方卫视的《极限挑战》，湖南卫视的《向往的生活》，江苏卫视的《蒙面歌王》等，以及互联网综艺如优酷的《这！就是街舞》、爱奇艺的《中国新说唱》、腾讯视频的《令人心动的offer》以及芒果TV的《明星大侦探》等（见表1-2）。

表1-2　综艺节目井喷期的代表节目

节目名称	制播信息	节目概述
《国家宝藏》	第一季于2017年12月3日起每周日19:30在中央电视台综艺频道首播，2018年2月11日收官； 第二季于2018年12月9日起每周日19:30在中央电视台综艺频道首播，2019年2月9日收官； 第三季于2020年12月6日起每周日20:30在中央电视台综艺频道首播； 展演季于2021年10月23日起每周六19:30在中央电视台综艺频道播出，2021年12月25日收官	第一季和第二季每集邀请一家博物馆，各推荐三件镇馆之宝，交予民众甄选。每件宝藏都拥有自己的明星"国宝守护人"，他们讲述"大国重器"们的前世今生，解读中华文化的基因密码。透过节目的核心元素能够看出，节目尝试在文物与人之间建立联结，拉近当代人与历史文物的距离。第三季携手九座中华文明历史文化遗产，它们分别是600年的紫禁城、933年的西安碑林、1000年的苏州古典园林、1300年的布达拉宫、1654年的莫高窟、2200年的秦始皇陵、2500年的孔庙孔林孔府、3200年的三星堆遗址、3300年的殷墟，通过影像化展示、故事化讲述，探讨中华文明的形成及其对世界的贡献。展演季邀请嘉宾从前三季81件国宝中"揭榜招贤"，通过文艺作品来展演国宝，歌舞戏乐不限，诗词曲赋皆可
《向往的生活》	第一季于2017年1月15日起每周日20:30播出，于2017年4月16日收官； 第二季于2018年4月20日起每周五22:00播出，于2018年7月6日收官； 第三季于2019年4月26日起每周五22:00播出，于2019年7月19日收官； 第四季于2020年5月8日起每周五22:00播出，于2020年7月25日收官； 第五季于2021年4月23日起每周五22:00播出，于2021年7月23日收官	《向往的生活》是由湖南卫视、浙江合心传媒联合推出的生活服务纪实节目。节目在一个叫蘑菇屋的地方展开，嘉宾们在这里过日子，一日三餐都需要自给自足，每期节目都会有客人光顾，蘑菇屋的三位主人要想办法招待他们，并满足他们在饮食方面的要求。节目给明星嘉宾提出的要求是：自己去田地里采摘，搭炉灶，利用农居里仅有的传统生活用品，过自给自足的生活。如果再有额外的需求则需要他们用相应的劳动来交换。美好的生活都是用双手换来的，节目通过让嘉宾们回归生活本身，来讲述一些简单朴实的道理

续表

节目名称	制播信息	节目概述
《令人心动的offer》	第一季于2019年10月30日起每周三20:00在腾讯视频播出,于2020年1月1日收官; 第二季于2020年11月11日起每周三20:00在腾讯视频播出,于2021年1月13日收官; 第三季于2021年11月9日起每周二、周三20:00在腾讯视频播出	《令人心动的offer》是由腾讯视频出品的职场观察类真人秀。节目把目光聚焦到"95后"初入职场的真实体验,以职场观察为核心定位。 《令人心动的offer》第一季设置了两个展示空间,位于上海的一家律师事务所是节目内容展开的主要空间,八名实习生在这里度过一个月的实习生活,竞争两个转正名额;六位嘉宾组成"offer加油团",通过观察八名实习生的职场生活和工作表现,在演播室进行点评,猜测实习生课题排名,从而决定最终的转正名额是否增加。 《令人心动的offer》第二季讲述了李晋晔、王骁、朱一暄、王颖飞、刘煜成、詹秋怡、瞿泽林、丁辉等背景各异、个性鲜明的法律实习生,在王钊、史欣悦、郭涛、梁春娟四位律师的带教考核下,历经重重项目考验,争取君合律师事务所offer的职场故事。 《令人心动的offer》第三季聚焦医生这一职业,记录了几位怀抱医学梦想的医学生在优秀三甲医院进行的为期40天的温暖、热血又励志的实践学习过程,以全新视角展现医学生不为大众所知的成长故事,并通过竞争决定两个"心动offer"的归属

(二)案例分析:《故事里的中国》

1.播出平台

中央电视台。

2.播出时间

《故事里的中国》第一季于2019年10月13日起每周日20:00播出,2020年1月25日完成;《故事里的中国》第二季于2020年10月2日起每周六20:00播出,2021年1月31日起调档至每周日20:00播出,2021年2月7日完成;《故事里的中国》第三季于2021年11月21日起每周日20:00播出,2022年5月8日完成。

3.节目时长

90分钟。

4. 节目模式

戏剧+影视+综艺的创新表达。节目选取表现中国文化、中国故事、中国精神的现实主义题材的文本进行戏剧化、影视化改编。通过构建故事里、故事外两大叙事空间，当年、现在两大叙事时间，再现由中国经典文化建构的精神世界。

5. 节目价值

（1）艺术性、思想性大于娱乐性，为综艺节目的社会价值提供了展示空间。

（2）将传统文艺作品进行综艺化叙事呈现，赋予传统文艺作品全新的解读方法，为传统文艺作品提供了全新的综艺化叙事可能。

（3）聚焦现实主义经典作品，通过综艺节目的形式发掘时代精神，打造时代故事楷模。

6. 节目瓶颈

节目娱乐化不足导致节目无法融入市场，故事的呈现模式在后期逐渐丧失活力和吸引力。

（三）案例分析：《这！就是街舞》

1. 播出平台

优酷。

2. 播出时间

第一季于2018年2月24日首播，于2018年5月13日收官；第二季于2019年5月18日首播，于2019年8月3日收官；第三季于2020年7月18日首播，于2020年10月3日收官；第四季于2021年8月14日首播，于2021年10月31日收官。

3. 节目时长

100分钟左右。

4. 节目模式

节目以"赛伯朋克"风格打造街舞时尚街区，通过"明星导师+专业舞者真人秀"的模式，采用个人选拔、团队作战的表演方式，在四位队长的带领下组成四支战队，进行团队间的群舞比拼较量，最终产生总冠军。

5.节目价值

(1)突破舞台空间限制,让舞者从舞台回归街头,再现街舞原始面貌,扩展了表演类综艺节目的空间。

(2)节目内容体现了舞者对这类舞蹈的钟爱与信仰,使舞蹈具有文化精神,同时将街舞与中国传统文化相结合,展现这一小众流行文化的青年国民精神。

(3)利用明星战队队长的人气,打破小众文化圈层,探索了小众流行文化出圈的全新道路。

6.节目瓶颈

赛制选拔的公平性与明星艺人的流量互为掣肘,使节目的公平性备受质疑;赛制缺乏创新与小众流行文化领域中选手资源的枯竭成为节目发展的障碍;舞种融合与专业度之间存在界限问题;艺人、选手自身的专业性、社会道德问题皆成为该节目的发展瓶颈。

❓ 本节思考题

1.综艺节目发展至井喷时期,代表作品有哪些?主要呈现出何种特征?

2.请归纳总结综艺节目发展不同时期的节目特征并举例说明。

第二节 综艺节目的类型划分

对当前数量繁多、种类复杂多元的综艺节目而言,通过不同视角对其进行分类,能够更有效、更快捷地了解不同类型综艺节目的特征、创作及运营规律,为综艺节目创作者及从业者提供有效的内容产出及模式架构依据。

一、根据目的进行类型划分

根据节目目的,综艺节目可划分为赛制类和体验类两个亚类型。

(一)赛制类综艺节目

赛制类综艺节目以竞赛名次、淘汰为主要元素,根据节目不同内容增加真人秀环节,但最终目的仍然是比赛,在多轮比赛中展现相应内容,内容以音乐、舞蹈等适合视听呈现的表演形式居多(见表1-3)。

表1-3 赛制类综艺节目代表

节目名称	制播信息	节目概述
《披荆斩棘的哥哥》	节目于2021年8月12日起单周每周四、周五12:00播出,双周每周五12:00播出,于2021年10月29日完结	芒果TV推出的全景音乐竞演综艺节目。节目中,30余位嘉宾互相挑战,披荆斩棘,通过男人之间的较量、家族建立的过程,诠释"滚烫的人生永远发光",见证永不陨落的精神力量
《追光吧!哥哥》	节目于2020年12月5日起每周六20:30在优酷、东方卫视联合播出,于2021年2月27日完结	该节目在3个月内让21位成熟男性艺人褪去现在的光环,重新回到追光学院,进行才艺考核、分组打磨,重新学习、再次出发
《乐队的夏天》	第一季于2019年5月25日在爱奇艺首播,于8月10日收官;第二季于2020年7月25日在爱奇艺首播,于10月10日收官	该节目集结了不同风格的30余支乐队,通过不同主题单元的内容设计及音乐表演,角逐中国HOT5乐队
《闪光的乐队》	2021年12月18日播出先导片,12月25日起每周六20:30于浙江卫视播出	节目中,音乐人以乐队形式参加公演音乐节,他们在此过程中不断地磨合、重组,碰撞出一首首突破经典的音乐作品,最终形成一支闪光的乐队

首先,名次是赛制类综艺节目的最终结果。获得清晰明确的名次排位,是该类节目的最终结果,不同名次的参与者会获得与名次相匹配的权益。获得有效名次,是节目参与者的直接动力,也能够体现出赛制类综艺节目的竞技本体属性。

其次,通过多轮赛制淘汰选手。在获得最终名次排位的过程中,淘汰落后选手,是该类节目必备的叙事过程。尽管这一过程中很有可能会为了节目的可看性而出现"复活"之类的反转,但淘汰仍然是大部分参与者必然的结局。

再次,在节目中插播真人秀环节,强化节目的叙事性与可看性。选手采访、生活影像片段录制、排练跟踪……皆成为该类节目的常见真人秀呈现方式。这种方式既增加了节目的趣味性,又让节目有了竞赛以外的叙事线索,缓解了竞赛所带来的紧张气氛,让节目节奏张弛有度。

最后,节目内容以歌舞等音乐类艺术形式为主,竞技过程中进行丰富多彩的舞台展演,任何一个歌舞节目,不论淘汰还是晋级,皆有可能因其自身的艺术价值、参与者的流量价值或其他原因而出圈,备受关注。

(二)体验类综艺节目

体验类综艺节目注重参与者在节目中的生活或行为过程,在节目所规定的既定的时空环境中,展现人物特征与人物冲突。这类节目尽管具有叙事内核,但叙事线索根据多个不同的人物或群组可能呈现多线并行、散点辐射的特质(见表1-4)。

表1-4 体验类综艺节目代表

节目名称	制播信息	节目概述
《花儿与少年》	第一季于2014年4月25日起每周五22:00在湖南卫视首播,于2014年6月13日收官; 第二季于2015年4月25日起每周六22:00在湖南卫视首播,于2015年7月4日收官; 第三季于2017年4月23日起每周日22:00在湖南卫视首播,于2017年7月9日收官	湖南卫视推出的自助远行真人秀节目。"花少姐弟团"在没有经纪人、不准带助理、每天生活费有限的情况下,前往人生地不熟,甚至语言都不通的国度,完成一段异域的背包奇妙之旅
《妈妈是超人》	第一季于2016年4月22日起每周五12:12在芒果TV独播,2016年7月29日收官; 第二季于2017年3月30日起每周四12:00在芒果TV独播,2017年6月22日收官; 第三季于2018年3月22日起每周四12:00在芒果TV、爱奇艺联合播出	芒果TV推出的明星育儿观察类真人秀节目。节目集结了不同类型、个性和背景的明星妈妈,她们将在节目中展示最原汁原味的家庭生活和最真性情的育儿经历
《爸爸回来了》	第一季于2014年4月24日起每周四22:00首播,于2014年7月10日收官; 第二季于2015年5月9日起每周六20:20首播,于2015年7月25日收官	浙江卫视推出的明星亲子互动真人秀。节目以明星爸爸与孩子的相处为主线,由常年在外的爸爸,在妻子不在家的48小时里单独照顾孩子,真实地呈现爸爸与孩子互动过程中发生的所有状况
《带着爸妈去旅行》	第一季于2014年12月21日起每周日21:15江西卫视首播,于2015年3月8日收官; 第二季于2016年1月17日起每周日21:15在江西卫视首播,于2016年4月3日收官	江西卫视推出的明星亲情孝道真人秀节目。该节目弘扬中华孝道文化,倡导"子女守则",呼吁社会关注家庭,关爱父母

首先，体验类综艺节目不存在精准结局，通常没有名次、没有淘汰，结局多体现团圆、和解、升华等情绪价值。

其次，体验类综艺节目多需要通过具体任务制造人物冲突。在任务分配过程中，不同参与者或参与团队的资源、条件不平均、不一致，参与者或参与团队在完成任务的过程中，会因为争夺资源而与其他参与者或参与团队发生冲突。

再次，体验类综艺节目注重参与者的行为过程以及伴随而来的内心诉求，能够在一定程度上通过人物行为实现并强化人物设定、人物类型化判断，产生话题热度。

最后，体验类综艺节目的内容多以过程性活动为主，例如旅行、恋爱、民宿生活等。

（三）案例分析：赛制类综艺节目《乘风破浪的姐姐》

1.播出平台

芒果TV、湖南卫视。

2.播出时间

第一季于2020年6月12日起每周一与周五12:00在芒果TV播出，成团夜于2020年9月4日20:00现场直播；第二季网络版于2021年1月22日起每周五12:00在芒果TV播出，电视版于2021年1月22日起每周五20:10在湖南卫视、20:20在芒果TV播出，成团夜于2021年4月16日晚现场直播。

3.节目时长

120分钟。

4.节目模式

节目邀请了30位1990年之前出生的姐姐辈女艺人，通过合宿生活与舞台竞演，最终选出7位成员"破龄成团"。

5.节目价值

节目聚焦30岁以上的女艺人,与同时期的选秀节目相比,在题材选取上更有看点;节目打造"无价之姐"系列IP,让运营思维助力节目内容传播;节目采用竞演形式,重赛制,增加真人秀比重,增强节目可看性。

6.节目瓶颈

(1)用艺人们自身的热度反哺节目,造成节目核心内容及叙事动力不足。

(2)艺人的商业价值及热度直接影响比赛结果,容易产生舆论话题。

(四)案例分析:体验类综艺节目《爸爸去哪儿》

1.播出平台

湖南卫视、芒果TV。

2.播出时间

第一季于2013年10月11日起每周五22:00在湖南卫视首播,于2013年12月27日收官;第二季于2014年6月20日起每周五22:00在湖南卫视首播,于2014年10月3日收官;第三季于2015年7月10日起每周五22:00在湖南卫视首播,于2015年10月30日收官;第四季于2016年10月7日20:00在芒果TV播出先导片,2016年10月14日20:00在芒果TV首播,于2017年1月6日收官;第五季于2017年9月14日起每周四12:00在芒果TV播出,于2017年11月30日收官。

3.节目时长

100分钟。

4.节目模式

节目甄选多对明星父子参与节目,节目录制地点选在农村,父亲与孩子共度两天一夜。

5.节目价值

户外真人秀的形式令人耳目一新,同时节目设置别具特色,尤其是"村长"一角给人很强的代入感;代际冲突为节目提供可看性;任务模式让节目剧情跌宕起伏。

6.节目瓶颈

明星亲子类综艺节目的编剧痕迹明显，缺乏真实感；选角依赖明星，要求严格，五季节目之后孩子的看点明显下降；国家广电总局出台"限童令"，禁止炒作明星家庭的孩子。

二、根据播出平台进行类型划分

根据不同的播出平台，可将综艺节目划分为总台综艺节目，地方五大卫视代表性综艺节目，以腾讯、优酷、爱奇艺为代表的网络平台自制综艺节目三大类。

（一）总台综艺节目

突出主流价值观引导、强调社会文化属性、积极进行正能量价值输出，是总台综艺节目的主要存在价值及意义；在此基础上，兼顾大众娱乐，引发对社会热点文化娱乐现象的关注，是总台综艺节目的一大特征。

总台综艺节目的内容制作团队主要包括文艺中心综艺频道及央视创造传媒有限公司。前者拥有《国家宝藏》《你好生活》《开门大吉》等经典综艺节目品牌；后者历经磨砺，成为总台市场化类型节目制作的重要阵地、总台机制体制的创新引擎，并以一系列集社会价值、文化价值、艺术价值、市场价值于一体的作品铸就原创综艺节目的"国家标准"。央视创造传媒承担着黄金时段播出的大型励志挑战节目《挑战不可能》、大型科普节目《加油！向未来》、大型文化节目《经典咏流传》《朗读者》、大型新时代中国故事传播节目《欢乐中国人》、大型文化综艺节目《故事里的中国》《典籍里的中国》，以及新媒体节目《央young之夏》《冬日暖央young》的制作任务，这些节目均取得了良好的收视效果和广泛的社会影响。经过几年的发展和探索，央视创造传媒已经初步创立并完善了"平台+市场"有效联动的内容生产模式，尝试了内容IP的开发方法，探索了"产品化"的融媒体内容制作，重塑了总台在综艺节目领域的引领力（见表1-5）。

表1-5　总台综艺节目代表作

节目名称	节目概述
《国家宝藏》	《国家宝藏》是由中央广播电视总台、央视纪录国际传媒有限公司制作的文博探索节目，由张国立担任001号讲解员。 《国家宝藏》第一季由央视与北京故宫博物院、上海博物馆、南京博物院、湖南省博物馆、河南博物院、陕西历史博物馆、湖北省博物馆、浙江省博物馆、辽宁省博物馆九家国家级重点博物馆合作，在文博领域进行深入挖掘。在紫禁城建成600年之际，故宫博物院联合八家国家级重点博物馆以"国家宝藏"为题举办一次特展——每家博物馆只选出一件宝藏入驻特展。每集每家博物馆推荐三件镇馆之宝，交予民众甄选。每件宝藏都拥有自己的明星"国宝守护人"，他们讲述"大国重器"们的前世今生，解读中华文化的基因密码。透过节目的核心元素能够看出节目尝试在文物与人之间建立联结，拉近当代人与历史文物的距离。 《国家宝藏》第二季由中央广播电视总台联手北京故宫博物院，以及山西博物院、河北博物院、山东博物馆、广东省博物馆、四川博物院、云南省博物馆、甘肃省博物馆、新疆维吾尔自治区博物馆，从《国家宝藏》第一季的八家博物馆（院）手中接过了讲述中国故事、让国宝起来的接力棒。同时，节目还得到了全国政协文化文史和学习委员会、中宣部国际传播局、国家文物局博物馆与社会文物司的支持。 《国家宝藏》第三季携手九座中华文明历史文化遗产，它们分别是600年的紫禁城、933年的西安碑林、1000年的苏州古典园林、1300年的布达拉宫、1654年的莫高窟、2200年的秦始皇陵、2500年的孔庙孔林孔府、3200年的三星堆遗址、3300年的殷墟，通过影像化展示、故事化讲述，探讨中华文明的形成及其对世界的贡献。 《国家宝藏·展演季》积极响应广大观众对《国家宝藏》原创音乐的喜爱与期待，努力践行对传统文化的创新性转化与创造性发展，在"国宝宇宙"的拔节生长中，开辟了又一条独特的细分内容赛道。节目通过对国宝进行主题式的二次排列组合，对其背后的精神气象进行了再提炼和再升华，使得民族性格更加鲜明
《你好生活》	《你好生活》是中央广播电视总台央视综艺频道和央视网联合出品，同时联动共青团中央推出的一档新青年生活分享节目。 节目中，主持人尼格买提·热合曼与两位常驻嘉宾董力、孙艺洲作为"都市青年代表"，力邀明星嘉宾及各行各业的佼佼者，逃离繁忙的工作，回归自然本真的生活状态，背上简单的行囊，前往四座城市寻找丛林山野间的至美民宿，探寻生活意义，分享独特的生活哲学
《开门大吉》	《开门大吉》是中央广播电视总台央视综艺频道推出的益智游戏类综艺节目。 《开门大吉》定位于"益智游戏、励志娱乐"，邀请普通观众报名参加，来宾不用死记硬背，无须能歌善舞，只要怀揣家庭梦想，勇于接受挑战，就有可能站在节目的舞台上。 节目鼓励普通人通过游戏闯关的方式实现自己的家庭梦想，通过多种艺术方法挖掘、展现普通人的人性光辉，让观众产生情感共鸣

续表

节目名称	节目概述
《加油向未来》	《加油向未来》是中央广播电视总台央视综合频道推出的科学实验节目，由央视创造传媒有限公司制作。 第一季采用"明星+素人"的形式，嘉宾分为未来队和加油队，大家一起探索科学奥秘。面对节目组设置的重重难关，嘉宾除了要选出答案，更要现场亲身验证，大气压强、摩擦力、力的相互作用等生活中常见的科学知识都出现在节目实验中。 第二季赛制转变为纯素人比拼答题模式，除了科学实验，还有学霸与学霸之间的巅峰对决：30位未来队的未成年科学爱好者对战30位加油队的成年科学爱好者。 第三季赛制升级为挑擂赛，24位选手各自出战，每期三轮，每轮包括一道实验猜想题和五道线索题。两名选手出战，胜者进入下一轮，败者回归猜想团。由猜想团中成绩最优者接力出战，两轮对战后，得分最高者进行1对23的终极挑战。最终得分最高的前两位，将站上下一期首轮的挑擂台进行比拼
《欢乐中国人》	《欢乐中国人》以"讲好中国故事，展现真实、立体、全面的中国，提高国家文化软实力"为主旨，以"传播新时代中国故事"为核心，用故事承载中国精神、中国价值、中国力量，全面创新电视节目呈现形式，打造真正的大屏小屏联动的融媒体电视节目。 节目创新融媒体传播模式，邀请具有影响力的推荐人推荐值得每一个中国人传播的故事，并生成专属二维码用于全媒体传播
《故事里的中国》	《故事里的中国》是中央广播电视总台推出的文化类节目，节目通过"戏剧+影视+综艺"的综合表达方式，演绎经典片段、访谈主创人物、再现真实故事背后的情感力量。 《故事里的中国》第一季由主持人邀请故事的亲历者和见证者登台讲述，深入挖掘经典故事背后的真实过往，甚至是鲜为人知的历史细节；请演员重新演绎近30部经典文艺作品，并邀请文化学者、专家以及同时代的亲历者作为特别观众，用新方式、新创意、新思路来讲述新时代的中国故事。 《故事里的中国》第二季延续了"戏剧+影视+综艺"的综合表达方式，除了对中国经典作品的演绎，更着力讲好新时代动人心弦的中国故事，多了一份为未来留存经典的创新抱负。 《故事里的中国》第三季每期节目由两位核心人物传递一种核心精神，他们或是血缘关系，或是师徒关系、战友关系，又或是行业传承、榜样崇拜的关系
《典籍里的中国》	《典籍里的中国》是由中央广播电视总台央视综合频道与央视创造传媒有限公司联合推出的大型文化节目。节目聚焦优秀中华文化典籍，通过时空对话的创新形式，以"戏剧+影视化"的表现方法，讲述典籍在五千年历史长河中的源起、流转以及书中的闪亮故事。 《典籍里的中国》聚焦享誉中外、流传千古的典籍，讲述从典籍出发的中华文明史。节目依托典籍的文化IP，另辟蹊径，捕捉典籍中的亮点，把"珍珠"串联成文化之链，构建成深刻全面且有洞见的文化传播、交流的历史图谱，对中华文明脉络进行梳理。节目设立"历史空间""现实空间"两大舞台创新形态，在历史空间中采用影视化拍摄手法，对典籍的故事进行可视化呈现。节目邀请知名导演担当影视指导，由实力派的影视嘉宾进行故事演绎，结合环幕投屏、AR、实时跟踪等舞台技术，展现千年历史中经典书籍的诞生源起和流转传承。节目针对新媒体平台进行深度开发，设计网络衍生综艺、短视频、新媒体互动产品等多种内容产品，实现大小屏联动的"叠加刷屏"效果

续表

节目名称	节目概述
《经典咏流传》	《经典咏流传》由撒贝宁主持并朗诵诗词,明星或普通人作为经典传唱人,用流行歌曲的演唱方法重新演唱经典诗词,带领观众在一众唱作歌手的演绎中领略诗词之美。歌曲演唱完毕后,传唱人、其他嘉宾讲述歌曲创作背景、时代意义。最后进入鉴赏嘉宾团的鉴赏时刻,由康震解读经典背后的诗词人文背景,鉴赏团成员负责歌曲点评,带领观众共同品鉴歌词的文化内涵。 《经典咏流传》将中华经典的诗词文化与电视媒介、网络平台有机结合,兼顾诗词文化的悠远意境和表现形式的通俗易懂。经典传唱人不仅有艺术名家,也有后起之秀,还有许多热爱生活的普通人,他们结合自身的音乐风格,将经典诗词转化为优美的歌曲,用现代的唱法和曲调来演绎传统经典。通过鉴赏团成员对传唱歌曲的专业点评,将经典和流行有机结合在一起,挖掘诗词背后的故事,以现代人更喜闻乐见的方式学习诗词,"推动中华优秀传统文化创造性转化、创新性发展"
《朗读者》	《朗读者》是由中央广播电视总台央视综合频道推出的文化情感类节目。节目以个人成长、情感体验、背景故事与传世佳作相结合的方式,选用精美的文字,用最平实的情感读出文字背后的价值。节目旨在实现文化感染人、鼓舞人、教育人的传导作用,展现有血有肉的真实人物情感

(二)地方五大卫视代表性综艺节目

湖南卫视、浙江卫视、江苏卫视、东方卫视、北京卫视五大卫视成为综艺节目制作与输出的另一阵营。地方五大卫视代表性综艺节目根据不同卫视的地域、文化、历史发展而各具特色。

地方五大卫视代表性综艺节目资源及明星资源较为集中,但也受到了互联网综艺节目的冲击,总体而言,资本与政策的双重压力成为地方卫视综艺节目发展所面临的困境。

1.湖南卫视

湖南卫视的代表性综艺节目繁多,市场价值高,以《快乐大本营》为代表的综艺节目长盛不衰。同时,根据不同时期的社会热点,湖南卫视又制作了《爸爸去哪儿》《花儿与少年》《乘风破浪的姐姐》等现象级作品。湖南卫视致力于打造年轻、娱乐的平台形象,节目备受青年群体的关注与青睐。

当前,湖南卫视正加大正能量文化类节目的制作力度,在音乐、生活、美食等综艺节目领域持续发力,代表作品包括《中餐厅》《鲜厨100》《向往的生活》《乘风破浪的姐姐》《时光音乐会》《谁是宝藏歌手》等。

湖南卫视的主要制作团队及其代表节目见表1-6。

表1-6　湖南卫视制作团队代表

团队	代表性综艺节目	业务概况
罗昕团队	快乐大本营	拥有丰富的节目制作和大型活动策划经验，曾担任《快乐大本营》主创
沈欣团队	天天向上	曾担任《天天向上》《2015—2016湖南卫视跨年演唱会》主创
徐晴团队	声临其境	曾担任《声临其境》《一年级·小学季》《一年级·大学季》《一年级·毕业季》《巧手神探》主创
洪涛团队	我是歌手	曾担任《我是歌手》《全员加速中》《超级女声》《舞动奇迹》《挑战麦克风》主创
刘蕾团队	妈妈是超人	曾担任《妈妈是超人》《好好学吧》《我们约会吧》主创
陈歆宇团队	花儿与少年	曾担任《花儿与少年》《中国最强音》《天猫双11晚会》，以及三年湖南卫视跨年演唱会主创
王恬团队	中餐厅	曾担任《中餐厅》《透鲜滴星期天》主创

续表

团队	代表性综艺节目	业务概况
单丹霞团队	爸爸去哪儿	曾担任《爸爸去哪儿》《变形计》《骑兵神犬》主创
王琴团队	儿行千里	曾担任《儿行千里》《我想和你唱》《天声一队》《恋家有方》主创
陈汝涵团队	亲爱的客栈	曾担任《偶像来了》《我们来了》《金鹰节我爱主持人盛典》《亲爱的客栈》主创

2.浙江卫视

浙江卫视的代表性综艺节目包括《奔跑吧兄弟》《中国好声音》等，浙江卫视通过"中国蓝"的理念倡导年轻化、娱乐化理念，同时着重研发强明星阵容的户外综艺节目。

当前，浙江卫视不断加大文化类节目的制作力度，增加美食、旅游等主题的综艺节目，力图展现当代人的文化生活及精神面貌，代表作品包括《王牌对王牌》《青春环游记》《听说很好吃》等。

浙江卫视的主要制作团队及其代表节目见表1-7。

表1-7　浙江卫视制作团队代表

团队	代表性综艺节目	业务概况
蒋敏昊团队	中国梦想秀	曾担任《奔跑吧》《梦想的声音》《中国梦想秀》《爱唱才会赢》《婚姻保卫战》《爱情连连看》主创

续表

团队	代表性综艺节目	业务概况
吴彤团队	演员的诞生	曾担任《奇妙见面会》《我不是明星》《掌声响起来》《王牌对王牌》《演员的诞生》主创
姚远团队	梦想的声音3	曾担任《公民行动》《冲关我最棒》《为爱向前冲》《爱情连连看》《梦想的声音》主创
姚译添团队	奔跑吧R KEEP RUNNING	曾参与制作《麦霸英雄汇》《中国梦想秀》《爸爸回来了》《奔跑吧兄弟》《奔跑吧》等大型综艺节目
陈学武团队	中华好故事	曾担任《中华好故事》主创

3.江苏卫视

江苏卫视倡导幸福中国、生活服务等制作理念,代表性综艺节目包括《非诚勿扰》《最强大脑》等。

当前,江苏卫视继续深耕婚恋交友类综艺节目领域,同时力图在文化、美食、演艺类综艺节目领域中有所作为,代表作包括《怦然心动20岁》《我们恋爱吧》等。

江苏卫视的主要制作团队及其代表节目见表1-8。

表1-8　江苏卫视制作团队代表

团队	代表性综艺节目	业务概况
王刚团队	非诚勿扰	曾担任《人间》《名师高徒》《星跳水立方》《非诚勿扰》《最强大脑》《了不起的孩子》《中国式相亲》主创

续表

团队	代表性综艺节目	业务概况
黄斌团队	全能星战	曾担任《全能星战》《欢喜冤家》主创
王正良团队	芝麻开门	曾担任《芝麻开门》《甲方乙方》《天下无敌》《花样年华》主创
张烨镝团队	绝对唱响	曾担任《不见不散》《最炫民族风》《绝对唱响》《名师高徒》主创
彭正圆团队	星跳水立方	曾担任《老公看你的》《一站到底》《好好学习》《星跳水立方》主创

4. 东方卫视

东方卫视的节目制作理念体现为梦想的力量，主打公益文化纪实风格。当前，东方卫视一方面稳定开展老牌综艺节目的改版内容输出，一方面注重全品类、多渠道发展，综艺节目内容具有多元化呈现的特质，代表作品包括《一起去看幸福》《梦想改造家》《我们的歌》《追光吧！哥哥》《中国新相亲》《中国梦之声》《欢乐喜剧人》等。

东方卫视的主要制作团队及其代表节目见表1-9。

表1-9　东方卫视制作团队代表

团队	代表性综艺节目	业务概况
施嘉宁团队	欢乐喜剧人	曾担任三季《欢乐喜剧人》主创

续表

团队	代表性综艺节目	业务概况
任静团队	中国梦之声	曾担任《极限挑战》《中国梦之声》《中国达人秀》主创
严敏团队	极限挑战	曾担任《极限挑战》《声动亚洲》《中国梦之声》《中国达人秀》主创
李文妤团队	妈妈咪呀 SUPER DIVA	曾担任《妈妈咪呀》《舞林大会》《花样姐姐》《放开我北鼻》主创
朱慧团队	笑傲江湖	曾担任《笑傲江湖》《笑声传奇》《生活大爆笑》主创

5.北京卫视

北京卫视围绕首都文化展开内容创作，节目呈现出文化性、历史性特色，引文化清流，在让历史文物活起来的同时也让传统文化火了起来。同时，在文化新业态开发上，北京卫视围绕北京的全国文化中心定位，持续耕耘和提升文化品牌，打造了文明传播、文化解读、文艺创新与文创开发"四位一体"的"国潮"文化生态链。代表作品包括《最美中轴线》《上新了·故宫》《我在颐和园等你》《遇见天坛》《了不起的长城》等。

北京卫视的主要制作团队及其代表节目见表1-10。

表1-10 北京卫视制作团队代表

团队	代表性综艺节目	业务概况
郭畅工作室	最美中轴线	曾担任《跨界歌王》《音乐大师课》《最美中轴线》《职场是个技术活》《大戏看北京》等节目主创

续表

团队	代表性综艺节目	业务概况
吴志勇工作室		曾担任《档案》《红军不怕远征难》《中国1927》《紫禁城》等节目主创
秦峥工作室		曾担任《北京广播电视台春节联欢晚会》《跨界喜剧王》等节目主创

（三）互联网综艺节目

近年来，很多优秀的综艺节目由平台自身和外部公司协作完成，并且随着自制能力的逐渐增强，许多网络平台的工作室都能独当一面，引领新的内容风潮。其中，独播网综不仅仅集中于"爱优腾芒"四大平台，哔哩哔哩、抖音、快手、西瓜视频、百家号、好看视频等也纷纷加入自制网综的行列，为综艺节目市场的发展不断探索新的方向。

1.腾讯视频

腾讯视频在创意、制作、推广等维度上机制健全，以内容为王，求新求变；纯网综重网感、轻互动，自由度高；委托制作模式保证节目品质，产品矩阵多元化；依靠腾讯大平台资源，提供最大化商业价值。

近年来，腾讯视频主要发挥语言类综艺节目及综N代的强势热度优势，同时在新综艺上进行垂直探索，主要采取多元散点、综N代结合综一代的商业化布局模式，如《令人心动的offer》《明日之子》《心动的信号》等都是拥有流量基础的综N代节目，《导演请指教》《五十公里桃花坞》《恰好是少年》等都是在探索中的实验性综一代节目。

腾讯视频的主要制作团队及其代表节目见表1-11。

表1-11 腾讯系综艺节目制作团队代表

工作室	特色	代表作品
天相工作室群（Nova、七盎司、小鲜综组合）	擅长短综艺	《毛雪旺》《仅一日可恋》《大码女孩》等
Nova工作室（天相作室群）	擅长选秀、音乐、舞台竞演类节目及职场系列节目（由羊不辣德工作室合并转化）	《创造营》系列，《姐姐妹妹的武馆》，《炙热的我们》，《超新星全运会》，《令人心动的offer》第二、三季，《拜托了冰箱》系列，《明日之子》系列
七盎司（天相工作室群）	深耕语言类和脱口秀节目，将舶来文化进行再造	《脱口秀大会》系列、《吐槽大会》系列
天马工作室	擅长喜剧真人秀节目，同时兼顾情感类真人秀节目	《德云斗笑社》《哈哈哈哈哈》《半熟恋人》《心动的信号2》
天际工作室	开发社区实验类综艺节目、职场真人秀节目	《五十公里桃花坞》《平行时空遇见你》
坐标系工作室	打破题材窠臼，探索综艺节目的真实感、现实意义以及情感观照	《心动的信号》系列、《演员请就位》、《导演请指教》、《幸福三重奏》系列、《恰好是少年》

2.优酷

一直以来，人文类综艺节目都是优酷主打的创作方向之一。近年来，随着"这！就是"系列的火爆出圈，潮流文化逐渐成为优酷综艺体系的一大特色。因此，优酷在大众化的内容赛道上展开深入探索，布局更为多元，兼容喜剧、潮流、音乐、直播等题材。

在与大型制作公司灿星的合作中，优酷综艺坚守专业性，走向产业化。例如在《这！就是街舞》后创作了衍生节目《师父！我要跳舞了》，在《这！就是灌篮》后创作了衍生节目《师父！我要打球了》，不仅助推产生商业价值，而且填补了少儿综艺节目的空白。

同时，以《这！就是街舞》第三季为例，优酷综艺的独特优势也体现在与阿里经济体持续深入的联动中。在此作用之下，产业化综艺节目储备与跨产业协同能力将继续为优酷增添助力。

优酷的主要制作团队及其代表节目见表1-12。

表1-12 优酷系综艺节目制作团队代表

工作室	特色	代表作品
T Plus	擅长制作潮流竞技类节目	《火星情报局》《这！就是街舞》《这！就是灌篮》《这！就是潮流》《师父！我要跳舞了》《追光吧！哥哥》《"拳"力以赴的我们》
梧桐	题材多元	《奋斗吧主播》《麻花特开心》
UP	擅长制作潮流音乐类节目	《宇宙打歌中心》《中国潮音》《草莓星球来的人》《天猫双11狂欢夜》
小黄工作室	和卫视合作，制作恋爱类综艺节目	《我们恋爱吧》《怦然心动20岁》

3. 爱奇艺

爱奇艺以原创力为核心，绑定强内容制作公司，瞄准分众市场，拥有《奇葩说》《中国新说唱》《乐队的夏天》《戏剧新生活》《一年一度喜剧大赛》等多个IP，内容延续性好，用户黏性强，商业运作模式成熟，综艺产业链完善。

青春化一直是爱奇艺创作的主要方向。爱奇艺在综艺节目的创新上开展多次实践，都取得较好的反响。除了根基较稳的综N代节目外，爱奇艺也在试水多个新项目，如社交推理类节目《萌探探探案》《奇异剧本鲨》，以及《舞蹈生》《开拍吧》《恋恋剧中人》等多个题材和模式都与从前大不相同的节目。

爱奇艺节目制作中心拥有13支内容团队。这些工作室或独立开发，或彼此合作，或与外部制作公司协作，致力于打造高品质的综艺节目（见表1-13）。

表1-13 爱奇艺系综艺节目制作团队代表

工作室	特色	代表作
YOH	擅长青年嘻哈与时尚文化，以年轻人为目标圈层，探索发展垂类节目	《中国有嘻哈》《热血街舞团》《少年说唱企划》《潮流合伙人》
安可	产出多个爆款节目，兼容脱口秀、小众艺术等内容	《奇葩说》《乐队的夏天》《戏剧新生活》《开拍吧！》《爆裂舞台》
沐心	瞄准泛人文综艺，推广中国地域文化	《登场了！洛阳》《登场了！敦煌》
小怪兽	擅长偶像、音乐、青年文化类节目。2021年跳出喜剧题材的窠臼，打造全新喜剧类节目，影响非凡	《一年一度喜剧大赛》《青春有你》《偶像练习生》《爆裂舞台》

续表

工作室	特色	代表作
奇马	擅长情感类真人秀以及户外游戏类真人秀节目,深入探索观察类综艺节目	《做家务的男人》《喜欢你我也是》
奇观	针对青年文化,在疫情间适时制作宅家类云综艺节目	《宅家运动会》《跨次元新星》
奇柯	针对女性文化,创作国际女性智识分享综艺节目	《姐妹们的茶话会》《夏日冲浪店》
美氪	擅长剧情式真人秀及大型棚内综艺节目,注重发扬国风文化	《中国新说唱》《尖叫之夜》《国风美少年》
好奇	探索新奇类题材与宅家类综艺节目,将Vlog文化融入综艺节目	《中国新说唱》《宅家猜猜猜》《Vlog营业中》
灵泛	擅长青春、旅行类题材,将真人秀与二次元漫画相结合,针对青年群体,凭借唯美的画面出圈	《春日酱》
三乐	针对新消费潮流生活、泛文化制作综艺节目	《中国餐馆》《此食此刻》《无饭不起早》
LIT	试水微综艺模式,并融入互动内容,探索发展年轻人热爱的社交推理类综艺节目	《萌探探探案》《上班啦!妈妈》
莫比斯	擅长产出创意类短视频,为热门综艺节目制作衍生节目	《新说唱游戏》《奇葩说大乱斗》

4. 芒果TV

芒果TV延续着以往女性倾向的平台风格,近年来更侧重"她综艺"和社交推理节目的研发,因此拉动和吸引的主要都是女性用户群。开发的节目包括针对不同年龄段女性的《妻子的浪漫旅行5》《乘风破浪的姐姐2》《怦然再心动》《妈妈,你真好看》《婆婆和妈妈2》《听姐说》《扑通扑通的心》《再见爱人》,以及头部综艺节目《明星大侦探6》《名侦探学院5》《密室大逃脱3》等。无论是舞台竞演类还是观察类真人秀,芒果TV的综艺节目都以情感召唤观众,引发受众群体对现实的思考。

除此之外,与"姐姐"系列有着类似开发思路的"他综艺"——《披荆斩棘的哥哥》,也成为2021年的亮眼节目。

芒果TV的主要制作团队及其代表节目见表1-14。

表1-14 芒果系综艺节目制作团队代表

工作室	特色	代表作
盒子工作室	擅长悬疑推理类节目	《明星大侦探》《密室大逃脱》《头号嫌疑人》《扑通扑通的心》《初入职场的我们》
单丹霞工作室	擅长情感家庭、女性类节目	《婆婆和妈妈》《我最爱的女人们》《神犬奇兵》
袁白丽团队	擅长情感类节目	《妈妈是超人》《哈哈农夫》《婚前21天》
果果团队	擅长慢综艺、具备广播元素的节目	《朋友请听好》
凌晟团队	擅长先锋实验旅行真人秀节目	《小小的追球》
李晓丹团队	擅长生活观察、二次元类节目	《新生日记》《隐身说客》（未播出）
晏吉团队	擅长悬疑推理、情感观察、舞台竞演类节目	《明星大侦探》（1、2、3），《女儿们的恋爱》
严典雅工作室	擅长音乐类节目	《说唱听我的》《奇妙的朋友》《姐姐的爱乐之程》
刘乐团队	以新闻敏感捕捉时代情绪，以小众题材引发大众共鸣	《再见爱人》
明艾晴团队	擅长竞技类节目	《乘风破浪的姐姐》《少年可期》
胡蓉团队	擅长音乐、生活类节目	《我们的乐队》《宝贝的新朋友》

5.哔哩哔哩

相比其他短视频平台，哔哩哔哩的自制综艺起步最早，且多为大型季播综艺节目。自2020年推出首档说唱音乐真人秀节目，并收获良好口碑后，哔哩哔哩又陆续推出了《非正式会谈》《百分之二的爱2》《90婚介所》《舞千年》《屋檐之夏》等。基于不断增长的用户，哔哩哔哩制作出符合用户口味和爱好，同时还带有平台特色的综艺节目。哔哩哔哩自制综艺节目强调场景化、互动化、用户参与感与体验感，随着对自制综艺节目的深耕，哔哩哔哩不断健全平台内容，提高平台商业价值。依托于哔哩哔哩的综艺工作室的平台属性并不明确，其作品也大多与其他团队合作完成（见表1-15）。

表1-15 哔哩哔哩综艺节目代表作

节目名称	节目概述
《说唱新世代》	该节目是哔哩哔哩与严敏团队合作制作的,邀请来自全国各地的rapper,齐聚"说唱基地"。他们将通过层层公演考核,以音乐创作和竞演表现,决出代表新世代发声的"世代表达者"。 这档综艺节目并非简单的"音乐+综艺",而是立足平台生态的有机内容的衍生。"万物皆可说唱",参加《说唱新世代》的选手除了职业说唱歌手,还有在校大学生和上班族,他们用说唱艺术表达自我、为群体发声、摆脱精神困境、观照社会现实
《90婚介所》	该异性交友节目旨在帮助"90后"寻找90分的爱情。节目聚焦20世纪90年代出生的单身男女,以平等正向的态度,探讨和展现健康的亲密关系。 节目以女性为主视角切入,通过游戏化的试恋闯关,让女性嘉宾与多位男性相互了解,寻求自己心仪的伴侣。在这里,嘉宾拥有最大自由度的选择权利,他们通过自主判断与选择,决定不同命运走向
《非正式会谈》	《非正式会谈》是一档全球跨文化交流节目,前四季由湖北卫视打造,第五季起由B站与湖北卫视联合打造。节目主体内容是11位来自不同国家的男青年代表(第6.5季为X-woman代表)、4位主席团成员及飞行嘉宾围绕社会热点话题和各国风俗文化进行讨论。 节目中既有各种生动有趣的地理人文百科知识,也有时下热点话题,范围涵盖世界各国的历史、地理、民俗、文学、著名人物,同时也密切观照世界各国社会、经济、环境、教育等方方面面的现实状况。节目将记录会谈的整个过程,展现世界各国不同文化、不同文明间的差异之处和共通之点,进而展现在全球经济一体化的大背景下,世界各文明交流、融合、冲突、碰撞的广阔图景
《百分之二的爱》	由哔哩哔哩和大桔文创联合出品的《百分之二的爱》(又名《2%的爱》)是哔哩哔哩首档流浪动物救助情感类真人秀节目。节目邀请不同领域的嘉宾担任动物福利中心的义工,他们将照顾来到这里的每一只流浪动物,给予它们爱心救助、治疗和陪伴,最终为它们找到合适的领养人
《屋檐之夏》	《屋檐之夏》是由哔哩哔哩和中国老龄协会共同推出的首档忘年共居观察纪实真人秀节目。由齐思钧、王瀚哲、姜广涛、泡芙喵-PUFF、张怡筠担任观察室常驻嘉宾。节目邀请3位长居上海、阅历丰富的前辈,与多位有着独特人生态度的"沪漂青年",开启一场为期21天的共居体验,探索一种全新的生活方式,创造一个无需血缘羁绊的"家"。 两代人的交流和接触也为他们各自在代际沟通中存在的问题提供解题思路,唤醒青年人的家庭情结,促进老年人与子女的良性交流和沟通

三、根据主体内容进行类型划分

根据综艺节目主体内容进行类型划分,可以将节目划分为旅行类综艺节目、亲子类综艺节目、音乐类综艺节目、舞蹈类综艺节目、文化类综艺节目、语言类综艺节目、喜剧类综艺节目、婚恋类综艺节目、体育类综艺节目、职场类综艺节目等（见表1-16）。不同内容元素也经常在同一综艺节目中出现，划分标准与依据并不统一，在策划、制作与执行阶段，通常会以某一元素为主，综合节目模式进行宏观设计与考量。

表1-16 不同内容的垂直类综艺代表作品

节目类型	代表性综艺节目
旅行类综艺节目	《花样姐姐》《青春环游记》《哈哈哈哈哈》《妻子的浪漫旅行》《花儿与少年》《怦然心动20岁》《游客请注意》
亲子类综艺节目	《带着爸妈去旅行》《爸爸去哪儿》《爸爸回来了》《妈妈是超人》
音乐类综艺节目	《经典咏流传》《歌手》《乐队的夏天》《闪光的乐队》《爆裂舞台》
舞蹈类综艺节目	《舞蹈生》《这！就是街舞》《热血街舞团》
文化类综艺节目	《故事里的中国》《典籍里的中国》《中国诗词大会》
语言类综艺节目	《朗读者》《开讲啦》《圆桌派》《奇葩说》《脱口秀大会》《吐槽大会》
喜剧类综艺节目	《一年一度喜剧大会》《喜剧总动员》《我为喜剧狂》
婚恋类综艺节目	《再见爱人》《半熟恋人》《心动的信号》
体育类综艺节目	《来吧冠军》《中国星跳跃》《极速前进》《这！就是灌篮》《谁是超级球迷》
职场类综艺节目	《令人心动的offer》《初入职场的我们》《主持人大赛》

除此之外，根据节目规模，综艺节目还可以被划分为S级、A级、普通级，区分依据包括明星咖位、资金投入以及平台资源的投入。根据节目播出周期，综艺节目又可以划分为日常节目、大型季播节目、特别节目等。

❓ 本节思考题

1.简述文化类综艺节目的特色并以《故事里的中国》为案例进行节目模式分析。

2.谈谈音乐类综艺节目当前发展的特点及未来趋势，并针对案例《经典咏流传》进行文本分析。

3.对比舞蹈类综艺节目《热血街舞团》和《这！就是街舞》，分析后者成功出圈的根本原因及节目特色。

第二章
综艺节目创作实务

本章内容

本章以节目策划为核心，围绕策划元素、节目模式、预算、宣发等，对具体的综艺节目创作实务进行阐释，并结合案例进行分析，总结综艺节目创作的基本规律及流程。

第一节 综艺节目策划的基本概念

一、节目策划的概念及诞生标志

节目策划是指对节目播出平台、节目整体形象、节目制作营销活动的有目的、有策略的规划过程。首次在电视节目中引入策划概念，并将策划活动与电视节目有机结合的是电视文艺节目，尤其是晚会和电视剧，随后策划在广告界大放异彩。标志着电视节目策划步入规范化、科学化运作阶段的是1993年5月1日开播的《东方时空》，随后，1994年的《焦点访谈》、1996年的《新闻调查》等都根据新闻主题进行了策划。

二、节目策划的特征

（一）政策性：服务于党和国家的方针政策

党的十八大以来，习近平总书记多次在重要场合及会议上强调要重视传承和弘扬中华优秀传统文化，"中华文明源远流长，蕴育了中华民族宝贵的精神品格，培育了中国人民的崇高价值追求。自强不息、厚德载物的思想，支撑着中华民族生生不息、薪火相传。"①习近平总书记指出,"没有高度的文化自信、没有文化繁荣兴盛,就没有中华民族的伟大复兴"②。中华优秀传统文化源远流长,是民族精神的集中表现,中华民族之所以几千年来屹立于世界民族之林,历经磨难而不倒,最本质的原因就是有民族文化和民族精神的支撑。

2013年以来,《中国汉字听写大会》《中国成语大会》《中国诗词大会》的出现,使文化类综艺节目的发展进入一个小高潮。而后,在国家政策的支持下,文化类综艺节目以一种崭新的面貌重新走入大众视野,发展速度惊人,呈现井喷之势,2017年出现的《朗读者》《国家宝藏》等节目令观众耳目一新(见表2-1)。

表2-1 国家相关政策及文化类节目代表作

国家相关政策	时间	节目上线时间	节目名称	播出平台
党的十七届六中全会《关于深化文化体制改革 推动社会主义文化大发展大繁荣若干重大问题的决定》中强调,"培养高度的文化自觉和文化自信"	2011年10月18日	2013年7月11日	《汉字英雄》	河南卫视
		2013年8月2日	《中国汉字听写大会》(第一季)	央视十套
		2013年10月19日	《中华好诗词》	河北卫视
国家广播电视总局发出《关于积极开办原创文化节目弘扬和传承优秀传统文化的通知》,号召学习借鉴《中国汉字听写大会》等节目的有益经验,积极开办以弘扬和传承优秀传统文化为主旨的原创文化节目	2014年1月23日	2014年1月6日	《最爱中国字》	黑龙江卫视
		2014年2月11日	《中国谜语大会》	央视十套
		2014年3月28日	《成语英雄》	河南卫视
		2014年4月18日	《中国成语大会》	央视十套
		2014年8月1日	《中华好故事》	浙江卫视
习近平总书记在文艺工作座谈会上的讲话中提到,"文艺事业是党和人民的重要事业,文艺战线是党和人民的重要战线"	2014年10月15日	2015年12月12日	《诗歌之王》	四川卫视
国家新闻出版广电总局在《关于大力推动广播电视节目自主创新工作的通知》中鼓励各级广电机构自主创新,研发能体现中华文化特色的优质节目	2016年	2016年2月12日	《中国诗词大会》	央视十套
		2016年12月29日	《见字如面》	黑龙江卫视
		2017年2月18日	《朗读者》	央视综合频道、文艺频道
		2017年4月14日	《诗书中华》	东方卫视

① 引自2013年9月26日习近平在会见第四届全国道德模范及提名奖获得者时的讲话。
② 引自十九大报告。

续表

国家相关政策	时间	节目上线时间	节目名称	播出平台
国家广播电视总局发布《关于把电视上星综合频道办成讲导向、有文化的传播平台的通知》	2017年8月5日	2017年12月3日	《国家宝藏》	央视综合频道
		2019年10月13日	《故事里的中国》	中央广播电视总台综合频道
		2021年2月12日	《典籍里的中国》	中央广播电视总台综合频道

（二）时效性：抓住策划的时机和先机

习近平总书记曾在文艺工作座谈会上说过："文艺是时代前进的号角，最能代表一个时代的风貌，最能引领一个时代的风气。"时机和先机对综艺节目策划来说尤为重要。2020年是党中央脱贫攻坚的决胜之年，也是特殊的战"疫"之年。《故事里的中国》第二季怀着强烈的时代感和创作使命，在具体主题的选择上，重点关注"脱贫"和"战疫"，通过演绎黄文秀、钟南山等人物，讲述与时俱进的中国故事。

2021年是中国共产党建党一百周年，《故事里的中国》第三季围绕建党百年主题，走近瞿独伊、李宏塔、彭士禄、张桂梅、辛育龄、樊锦诗等时代人物，讲述具有传承性、代表性、典型性、传播性的人物关系和时代故事。2021年也是中国现代考古学诞生一百年，《中国考古大会》围绕中国考古学百年历程中的重大考古发现、文化遗存等，将历史与当代有机结合。《故事里的中国》《中国考古大会》等节目紧跟时代脉搏，在策划内容上观照国家和受众，抓住了策划的时机和先机（见表2-2）。

表2-2 时代背景下的相关综艺节目代表作

时间	时代背景	节目名称	节目内容
2020年	脱贫攻坚决胜之年，特殊的战"疫"之年	《故事里的中国》第二季	节目重点关注"脱贫"和"战疫"，通过演绎黄文秀、钟南山等人物，讲述与时俱进的中国故事

续表

时间	时代背景	节目名称	节目内容
2021年	中国共产党成立一百周年	《故事里的中国》第三季	节目围绕建党百年主题，走近瞿独伊、李宏塔、彭士禄、张桂梅、辛育龄、樊锦诗等时代人物，讲述具有传承性、代表性、典型性、传播性的人物关系和时代故事
	中国现代考古学诞生一百年	《中国考古大会》	节目围绕中国考古学百年历程中的重大考古发现、文化遗存等，将历史与当代有机结合

（三）综合性：把控整体、辐射细节

在进行节目策划时，需要从节目整体出发，从整体叙事、个别环节设计、所需人物角色、内容设计、视觉风格、节目意义等多个方面进行思考，细致地考虑其中的联系，做到有综合性。也就是说，整个策划需要考虑到包括人物、视听元素、叙事及内涵在内的每一个环节，同时与整体风格相融合。

以《中国诗词大会》第六季为例。在这一季中，龙洋担任主持人，康震、郦波、王立群、蒙曼、杨雨担任文化嘉宾。主持人和文化嘉宾的选择，奠定了节目整体的文化底蕴。该季《中国诗词大会》的出题环节，采用了由文化名人和"国家建设者"为观众出题的方式，邀请了嫦娥五号资深航天人、"人民英雄"张伯礼院士、冬奥冠军杨扬、支教老师等担任出题人，向观众提出嫦娥五号等国家重大科技项目、抗疫防疫、2022年冬奥会等方面的题目，让观众体会到其中的诗意和家国情怀（见表2-3）。这样的设计，符合节目的主旨——让诗词融入生活，借诗词向祖国献礼、抒发时代情怀。

表2-3　"国家建设者"为观众出题

中国女航天员首次进驻中国空间站，航天员王亚平成为中国首位实施出舱活动的女航天员。从"两弹一星"到"载人航天"，从"北斗组网"到"嫦娥探月"，中国航天事业取得了举世瞩目的非凡成就，中国人探索太空的脚步迈得更大、更远。图为航天员王亚平在为各位诗友出题

续表

	中国工程院院士、天津中医药大学名誉校长张伯礼作为中央疫情防控指导组专家组成员,曾经投身抗疫前线,为中国抗疫贡献了自己的力量。图为张伯礼院士为各位诗友出题
	2022年北京冬奥会,是一场全世界瞩目的体育盛会。这场在家门口举办的比赛,对于推动冰雪运动发展有着特殊的意义。为了迎接冬奥会,各个项目的运动员都在积极备战,认真训练。图为杨扬为各位诗友出题

在节目的视觉风格上,《中国诗词大会》第六季的舞台设计采用六瓣百合的舞美元素,呈现天地六合的文化主题,并且融合了丰富的中华传统元素,与节目主旨相得益彰(见图2-1)。

图2-1 《中国诗词大会》第六季的六瓣百合舞美元素(图片来源:节目截图)

（四）动态性：变动中求创新

综N代，即季播综艺节目的续集，因节目制作模式相对成熟，有一定的受众基础而成为各大卫视的收视保障。综N代虽然收视表现良好，但要真正做到"现象级"却不易，欲保持热度更不易，多档综N代已相继呈现口碑暴跌、疲软态势。不过，也有不少节目打破僵局，选题扎根人民，在节目中融入现实关怀，取得了不俗的成绩。

从电视综艺节目在文博领域的开山之作到扛鼎之作，《国家宝藏》一直走在创新的前列。第一季与九大博物馆合作，由每个博物馆推选三件镇馆之宝，交予民众甄选，最终进入故宫博物院的"国宝特展"。第二季联手省级博物馆，接过了讲述中国故事、让国宝活起来的接力棒。第三季携手九座中华文明历史文化遗产，透过影像化展示、故事化讲述，探讨中华文明的形成及其对世界的贡献。《国家宝藏·展演季》则是以文艺作品的形式展演国宝，联手上百家博物馆，为《何以中国》特展作序（见表2-4）。

表2-4 《国家宝藏》四季节目内容变化表

季数	播出时间	嘉宾	节目内容	海报
第一季	2017年	李晨 冯海涛 仇庆年 王凯 梁家辉 梁金生 段奕宏 江旭东 撒贝宁 等	紫禁城建成600年之际，故宫博物院联合八家国家级重点博物馆，以"国家宝藏"为题举办特展——每个博物馆只选出一件宝藏入驻特展。每集选取一家博物馆，每个博物馆推荐三件镇馆之宝，交予民众甄选。每件宝藏都拥有自己的明星"国宝守护人"，他们讲述"大国重器"们的前世今生，解读中华文化的基因密码。通过节目的核心元素能够看出《国家宝藏》尝试在文物与人之间建立联结，拉近当代人与历史文物的距离	
第二季	2018年	王菲 黎明 胡杏儿 岳云鹏 刘昊然 肖央 宋佳 等	《国家宝藏》第二季由中央广播电视总台联手北京故宫博物院，以及山西博物院、河北博物院、山东博物馆、广东省博物馆、四川博物院、云南省博物馆、甘肃省博物馆、新疆维吾尔自治区博物馆，从《国家宝藏》第一季的八家博物馆手中接过了讲述中国故事、让国宝活起来的接力棒。节目融入音乐剧、舞剧、民族器乐剧等多种艺术手法，结合演播室综艺、纪录片、真人秀等多种表现形态，整合文博资源，集结九家博物馆的27件文物和27组国宝守护人，展现中华优秀传统文化的深厚底蕴与时代魅力	

续表

季数	播出时间	嘉宾	节目内容	海报
第三季	2020年	靳东 张子枫 冯小刚 沈腾 陈建斌 富大龙 杨紫 郭麒麟 等	《国家宝藏》第三季携手九座中华文明历史文化遗产，通过影像化展示、故事化讲述，探讨中华文明的形成及其对世界的贡献。节目分为"前世传奇"和"今生故事"两个部分，讲述关于国宝的古今故事。在"前世传奇"部分，节目组邀请演员以话剧表演的形式将所要展示、守护的国宝的相关故事演绎出来。在"今生故事"部分，节目邀请一些素人来讲述他们与那些文物的故事，阐释其中所包含的工匠精神、奉献精神、抗争精神等	
展演季	2021年	周深 吕思清 谭维维 刘迦 萨顶顶 等	《国家宝藏·展演季》因展而生，邀请嘉宾从三季81件国宝中"揭榜招贤"，用文艺作品来展演国宝，歌舞戏乐不限，诗词曲赋皆可。同时，节目还启用了2021年总台春晚首次采用的"AI+VR裸眼3D"拍摄技术，让演员突破传统舞台空间呈现形态，带给观众焕然一新的视觉体验。节目通过对国宝进行"主题式"的二次排列组合，对其背后的精神气象进行了再提炼和再升华，使得民族性格更加鲜明	

（五）独特性：专属平台、专属内容、专属受众

每一个平台都有自己的调性以及侧重的内容。电视台的制作秉持"市场调查—策划—制作—分发"的节目制作流程和理念。长期以来，电视节目与观众一直保持着泾渭分明的传受关系，观众始终停留在被动"倾听者"的角色上，少有与电视台平等沟通的渠道，来自观众的反馈信息也不能及时传达给电视台。

对于中国大众来说，中央广播电视总台的意义不仅仅是一家"电视台"，几乎在我国社会发展的每一个进程中，它都是社会大众可最先感知的脉搏声音。中央广播电视总台在平台属性及内容创作上与其他地方卫视存在明显区别，表2-5中将作详细分析。

表2-5 各电视台的节目特征

电视台	节目特征
中央广播电视总台	中央广播电视总台是社会舆论的主要参与者和构建者之一,具备独一无二的媒体地位和公信力,在社会大众中享有极高的声誉。节目创作过程中要坚持正确的舆论导向,紧跟时代脉搏和市场发展,创作出具备社会影响力的"正能量"作品
北京卫视	近年来深挖地域资源,国潮元素成为其节目形态的支柱。以《上新了,故宫》《京城十二时辰》《最美中轴线》为代表的多档节目折射出传统文化与地域资源之间可进行题材挖掘的空间
东方卫视	近年来,在综艺节目的创作上,"主旋律"的趋势越发明显,王牌节目《极限挑战宝藏行》将目光投射到生态文明建设上,紧扣国家宏观战略,实现娱乐性与价值性的平衡。代际歌手交流合作的音乐类综艺节目《我们的歌》再次唤醒了人们对经典音乐的集体记忆,为音乐类综艺节目市场带来了更多的可能性,让时代放慢节奏,回归好歌本身
浙江卫视	近年来,倾向于用竞技类综N代维系流量,用文化生活类节目打造品质保障,做到模式及内容的创新。《为歌而赞》为国内首档跨屏互动音乐综艺节目,后续的《嗨放派》尝试了科学类题材。《王牌对王牌》做到第七季,沈腾和贾玲的默契合作不仅保证了节目的看点,也在一定程度上强化了其喜剧人的标签
江苏卫视	王牌综艺节目《非诚勿扰》依旧占据绝对优势。近年来,江苏卫视擅于用旧IP挖掘新人,向年轻用户靠拢。新一季《最强大脑》召集多方面科学人才,用经典竞技呈现脑力的优质比拼
湖南卫视	代际差异成为其节目形态的破题关键,如观察类综艺节目"我家那××"系列。而王牌综艺节目《天天向上》则没有墨守成规,一直走在创新求变的前沿

对于互联网平台而言,在大数据与新媒体技术迅猛发展的当下,其制作模式已经可以做到生产与反馈同步。依托大数据收集到的受众观看节目行为轨迹可以迅速定位受众喜好,进而以受众需求为蓝本决定节目内容;同时,在制作过程中充分尊重受众意愿,能让受众充满参与感,增加受众黏性。近年来,各大平台之间的竞争越发激烈,不过每个平台都逐渐摸索出属于自己的玩法,在自己的优势领域精耕细作,原创垂类节目越发新颖,表2-6具体分析各视频网站的内容特征。

表2-6　各大互联网平台节目特征

互联网平台	节目特征
爱奇艺	一方面，依托于"迷雾剧场"，爱奇艺展开"迷综赛道"的IP建构，在不到一年内推出了《萌探探探案》《奇异剧本鲨》《最后的赢家》三档大制作综艺节目。另一方面，《乐队的夏天》《一年一度喜剧大赛》《姐妹俱乐部》等高口碑综艺节目也展现出爱奇艺未来在音综赛道、女性赛道与喜剧赛道的潜力
腾讯视频VIP	虽然市场上大多数综N代节目的收视情况逐年呈现明显下滑趋势，但腾讯视频的多档王牌节目依旧表现较稳。《吐槽大会》《脱口秀大会》等语言类节目为腾讯视频"欢乐向"内容的布局奠定了牢固的根基。各大平台在恋综赛道各展身手时，腾讯视频王牌观察类恋爱综艺节目《心动的信号》依旧占据主导地位。此外，职场观察类综艺节目在市面上引发热议，《令人心动的offer》律师季、医学季陆续上线，以职业传承、社会价值、人性探索等多重意义的结合打破了现有的职场观察类真人秀的制作模式，为该类型节目提供了更多可深挖的宝藏
YOUKU	文化与体育是优酷视频创作的核心内容。《这！就是灌篮》《这！就是街舞》等"这！就是××"系列王牌节目的推出足以说明优酷对竞技类真人秀的专业性与娱乐性做到了较为精准的把控，成为其他平台难以撼动的强势竞争者
芒果TV	女性赛道几乎可以成为芒果TV的代名词，多档女性题材综艺节目全方位多角度覆盖女性成长全部历程。值得一提的是，两部在创作初期争议较大的真人秀——《披荆斩棘的哥哥》与《再见爱人》，均成为芒果TV近年来精品节目的代表。可以说，芒果TV的制作团队展现出对题材把控的极高水准
bilibili	哔哩哔哩在综艺市场上可以说是异军突起，从短视频到长综艺，从声音演员竞技类真人秀《我是特优声》、音乐综艺节目《我的音乐你听吗》、舞蹈真人秀《舞千年》到恋爱类节目《90后婚介所》、代际互动类真人秀《屋檐之夏》，该平台在各个赛道实现了高质量的发展。虽然从现在来看哔哩哔哩暂时未能形成明显的赛道优势，但依托于平台极为独特的用户圈层与平台特质，哔哩哔哩已然成为未来综艺市场中不可忽视的入局者

（六）传播性：融媒体思路与宣传优势

在媒介融合时代，综艺节目策划在文案期就需要寻找适合全媒体传播的热点话题，邀请嘉宾、确定节目模式时也需要考虑流量与传播效果，这样才能在后续的宣发过程中获得宣传优势，做到节目内容在媒介平台上的全方位延展。

三、节目策划的目的及任务

（一）确定节目内容及意义

即弄清楚节目为什么、为谁而作，能够带来什么回报，该回报的形式是社会价值影响力还是经济收益。侧重社会价值影响力的节目强调节目的文化价值理念，用有设计感的形式带领观众走进那些鲜活的时代场景，感受中国人的精神情怀和生活智慧，传承中华文明，增强文化自信。

例如，《美术经典中的党史》是为庆祝中国共产党成立100周年，由中央广播电视总台、中国国家博物馆、中央美术学院等机构联合制作，中央广播电视总台推出的百集特别节目。节目从中国共产党成立以来各个历史时期，特别是党的十八大以来的美术作品中，遴选出100件最具代表性的作品，再现中国共产党成立100年来波澜壮阔的光辉历程。

侧重经济收益的节目则强调节目的娱乐化倾向和商业化追求，例如选秀类节目中，常出现"集资应援""为偶像打投"等现象。例如，爱奇艺的《青春有你》第三季中粉丝为偶像打投的机制是与赞助商的产品捆绑在一起的，节目规定可以通过购买饮料获得额外的投票码，为选手助力，结果出现粉丝为追星投票，将整箱牛奶打开，倒入水沟之中的荒唐场景。视频曝光后，节目录制立即被叫停，北京市广播电视局随即印发《关于进一步加强网络综艺节目管理工作的通知》，对网络综艺节目的创作播出提出进一步要求。

既能做到传承文化，提高整个民族的文化素养，从而提升民族文化自信，又能兼顾市场经济效益，是节目策划的最高要求。中央广播电视总台多季热播的王牌节目《中国诗词大会》可以说找到了这样一个平衡点，有效做到了明确目标受众，把握文化内涵，用诗词讲述情感、触动共鸣，其第二季收官之作以市场份额超过第二名30%的绝对优势占据榜首。因此，如何让综艺节目在落实社会责任的基础上保障收视份额，需要广大电视工作者继续探索。

（二）确定节目既定元素

综艺节目的既定元素包括节目时长、播出时段、播出档期、播出平台等。以《故事里的中国》《演员请就位》第一季为例，综艺节目既定元素见表2-7。

表2-7 综艺节目既定要素

节目名称	节目时长	播出时段	播出平台
《故事里的中国》第一季	1小时11分钟	每周日20:00	中央广播电视总台综合频道
《演员请就位》第一季	1小时46分钟	每周五20:00	腾讯视频

当前主要的节目播出平台见表2-8。

表2-8 节目播出平台

电视媒介	国家级	中央广播电视总台
	地方卫视	北京卫视
		东方卫视
		江苏卫视
		浙江卫视
		湖南卫视
网络平台		腾讯视频
		优酷
		爱奇艺
		芒果TV
短视频社交平台		快手
		抖音
中长视频创作及搬运内容平台		哔哩哔哩
		西瓜视频

（三）确定节目呈现形式、技术手段、视听风格

这一部分是节目策划的主体，将直接决定节目的最终效果。

例如，央视频推出的主播新媒体才艺秀《央young之夏》，集结40余位总台主播，组成4支战队同台演出。康辉、尼格买提、月亮姐姐担任队长，撒贝宁、庄晓莹等担任队长助理，通过"直播+短视频"的方式，展现他们除职业身份之外的耀眼才华。另有主播组成"神秘嘉宾组"参与节目。该节目实现了对观众共鸣点的精确

把握和精准对接，从才艺竞演到故事呈现、情感寄托，都体现出总台新媒体平台对自身的突破和再创造，与时代形成了同频共振，同时收获了无数点赞好评。总之，《央young之夏》的整体视听风格青春活泼，节目充满了竞技的紧张感，在不失趣味性的同时彰显专业水准，展现了青春、热血的当代年轻人形象（见图2-2）。

图2-2 《央young之夏》视觉风格（图片来源：节目截图）

同样是总台推出的《国家宝藏》，其精美的制作一下就抓住年轻人的心。节目将中国古典韵味与现代科技相结合，酷炫靓丽的灯光伴随着时空的交错缓缓变换，时尚感与科技感交叠，又在古今穿越的节点上给人以强烈的冲击感。总之，《国家宝藏》的整体视听风格典雅、素净、厚重，前世今生两个时代明显区分，在完整展现历史背景的同时，真实再现文物的影像全貌，令人耳目一新（见图2-3）。

图2-3 《国家宝藏》视觉风格（图片来源：节目截图）

(四)确定节目嘉宾构成

综艺节目的嘉宾构成主要包括主持人、常驻嘉宾、飞行嘉宾等。不同性质的嘉宾人数、性别、年龄、身份、功能属性等皆需要在策划阶段予以明确。《哈哈哈哈哈》是一档公路行进式户外真人秀节目,由爱奇艺、腾讯视频联合播出。节目由邓超、陈赫、鹿晗和嘉宾们组成"五哈旅行团",从繁忙琐碎的日常生活中挤出时间,开启一段由东到西,穿越中国的旅途。在这档节目中,导演王征宇作为旅行社社长,发挥主持人的作用,把控节目流程与进度;王勉作为旅行团导游,起到在导演组与嘉宾组之间穿针引线的作用,为节目增加"互相拉拢"的戏码;而邓超、陈赫、鹿晗则以"铁三角"好友的身份担任常驻嘉宾,与导演组斗智斗勇,在游轮上开启当季的美丽中国行(见表2-9)。

表2-9 《哈哈哈哈哈》嘉宾构成及功能

嘉宾	嘉宾构成及功能
王征宇	旅行社社长,主持人,把控节目流程与进度
王 勉	旅行团导游,起到在导演组与嘉宾组之间穿针引线的作用,为节目增加"互相拉拢"的戏码
邓 超	旅行团成员,"铁三角"核心人物,智慧担当
陈 赫	旅行团成员,搞笑担当
鹿 晗	旅行团成员,卖萌担当

而中央广播电视总台出品的文化类综艺节目《朗读者》在2017年与观众甫一见面,即带动全民朗读热情,成为观众心中的能量补给站,真正实现破圈传播,收获海内外深远影响力,向世界展示了真实、立体、全面的中国。该节目更加强调嘉宾的身份属性,例如第三季邀请的嘉宾均是有社会影响力或创造出巨大社会价值的优秀人物,如中国科学院院士、北斗卫星导航系统副总设计师杨元喜,丽江华坪女子高级中学党支部书记、校长张桂梅等(见表2-10)。

表2-10 《朗读者》第三季部分嘉宾

嘉宾	嘉宾身份
杨元喜	中国科学院院士、北斗卫星导航系统副总设计师
张桂梅	丽江华坪女子高级中学党支部书记、校长,"七一勋章"获得者,全国脱贫攻坚楷模,全国优秀共产党员
徐冬林	广西田径运动员刘翠青的领跑员

通常女团成长类综艺节目的选手大多为年轻女性,年龄在20岁左右,且大多没什么名气,这在一定程度上造成受众群体的局限性。《乘风破浪的姐姐》反其道而行之,打破原有的受众局限,重新定义女团,邀请30位"30+、40+甚至50+"的有一定观众识别度的女性,扩大辐射群体,并试图打破年龄鄙视链和受众原有的认知局限,将女团与大龄女性联系起来,为"姐姐们"提供唱跳舞台和女团选秀赛道,展现现代成熟女性自信的魅力和挑战不可能的拼搏精神,让受众在观看节目的过程中找到自己心目中的荧屏榜样。而不同年龄的女性嘉宾也具有不同的功能性人设:"30+"年龄层的姐姐们努力又自律,对自我认知清晰,业务能力正处于人生中的巅峰阶段;"40+"年龄层的姐姐们显露出时光洗涤后的从容以及对机会的珍惜,充满了励志的意味(见表2-11)。

表2-11 《乘风破浪的姐姐》第一季部分嘉宾

年龄	姓名	人设
32	蓝盈莹	狼性学霸,内卷之王
39	万茜	低调万人宠,金瓜
40	郑希怡	香港老牌艺人,英皇代表,唱跳俱佳
38	黄圣依	豪门贵妇,作精,不好惹
35	张雨绮	颜值担当,憨憨美女
50	宁静	中年叛逆,绝对C位,可爱真实
53	伊能静	大龄甜歌玉女,稳重娴静,"伊"学盛行

(五)确定节目运营及宣发模式

综艺节目的运营及宣发模式具体包括投放平台、投放规模、投放频率等内容。

2020年,爱奇艺、腾讯视频、芒果TV三大主流平台在同时期相继推出了女团成长类综艺节目,其中《青春有你2》和《创造营2020》已有一至两季的制作经验,加上邀请了有较高流量的导师,收视率相对稳定。但由于两档节目在类型、收视群体等方面有着较高的相似度,又加上撞档,一定程度上会产生粉丝分流等问题。《乘风破浪的姐姐》与两档节目的播出时间相近,凭借"姐系偶像"加入女团节目"混战"中。在传播策略上,节目采用"媒体聚焦、名人化、表征权力冲突、跨领域的影响力"的方式,引发了一场"能体现当代社会基本价值观、引导个人适应现代生活方式并将当代社会中的冲突和解决方式戏剧化的媒体文化现象——媒体奇观"[①]。

2021年11月,《中国考古大会》在CCTV-1、CCTV-4播出,节目的运营和宣发以"@央视频""@央视一套""@CCTV4"三个官方微博账号为主要阵地,"@央视新闻""@人民日报""@头条新闻"等官方微博账号,腾讯、网易、今日头条等客户端,行业KOL微信公众号等联动助力传播。每期节目播出前,节目宣传组通过对节目内容的重新解读,挖掘节目的热搜潜能,对节目内容进行二次创作,创新融媒时代裂变式多介质传播形式,开发多种融媒体产品形态,如设计短视频,重新剪辑卡段、集锦、精彩片段等;创作与节目相关的各类衍生品,如遗址概念海报、金句海报、生僻字海报、文物科普海报等。在节目播出过程中,根据播出实时情况,宣传组还要安排话题词,进行物料的发布,及时地与"@央视新闻""@人民日报"等影响力大的"国字号"新媒体平台进行物料发布的对接,助力节目相关话题在播出期间登上热搜。播出后,节目要发布不同形式的稿件如节目评论、行业解读等,作为节目营销长线发酵的物料,延续节目的宣传期,逐步推广《中国考古大会》的节目品牌(见表2-12)。

---

① 凯尔纳.媒体奇观:当代美国社会文化透视[M].史安斌,译.北京:清华大学出版社,2003:2.

第二章 综艺节目创作实务 47

表2-12 《中国考古大会》宣发方式

宣发方式	案例
节目播出前，发布与节目相关的各类衍生品，如遗址概念海报、视觉海报等。	 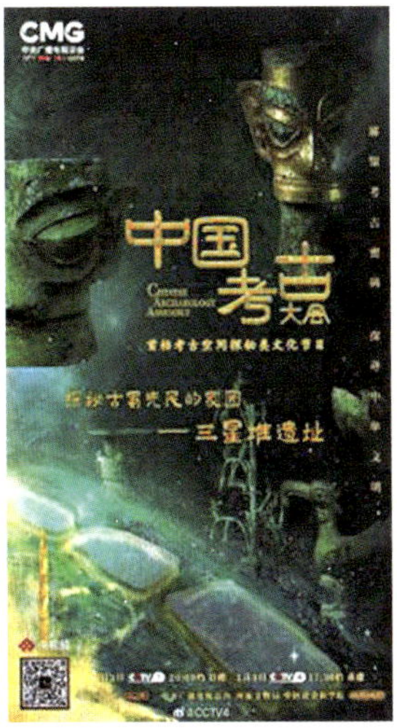
节目播出过程中，根据播出实时情况，安排节目卡段、话题词文案等物料的发布，及时地与"@央视新闻""@人民日报"等影响力大的"国字号"新媒体平台进行物料发布的对接	   

续表

宣发方式	案例
播出过程中，发布节目相关微博，助力节目相关话题在播出期间登上热搜	（微博热搜截图，显示"八九千年前古人吃得好健康""中国考古大会""八九千年前狗就是人类的好朋友""中华五千多年文明史通过考古得到实证"等热搜词条）
联合不同公众号，发布不同形式的稿件，如节目评论、行业解读等，作为节目长线营销的物料，推广《中国考古大会》的节目品牌	（公众号文章截图：中国新闻网《探源中华文明致敬考古百年 大型文化节目〈中国考古大会〉将播》2021-11-19；人民日报《满屏知识点，网友在线求〈中国考古大会〉官方考古笔记》；光华锐评；《良心综艺〈中国考古大会〉今晚开播！一把手铲，四代人，实证中华五千年文明史》灼见2021-11-20）

（七）确定节目的商务投放

商务投放是综艺节目得以顺利运营的必备要素。近年来，伴随着市场、行业的不断发展，互联网、快消品、美妆等日趋成为综艺节目商务投放的主要客户领域。如何与内容调性保持一致，不单纯以销售利润为目的，是综艺节目商务工作过程中需要努力解决的问题，也是评估综艺节目商务投放是否成功的重要标准。

1. 综艺节目商务投放现状

（1）主流平台备受关注，品牌合作趋于集中平稳

自2020年新冠肺炎疫情发生以来，各大品牌的投放力度日趋集中在主流平台上，包括总台及地方五大卫视在内的电视综艺节目投放力度不断加大，全面超越网络综艺节目（见图2-4）。这一方面体现出品牌对国家媒介渠道的信心，另一方面也体现出主流媒体综艺节目的高品质优势。

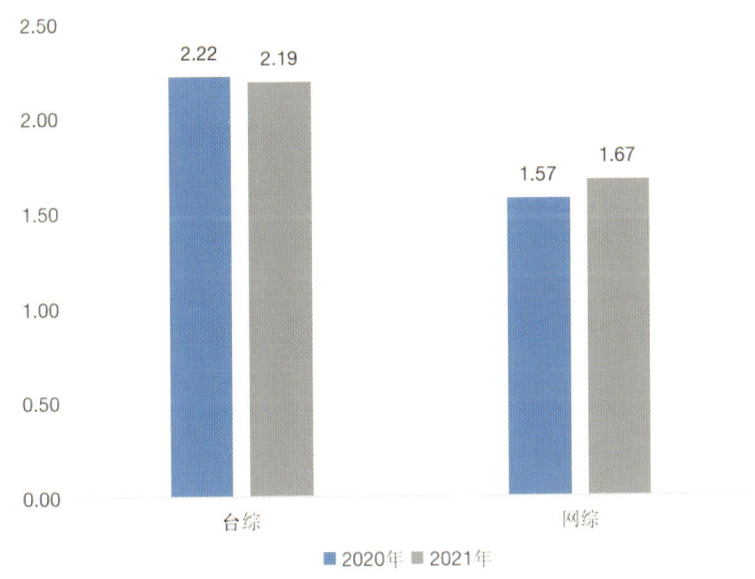

图2-4　台综、网综合作单品牌项目数对比（数据来源：击壤内容营销大数据）

（2）市场逐渐理性冷静，品牌投放总数全面下滑

尽管主流媒体综艺节目的商务投放超越了互联网综艺节目，但整体来看，由于疫情的影响及市场回归理性所带来的投资降温，各大品牌在综艺节目中的投放数据都呈现出较大幅度的下降趋势（见图2-5）。从2020年到2021年，伊利、腾讯、联合利华等知名品牌与综艺节目的合作数量递减，减幅最大的联合利华从

2020年的14部综艺节目投放跌至5部。

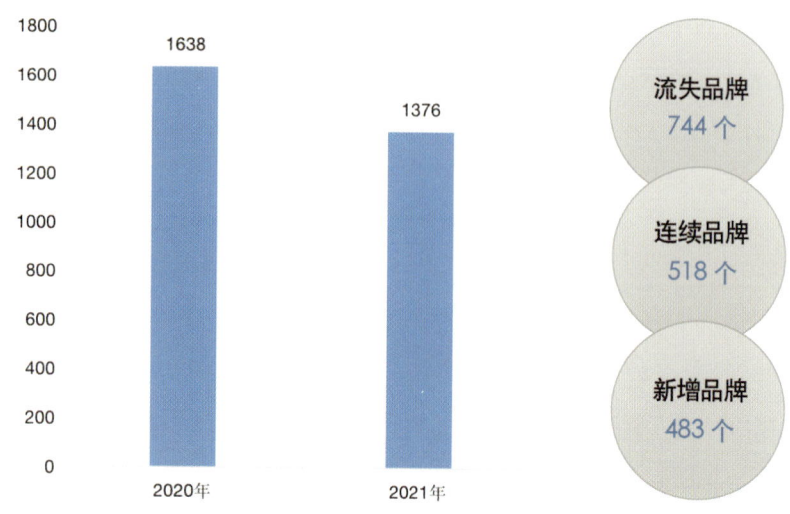

图2-5　综艺节目的品牌流失数据对比（数据来源：击壤内容营销大数据）

（3）快消品及互联网企业仍然是综艺节目商务投放的主要客户

酒水饮料、互联网行业稳居近两年来综艺节目商务投放的首位，其次是食品和药品行业。尽管互联网教育受到了国家相关政策的监督和管理，但影音、电商、生活服务行业在综艺节目商务投放领域仍然持续发力。具体来说：

在酒水饮料领域，主打健康的功能性饮料增幅最为明显，主打0卡的元气森林成为该领域商务投放的黑马；传统品牌康师傅、功能性饮料东鹏特饮仍然高居商务投放前列；贵州习酒、梦之蓝、汾酒等酒企仍然是总台综艺节目的主要商务客户。

疫情促使人们关注健康生活，在食品和药品领域，保健食品投放增幅最大，而方便食品也具有一定体量的投放规模，则与疫情期间物流受到影响、宅居生活的便利性需求密切相关。

在最为复杂的互联网行业，主体投放力量被细分为电子商务、影音和生活服务三个领域。在电子商务领域，京东、阿里系、唯品会、拼多多仍然是主力，其中阿里系、京东竞争激烈（见图2-6），唯品会则青睐湖南卫视、芒果TV以及互联网综艺等商业调性浓厚的综艺品牌。

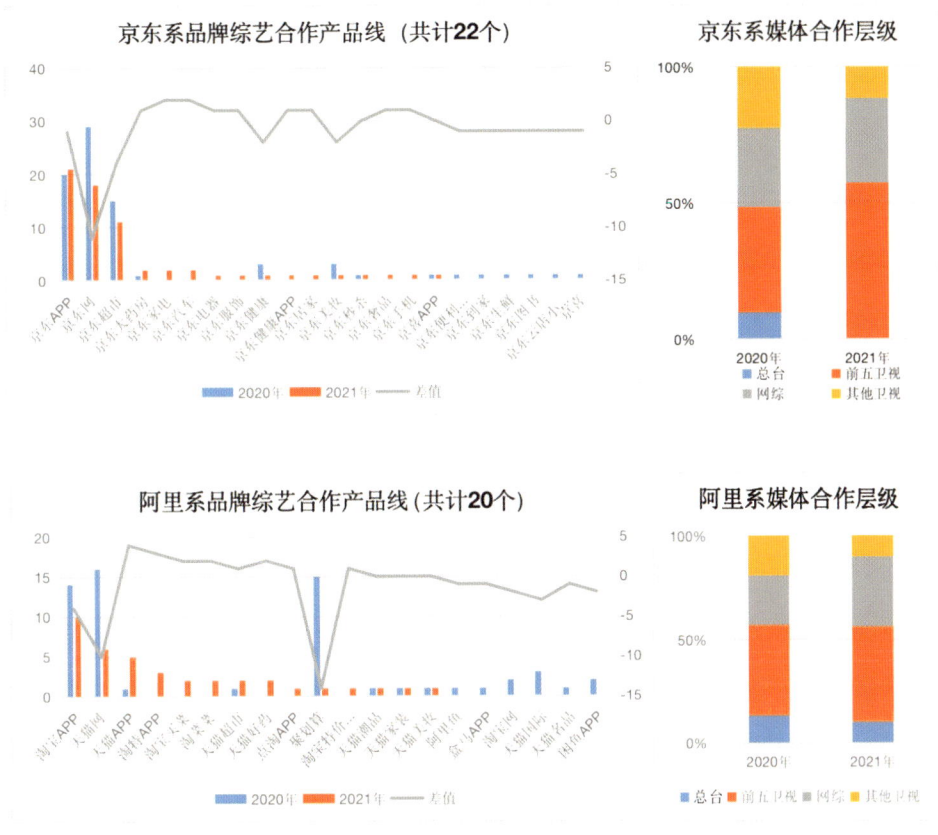

图2-6 京东与阿里系投放综艺节目对比（数据来源：击壤内容营销大数据）

影音领域的投放则明显集中在抖音、快手及QQ音乐等知名厂牌上，其中抖音发力最为迅猛（见表2-13）。

表2-13 抖音投放综艺节目情况不完全汇总

序号	平台	播出节目	播出形式	合作方式
1	湖南卫视	《鲜厨100》第二季	季播	视频合作
2	浙江卫视	《为歌而赞》	季播	洽谈
3	湖北卫视	《正大三农创客英雄汇》	季播	洽谈
4	东方卫视	《追光吧！》	季播	洽谈
5	北京卫视	《最美中国戏》	季播	洽谈
6	浙江卫视	《青春环游记》第三季	季播	指定产品
7	东方卫视	《极限挑战宝藏行》第二季	季播	指定产品

续表

序号	平台	播出节目	播出形式	合作方式
8	海南卫视	《潮起海之南》	常年播	洽谈
9	中央广播电视总台	《春晚有心意》	季播	合作伙伴
10	广东卫视	《国乐大典》第三季	季播	支持
11	中央广播电视总台	《花好月圆元宵夜》	晚会	洽谈
12	辽宁卫视	《欢乐饭米粒儿》	常年播	冠名
13	黑龙江卫视	《见字如面》初心季	季播	支持
14	广东卫视	《玩出新国乐》	季播	洽谈
15	江苏卫视	《蒙面唱将猜猜猜》第五季	季播	支持
16	江苏卫视	《蒙面舞王》第二季	季播	冠名
17	东方卫视	《神奇公司在哪里》	季播	冠名
18	安徽卫视	《蜜食记》第七季	季播	洽谈
19	中央广播电视总台	《上线吧！华彩少年》	季播	冠名

在生活服务领域，前期包括猿辅导、作业帮在内的教育品牌占有绝对优势，但后期受到"双减"政策影响，该领域的商务投放力度大幅下滑。

（4）客户投放喜好与节目类型有很高的关联度

品牌客户更加青睐于投放才艺竞技类综艺节目及喜剧脱口秀类综艺节目，这两大类综艺节目娱乐性强，具有广泛的受众基础。紧随其后的是生活观察类节目，这类节目对品牌类型的包容度较高，契合度较好。其他文化类节目，尤其是文化程度较高的小众文化类综艺节目，品牌投放的支持力度较小，更多的是依赖平台影响力及嘉宾影响力。

但需要说明的是，对何种节目类型进行品牌投放，与品牌自身的属性密切相关，例如食品类品牌更青睐于美食和烹饪类节目，互联网产品对生活体验类节目情有独钟，汽车品牌则深度捆绑了旅行类节目。

2.综艺节目商务投放策略

（1）清晰定位节目资源、平台及IP优势

面对投放客户，能够清晰地阐释目标投放节目的资源优势、播出平台优势以及制作人或嘉宾所带来的IP传播优势。

例如，总台综艺节目所具备的优势包括强大的媒体影响力、新媒体矩阵的全球投放力度、国家级媒体的背书保障、强大的主持人IP优势以及优质的节目制作团队等。

（2）充分阐释节目内容及投放板块

详细介绍客户所投放的综艺节目的内容价值、具体投放板块，包括项目发布平台、广告回报期、客户权益体现（口播、字幕）、跨平台短视频宣发方式等内容。

（3）投放案例推演

将客户投放的诉求进行目标案例推演，直观体现客户权益，同时与节目制作团队进行充分沟通，在不影响主体内容艺术创作的前提下，最大限度地体现客户权益。

3.综艺节目商务投放效果检验标准

（1）客户权益是否实现

客户权益是否实现要从品牌在综艺节目中的植入形式、品牌在节目中的露出频率以及露出时间三个维度来考察。理想状态下，在实现上述三个维度的客户权益的基础上，品牌的植入不应损害节目内容的表达及节目艺术价值的实现。

（2）品牌和节目内容的契合度

在综艺节目中，优质的品牌植入不仅不会影响节目的艺术品质，而且还能与节目内容及节目风格相吻合，观众在收看节目后，对品牌有强烈的记忆点，同时形成对品牌的好感度。

4.综艺节目商务发展趋势展望

（1）品牌的投放范畴及方式更加广泛多元

为了获得更广泛的用户关注，未来的品牌投放方式是多平台联合矩阵式投放，同时加大对不同类型综艺节目的植入，甚至细化到节目模块中的不同主题。一方面，品牌投放不再受到单一平台的限制，从这个角度来看，品牌投放是朝横向领域延伸的；另一方面，品牌投放不断与目标内容精准捆绑，从这个角度来看，品牌投放是朝垂直领域延伸的，例如康师傅茉莉蜂蜜茶和柚子茶格外青睐恋爱类综艺节目，试图将恋爱与甜茶捆绑在一起。

上述现象表明，品牌投放的专业度在不断增强。

（2）平台招商力图实现内容与商业的融合

平台在进行招商的过程中，会切实考虑节目内容、节目主题与节目调性，根据节目内容选择合适的商务客户，同时也会根据品牌自身的诉求，主动为品牌组合搭配相应的投放服务。不断实现客户权益，同时使品牌与节目自身的风格相匹配，是未来平台招商力图实现的双赢目标。

（3）在节目IP的影响下向线下领域延伸

品牌与节目IP相联动，建构节目场景，与品牌深度融合，实现线下多次重复性消费。例如在网络综艺节目《令人心动的offer》第三季中，就打造了麦当劳主题门店，并赠送消费者节目周边礼包。

（4）品牌投放方式日趋轻巧

单期广告投放、独家定制个性化产品皆成为未来品牌投放的"轻巧"方式，这与经济增长速度放缓、品牌需求不断个性化等原因密不可分。同时，这种投放方式也更容易进行矩阵式投放，组合出拳，实现品牌投放效果的最大化。

❓ 本节思考题

1. 如何在策划过程中协调节目内容和商务投放之间的矛盾？
2. 简述节目呈现形式及视听风格对节目内容的影响。
3. 简单梳理节目宣发的流程。

第二节　节目策划的前置准备

一、节目策划的前期调研

（一）媒介环境调研

1. 政治视角

电视媒体是国家政治生活的"晴雨表"和"风向标"。国家广电总局发布的《广播电视和网络视听"十四五"发展规划》指出，"十四五"时期是我国全面建成小康社会、实现第一个百年奋斗目标之后,乘势而上开启全面建设社会主义现代化国家新征程、向第二个百年奋斗目标进军的第一个五年,也是广播电视和网络视听立足新发展阶段、贯彻新发展理念、构建新发展格局、实现新跨越的关键时期。该规划是根据《中共中央关于制定国民经济和社会发展第十四个五年规划和二〇三五年远景目标的建议》《中华人民共和国国民经济和社会发展第十四个五年规划和2035年远景目标纲要》和《"十四五"文化发展规划》编制的。当前传媒领域的一些相关政策包括:2019年,中央全面深化改革委员会第九次会议《关于加快建立网络综合治理体系的意见》;2019年,广电总局《关于推动广播电视和网络视听产业高质量发展的意见》;2020年,《网络综艺节目内容审核标准细则》等。《网络综艺节目内容审核标准细则》围绕才艺表演、访谈脱口秀、真人秀等各种网络综艺节目类型,从主创人员选用到出镜、造型、文字语言、制作包装等都提出了具体要求。与此同时,与选秀、相亲交友、明星片酬、未成年人等相关的政策条款,节目策划前期皆需要慎重考虑。

2. 市场视角

节目策划前期需要研判社会上流行什么,热点是什么。例如,亲子、女性等话题皆在市场上有较高的热度,由此产生了一系列同质化综艺节目。2013年10月,湖南卫视一档亲子类真人秀《爸爸去哪儿》横空出世,该节目原版是韩国MBC电视台的亲子互动节目《爸爸!我们去哪儿》。韩国版《爸爸!我们去哪儿》的首播时间为2013年年初,节目播出后获得了非常高的收视率。《爸爸去哪儿》的主要内容是明星爸爸带着自己的孩子在野外游戏,观众非常认同父亲和孩子共同解决生活难题的节目理念,因此节目在亚洲地区受到了很多家庭的关注,也获得了众多观众的追捧。也因此,其他卫视扎堆模仿,类似节目遍地开花,例如浙江卫视的《爸爸回来了》、腾讯视频的《放开我北鼻》、优酷视频的《想想办法吧爸爸》等。

盲目追逐市场热点可能会产生一系列弊端:扎堆模仿导致节目同质化严重,缺乏原创性、深耕性,受市场即时供需影响大,一旦供过于求则无法变现;为了市场化完全丢失节目内核,变成没有目的的"娱乐"。盲目追逐市场热点、追逐流量,一味赚快钱,无异于饮鸩止渴,最终将导致市场上缺少优质作品,伤害的还是行业本身。

3. 文化与社会视角

文化，是相对于经济、政治而言的人类全部精神活动及其产品，由人所创造、为人所特有，是人们社会实践的产物，并对实践产生影响。综艺节目在制作过程中，常以文化视角剖析行业风向。近几年，以文化视角出现的年度热词可见图2-7至图2-9。

图2-7　2018年度热词

图2-8　2019年度热词

图2-9　2020年度热词

4. 科技视角

新型媒介技术可以应用到节目中,引发热点,如AI、虚拟技术等。在媒介融合的大环境下,社会化媒体应用、移动互联网技术改变了媒介生态,为媒体的发展提供了技术支撑。对于综艺节目而言,技术使其由"内容+形式"的两大要素模式转变为"内容+形式+关系+场景+技术"的五大要素模式,使其由传统型进入融合型。媒介技术构建和巩固节目与观众的关系,搭建合适的观看场景,丰富节目的传播形式,为节目理念、节目制作等方面的创新提供灵感。同时,以科技为核心向外扩散,以点带面,可以为节目带来无数创新点,也能为观众带来全新的冲击与体验,为节目内容增添新的生命力。

科教兴国,党和国家高度重视科学、科技和创新。习近平总书记在2016年5月30日的全国科技创新大会、中国科学院第十八次院士大会、中国工程院第十三次院士大会、中国科学技术协会第九次全国代表大会上发表讲话,强调"科技兴则民族兴,科技强则国家强"。将科技发展用丰富有趣的节目形式呈现出来,也成为近年来综艺节目创作的主要方向。

中央广播电视总台央视综合频道推出的科学实验节目《加油!向未来》正是在此背景下推出的科学实验节目。《加油!向未来》由央视创造传媒有限公司制作,每季节目共11期,由撒贝宁担任全三季的主持人,尼格买提担任第二、第三季主持人,张腾岳担任第一季外景主持人。该节目的核心是把科学实验搬上综艺舞台,向全民普及科学知识。节目第一季采用"明星+素人"的形式,嘉宾分为未来队和加油队,大家一起探索科学奥秘。面对节目组设置的重重难关,嘉宾除了要选出答案,更要现场亲身验证,大气压强、摩擦力、力的相互作用等生活中常见的科学知识都出现在节目实验中。

同样的科技类综艺节目还有总台的《机智过人》《未来架构师》《极客力量》《时尚科技秀》,湖南卫视的《我是未来》《超能理工派》,浙江卫视的《铁甲雄心》《智造将来》,江苏卫视的《从地球出发》《最强大脑之燃烧吧大脑》,北京卫视的《机会来了》,优酷的《这!就是铁甲》《火星研究院》,爱奇艺的《机器人争霸》等(见表2-14)。

表2-14 中央广播电视总台科技类节目一览表

节目类型	节目	出品/制作公司	嘉宾
人机大战	《机智过人》第一季	总台央视综合频道、中国科学院、长江文化	鲍春来、林书豪、江一燕、柯洁等
	《机智过人》第二季	总台央视综合频道、中国科学院、长江文化	鲁白、韩雪、撒贝宁、王栎鑫、明道、胡彦斌
	《机智过人》第三季	总台央视综合频道、中国科学院、长江文化	枚宏、韩雪、撒贝宁、朱广权
科学实验	《加油,向未来》第一季	总台央视综合频道、央视创造传媒有限公司	撒贝宁、伊一、胡可等
	《加油,向未来》第二季	总台央视综合频道、央视创造传媒有限公司	撒贝宁、尼格买提等
	《加油,向未来》第三季	总台央视综合频道、央视创造传媒有限公司	撒贝宁、尼格买提等
科技演讲	《未来架构师》	中央广播电视总台、观正影视	尤瓦尔赫拉利、丘成桐、吴军、毛大庆、段建军、赵勇等
科学普及	《极客力量》	中央广播电视总台、英翼传媒	撒贝宁
科技秀	《时尚科技秀》	总台央视科教频道	

（二）同类节目调研

对与策划对象类型相同的综艺节目进行调研，主要包括三个维度：同一节目主题的综艺节目、同一主打明星参与的不同综艺节目，以及同一时段的综艺节目。

上述节目需要通过观察、访问、问卷、座谈、案例评估等手段进行调研，通过评估节目信息，扬长避短，力求创新。

1. 同一主题的不同尝试

总台制作的综艺节目《加油，向未来》与《机智过人》对"科技与创新"这一主题做出了不同尝试（见表2-15）。大型科学实验类节目《加油，向未来》的最大特色在于内外场联动，每期节目都有一个外场实验的环节，主持人带领嘉宾走出演播室，在户外共同完成这场实验。实验的画面往往能够带给观众巨大的视觉冲击。主持人撒贝宁兼具深厚的文学素养与幽默活泼的娱乐个性，他的解读有效地起到了寓教于乐的作用。第二季对第一季节目做了创新和升级，在赛制方面转换成高校学生之间的竞猜答题模式，观众既能看到奇妙的科学实验，又能看到学霸与学霸的巅峰对决。第三季则对赛制进行了进一步的升级，由加油赛转变为挑擂赛。

与《加油，向未来》相比，《机智过人》最大的特色是"人机大战"，节目主要分为"人机任务比拼""矛盾对决""谁更像人"三个板块。在第二季中，节目组将"人机大战"转变为"人机合作"，机器人不再是挑战者和对手，而是能满足人们各种需求的帮手，且在节目形态方面加入了多重娱乐元素，还邀请了不少明星加盟。明星效应吸引了更多观众的目光，最大限度地发挥了节目的科教作用。

表2-15 《加油,向未来》与《机智过人》对"科技与创新"主题做出的不同尝试

	《加油向未来》第二季	《机智过人》第二季
对象	人与人	人与机器
模式	答题竞猜+实验验证	实验挑战
落点	科普知识	机器在生活中的应用

2. 同一艺人在不同节目中的不同呈现

杨超越——近两年当之无愧的综艺宠儿,作为常驻嘉宾参与的网络综艺节目频繁出现在热搜前列。在不同类型的综艺节目中,杨超越呈现的状态和承担的人物角色也有所不同(见表2-16)。如在腾讯视频的两档恋爱综艺节目中,杨超越的角色便有不同侧重。《平行时空遇见你》将真人秀与偶像剧双线结合,杨超越与侯明昊搭档,自主创作偶像剧剧本,并在平行时空进行演绎,创造出许多甜蜜爱情"名场面";在《心动的信号》第三季中,杨超越作为"心动侦探",在第二现场反观和解读素人之间的情感交流,带领观众一同"嗑糖吃瓜",活泼可爱、灵动敢言的个人风格尽显,与丁禹兮的CP式互动也圈粉无数。

但在芒果TV的沉浸式乡村人文体验真人秀《哈哈农夫》中,杨超越则和一众嘉宾来到山川里、河海边的村落,耕种作息,真实体验渔夫、牧民、果农等各色"哈哈农夫"的生活状态。节目中杨超越耿直真实、行动力强的个人特质得以凸显,从"心动女孩"变成"行动女孩",丰富了她的屏前人物设定,获得了观众的好评。

表2-16　杨超越在不同节目中的人设特点

节目名称	人设特点	
《平行时空遇见你》	害羞、新人演员、和侯明昊组成"明越夜"CP	
《心动的信号》	爱嗑CP、接梗王、爱和其他嘉宾互怼、参与多季但未拿到心动原石	
《哈哈农夫》	能力强、肯吃苦，在后期包装中常被配以"救星""专业"等花字	

3. 同一时段节目的收视率排序评估

对于各大卫视的收视情况，同一时段节目的收视排名往往是评价的重要依据。以2022年3月11日（周五）晚间的综艺节目收视率排行榜为例，江苏卫视《最强大脑之燃烧吧大脑》以2.402%的收视率位居第一，紧随其后的是浙江卫视的《王牌对王牌》《天赐的声音3》、东方卫视的《东方看大剧》、广东卫视的《国乐大典4》、湖南卫视的《春天花会开》等（见表2-17）。

表2-17　CSM63 4+ 2022年3月11日（周五）晚间自办节目

排名	名称	频道	开始时间	结束时间	类别	收视率%	市场份额%
1	最强大脑之燃烧吧大脑	江苏卫视	21:19:38	23:13:51	综艺	2.402	14.25
2	王牌对王牌	浙江卫视	20:36:55	22:12:52	综艺	1.859	8.09
3	晚间新闻	江苏卫视	23:14:12	23:29:42	新闻/时事	0.693	9.06
4	天赐的声音3	浙江卫视	22:13:07	23:31:03	综艺	0.514	4.32
5	东方看大剧	上海东方卫视	21:16:23	21:43:12	生活服务	0.368	1.58
6	国乐大典4	广东卫视	21:16:13	22:58:49	综艺	0.367	2.03
7	天赐的声音3抉择时刻	浙江卫视	23:31:03	23:52:09	综艺	0.327	5.88
8	春天花会开	湖南卫视	20:20:07	22:01:20	综艺	0.224	0.94
9	直播港澳台	深圳卫视（新闻综合频道）	22:25:05	23:26:05	新闻/时事	0.204	1.78
10	两天一夜山屿海	深圳卫视（新闻综合频道）	21:24:55	22:08:55	综艺	0.146	0.69
11	晚间报道	深圳卫视（新闻综合频道）	22:14:59	22:25:05	新闻/时事	0.140	0.87
12	北京向未来	北京卫视	21:12:14	21:54:09	体育	0.134	0.59
13	金牌调解	江西卫视	21:59:58	22:43:57	生活服务	0.130	0.82
14	最炫国剧风	山东卫视	21:18:27	21:28:27	生活服务	0.114	0.48
15	未来中国	上海东方卫视	21:44:02	22:46:02	专题	0.112	0.66
16	最强大脑之燃烧吧大脑	江苏卫视	23:30:21	1:24:09	综艺	0.109	3.54
17	湖北10分	湖北卫视	21:09:57	21:19:57	新闻/时事	0.101	0.41
18	创业中国人	安徽卫视	21:33:59	22:50:44	专题	0.099	0.57
19	传奇故事	江西卫视	21:31:55	21:57:46	专题	0.097	0.45
20	第一书记	广西卫视	21:17:21	21:46:00	专题	0.089	0.39
21	海峡新干线	东南卫视	22:05:44	22:53:45	新闻/时事	0.087	0.59
22	我爱返寻味	广东广播电视台南方卫视	19:31:36	19:52:17	生活服务	0.086	0.38
23	晚间新闻	广东卫视	23:05:08	23:35:08	新闻/时事	0.081	0.99
24	今日最新闻	广东广播电视台南方卫视	19:59:57	20:55:06	新闻/时事	0.081	0.32
25	时事直通车	凤凰卫视中文台	21:00:34	21:57:45	新闻/时事	0.080	0.35

（三）节目受众调研

节目受众调研包括对可得受众、实际受众、目标受众与潜在受众的调研。其中，可得受众指作息时间与节目播出时间范围相符的受众，这一部分受众因为作息时间与节目播出时间相吻合，有可能存在观看节目的行为。实际受众是在可得受众的基础上，真正实现了观看行为的那部分人。目标受众则更为精准，对某种题材、热点、明星具有明确的黏性。潜在受众建立在节目内容投放覆盖率的基础上，理论上是被投放、被覆盖的人群。

图2-10至图2-12为针对爱奇艺自制的机器人格斗赛事真人秀《机器人争霸》的受众调研，可作为新款同类节目策划过程中的受众调研样本来分析参考。

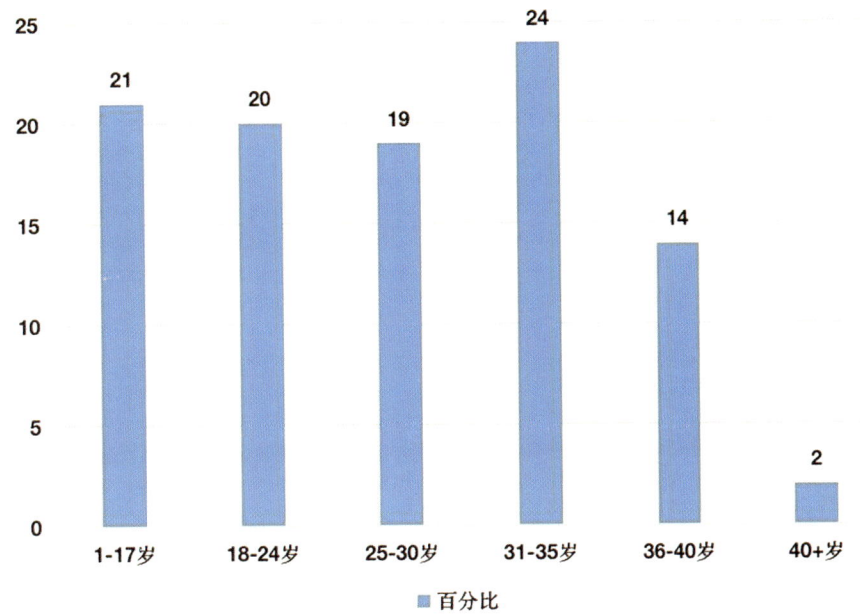

图2-10 《机器人争霸》受众年龄分布

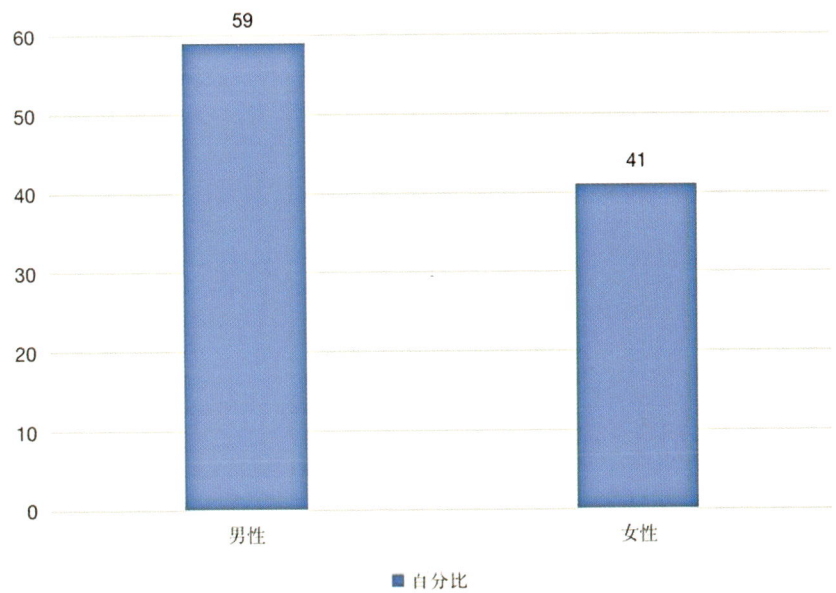

图2-11 《机器人争霸》受众性别分布

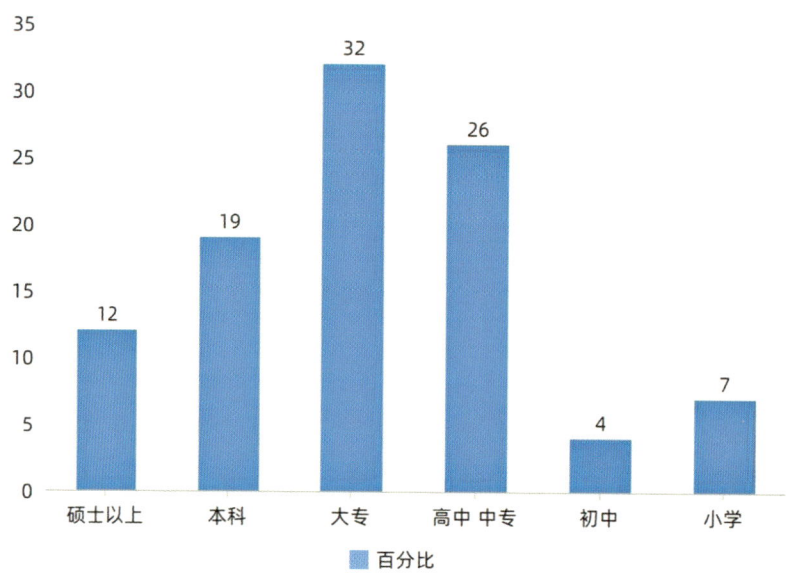

图2-12 《机器人争霸》受众学历分布

从上述受众分析图中不难看出,《机器人争霸》的主打受众主要是学生,集中为青少年和中青年,男性偏多,学历集中在高中、大中专及本科层次上。因此,在节目制作过程中,导演组能敏锐捕捉受众需求,迅速实现对年轻用户的吸附和引领。剧情化的设定,让节目中的机器人都拥有独特的性格、各自的标签;通过对武器、性能的人性化科普,让零认知用户也能突破门槛;通过镜头不断强化和输出科技创新的理念,让用户感受到创新所带来的变革和力量,对青少年进行热爱科学等方面的正向引导;通过剧情化打造追剧体验,让科技成为流行风尚,从"实验室"走向"大众潮流";通过融入时下备受年轻人追捧的电竞元素,让高冷科技实现温柔落地。

二、节目成本估算

对节目成本进行估算是策划前期调研的重要环节。节目成本具体包括人员成本、硬件成本、生活成本、营销与宣发成本四部分(见表2-18至表2-21)。

（一）人员成本

表2-18 综艺节目人员成本构成

团队		人员
艺人团队		艺人、随行助理、执行经纪、宣发人员等
制作团队（根据节目规格增减制作团队具体岗位及人员）	总负责人	总出品人、总监制、总制片人、出品人、监制、制片人、总策划、总导演、执行总导演、外拍总导演、音乐总监、灯光总设计、舞美总设计、音响总设计、现场执行总导演
	现场统筹	节目统筹、艺人统筹、演员统筹、服化统筹、音乐统筹、制片统筹、道具统筹、导演组、秀导、现场导演、实习导演、演员
	技术团队	导播指导、摄像指导、后期指导、播出技术指导
	后期及宣发	宣传统筹及执行、短视频统筹及执行、商务与广告执行、营销执行、新媒体执行、数据执行、品牌运营、版权统筹、视觉设计等

（二）硬件成本

表2-19 综艺节目硬件成本构成

硬件	类别	具体内容
场地	按环境划分	室内、室外
	按面积划分	400、800、1200、1400、3000平方米，甚至更大的室外场地，如体育场等
舞美	虚拟舞台	全绿幕录制，后期抠像
	实体舞台	按照相应舞美图搭建的实体舞台
	虚实结合	景观晚会等
道具	内容型道具	节目内容呈现所必需的物件，如《朗读者》中的图书、《国家宝藏》中的文物等
	功能型道具	用以实现同空间多场景的分割、同场景内立体空间的搭建等
	物料	海报、图片、展板、易拉宝等宣传物料
	其他	票务、工作证等

续表

硬件	类别	具体内容
大屏	P1屏	可供给8k素材,价格高,素材质量要求高
	P2屏	质量较好,价格较高
	P3屏	常见,性价比高
灯光	灯光系统设计	演播室的灯具以聚光型灯具为主,泛光型灯具为辅,分为面光(2Kw聚光灯,静焦状态)、逆光(机械聚光灯,装有换色器)、追光、效果光(光束灯、电脑灯)
		吊挂系统与灯光控制系统(根据实际情况而定)
音响	主扩声系统	主音箱组、中部补声音箱
	舞台返送系统	返送音箱的数量、有效功率、位置
	数字调音台系统	一体式数字化扩声调音台
导摄	导播台	用于切换台监视不同摄像机信号
	放机	直播设备,用于播放素材
	摄像机	讯道机、摇臂、长焦、无人机、8k机等
	MIDI	键盘,现场音乐气氛烘托
服化	服装	演艺人员所需的服装
	化妆	演艺人员所需的化妆物品

(三)生活成本(制片组)

表2-20 综艺节目生活成本构成

类别	具体内容
食宿	一线城市:标间500~800元 二线城市:标间300~500元 三线城市:标间100~300元 (另有可能与当地政府、文旅部门合作)
	工作餐100元/人/天、嘉宾餐500元/人/天
交通	交通费用及行程中产生的其他费用
日常	耗材类(笔、纸、打印机、墨盒、板夹、文件夹等)
保险	外景拍摄需要购买人身意外保险,疫情防控情况下还有防疫险等

(四)营销与宣发成本

表2-21 综艺节目营销与宣发成本构成

渠道	类别	具体内容
传统端	文案	宣传片文案、预告片文案、艺人口播文案
	图片	剧照、海报、其他相关平面设计
	视频	预告片、宣传片
新媒体端	文案	热搜话题词
		艺人微博
		微信公众号预告
		微信公众号分析
	视频	切条
		微博二创片段
		备采与花絮
		抖音短视频

❓ 本节思考题

1.节目策划前期调研的环节有哪些?
2.节目成本估算包括哪些环节?

第三节 节目策划的核心——构建故事

节目策划的核心在于构建一个故事,尽管不同于影视剧要有完整的叙事链条,但综艺节目的内容仍然要有剧感,要围绕人物进行故事化呈现,并且这种呈现需要一定的密度。而形成密度的目的就在于调动观众情绪,引起或制造话题。

一、用以构建节目故事的五大元素

（一）通过说话构建故事

2017年，央视出品的《朗读者》身披"娱乐综艺"外衣，以优秀传统文化为内核，首次将文学文本以朗读的形式呈现在大众面前，节目的"去竞赛化"打破了传统文化益智类节目的桎梏，以一种温润人心的方式强势回归（见表2-22）。《朗读者》的出现，让人耳目一新。

表2-22　《朗读者》第一季由文学文本形成的经典故事

期数	朗读者	朗读书目	内容概述	画面
第一期"遇见"	许渊冲的学生、好友	许渊冲翻译作品《奥赛罗》	《奥赛罗》讲述了威尼斯公国勇将奥赛罗与元老的女儿苔丝梦娜相爱，却在阴险的旗官伊阿戈的不断挑拨下，出于嫉妒掐死了自己的妻子，后来得知真相拔剑自刎的故事	
第三期"选择"	王千源	海明威《老人与海》	《老人与海》围绕一位老年古巴渔夫，与一条巨大的马林鱼在离岸很远的湾流中搏斗而展开故事的讲述。作品展现了人类不向命运低头，永不服输的斗士精神和积极向上的乐观人生态度	
	理查德·西尔斯	刘禹锡《陋室铭》	《陋室铭》是唐代诗人刘禹锡所创作的一篇托物言志骈体铭文。全文短短81字，作者借赞美陋室抒写自己志行高洁、安贫乐道、不与世俗同流合污的意趣	

续表

期数	朗读者	朗读书目	内容概述	画面
第十二期"青春"	余秀华	余秀华《给你》	这首爱情诗，表达形式细腻自然，歌颂了爱情的纯真与美好	
	郎平	勃兰兑斯《人生》	文章以"高塔""地洞""广阔领域"和"工场"为喻，从不同角度、视野描述人的生命旅程的不同境况，表达了作者对生命的本质、对人类社会生活的深刻理解，表达了他对生命的珍爱及让一生过得更有意义的信念和志向	

从收视数据上看，《朗读者》的成功显而易见。今日头条算数中心发布的《中国文化综艺白皮书》显示，《朗读者》第一季以93.82的综合传播指数位列第一。作为文化综艺节目的领头羊，《朗读者》以访谈和朗读的形式，邀请各个领域具有影响力的嘉宾，分享人生故事，朗读经典文学作品，受到众多观众的喜爱。《朗读者》第二季更是乘胜追击，热度明显飙升，在2018年5月达到峰值，热度指数飙升至700万（见表2-23）。

表2-23 《朗读者》第二季文学文本形成的经典故事

期数	朗读者	朗读书目	内容概述	画面
第一期"初心"	姚明	海明威《真实的高贵》	《真实的高贵》是海明威的一篇散文。在作者看来，人的生活不可能永远都是风平浪静的，而是交织着欢乐与痛苦，他甚至觉得："在人生的清醒时刻，在哀痛和伤心的阴影之下，人们与真实的自我最接近。"	

续表

期数	朗读者	朗读书目	内容概述	画面
第二期 "想念"	袁泉	汤显祖《牡丹亭·惊梦》	《惊梦》为全剧第十出。所谓"惊梦",由杜丽娘梦见书生柳梦梅与之幽会而得名。之所以得梦,是因游了后花园引发春情所致。故此剧在演出时常以"游园惊梦"联称	
第三期 "生命"	胡歌	莎士比亚《哈姆雷特》	《哈姆雷特》是由英国剧作家威廉·莎士比亚创作的。该剧讲述了叔叔克劳狄斯谋害了哈姆雷特的父亲,篡取了王位,并娶了国王的遗孀乔特鲁德,哈姆雷特王子为父王向叔叔复仇的故事	
第五期 "等待"	阿来	阿来《尘埃落定》	小说描写了一个显赫的康巴藏族土司,在酒后和汉族太太生了一个傻瓜儿子,这个人人都认定的傻子虽与现实生活格格不入,却有超时代的预感和举止,并成为土司制度兴衰的见证人的故事	
第十二期 "故乡"	余华	余华《在细雨中呼喊》	《在细雨中呼喊》是一本关于记忆的书。它的结构来自对时间的感受,确切地说是对已知时间的感受,也就是记忆中的时间。这本书试图表达人们在面对过去时,比面对未来更有信心,因为未来充满了冒险,充满了不可战胜的神秘,只有当这些结束以后,惊奇和恐惧才能转化成幽默和甜蜜	

(二)通过肢体动作构建故事

《奔跑吧》(由《奔跑吧兄弟》更名而来)是浙江卫视推出的大型户外竞技真人秀,由韩国SBS电视台综艺节目Running Man引进而来,《奔跑吧兄弟》从2014年第一季播出至今已走过八年。《奔跑吧》以李晨、杨颖、郑恺等明星为固定奔跑成员,每期邀请不同的嘉宾和明星参与游戏,游戏的设置大部分和体育有关,其中最重要的环节便是"撕名牌"——每个人背后贴上写有自己姓名的"名牌",采用运动战或者正面对战等方式,想方设法把对方后背上的名牌撕下来,成功撕下名牌者为胜利方(见表2-24)。明星嘉宾在节目不同阶段、不同形式的运动竞技环节中完成任务,节目也随环节的推进逐步揭示主题。

表2-24 《奔跑吧兄弟》第四季中撕名牌形成的局面变化

期数	嘉宾	场景
第一期 "蓝琊榜"	个人战: 1.邓超 2.杨颖 3.李晨(胜出) 4.陈赫 5.郑恺 6.鹿晗 7.王祖蓝、陈建州(嘉宾)	陈建州与郑恺相遇,撕下郑恺能量条
第二期 "公主与骑士"	最终队伍 (中途有所变动): 1.郑恺、马思纯 2.邓超、林允 3.鹿晗、杨颖 4.陈赫、张钧甯 5.王祖蓝、贾玲 6.李晨、何穗(胜出)	贾玲撕下李晨名牌,张钧甯、李晨解绑
第八期 "十二生肖悬案"	个人战: 1.邓超 2.杨颖 3.李晨 4.陈赫(胜出) 5.郑恺 6.王祖蓝 7.鹿晗 8.苏有朋 9.张涵予	苏有朋将药水喷到王祖蓝名牌上("下毒")

续表

期数	嘉宾	场景
第十二期"最强者勇士之战"	分队： 1. 邓超、岳云鹏（胜出） 2. 杨颖、向佐 3. 李晨、乔杉 4. 陈赫、张静初 5. 郑恺、王子文 6. 王祖蓝、陈建州 7. 鹿晗、华晨宇	李晨撕下杨颖名牌，进入决胜局

（三）通过角色构建故事

中央广播电视总台推出的大型文博类综艺节目《国家宝藏》以舞台剧的方式，将历史事件以故事的形式演绎出来，成为文化综艺节目爆款。该节目特意将嘉宾的身份转换成"守护人"，每一件国宝背后都有一位守护人，由守护人开启国宝的前世今生。守护人讲述完毕后，主持人向守护人颁发国宝守护人印信，并由守护人宣读守护誓言，如："我是李晨，我是冯海涛，我是仇庆年，我们志愿守护王希孟《千里江山图》，守护历史，守护绿水青山。"宣誓环节极具仪式感，是节目主题的升华（见表2-25）。

表2-25 《国家宝藏》中的经典故事及展示文物

季数	期数	主题博物院	国宝	"前世传奇"演绎者	"今生故事"讲述者	国宝守护人	国宝使命	节目截图
第一季	第一期	故宫博物院	《千里江山图》	宋徽宗：李晨 蔡京：董彦麟 王希孟：冒海飞 侍官：李依洋	冯海涛 仇庆年	李晨 冯海涛 仇庆年	守护绿水青山	

续表

季数	期数	主题博物院	国宝	"前世传奇"演绎者	"今生故事"讲述者	国宝守护人	国宝使命	节目截图
第一季	第二期	湖北省博物馆	越王勾践剑	剑灵：段奕宏 勾践：朱峰 范蠡：董彦麟 扶同：冒海飞 越女：高晓菲	江旭东	段奕宏 江旭东	守护中国剑魂	
第二季	第一期	故宫博物院	样式雷建筑烫样	《大公报》记者：王菲	王其亨	王菲		
第二季	第六期	新疆维吾尔自治区博物馆	绢衣彩绘木俑	丫丫：佟丽娅	楚艳	佟丽娅		
第二季	第九期	山西博物院	木板漆画	司马金龙：罗晋 钦文姬辰：唐嫣	张志纲	罗晋 唐嫣		

续表

季数	期数	主题博物院	国宝	"前世传奇"演绎者	"今生故事"讲述者	国宝守护人	国宝使命	节目截图
第三季	第一期	故宫博物院	明永乐青花海水江崖纹三足炉	郑和：靳东	江建新	靳东		
第三季	第二期	秦始皇帝陵博物院	青铜仙鹤	嬴政：富大龙	张卫星	富大龙		
第三季	第五期	敦煌研究院	敦煌遗书《归义军衙府酒破历》	阿瑶：张钧甯	刘永增 青山庆示	张钧甯		

（四）通过情境构建故事

《上新了·故宫》是故宫博物院和北京广播电视台出品、华传文化联合出品、春田影视制作的文化季播节目。每期节目中，嘉宾跟随故宫专家进宫识宝，探寻故宫历史文化，并与跨界设计师、高校设计专业的学生联手，创作一个文化创意衍生品，打造"创新"与"故宫"相结合的制作模式。《上新了·故宫》第二季中，嘉宾除了担纲节目的主持人外，还有一个新身份——故宫新品开发员。他们跟随故宫专家一同进宫寻宝，将探寻历史文化与研发文创新品相结合，充分迎合年轻受众圈层的审美情趣。除此之外,节目中还时常有角色扮演的桥段出现,例如张鲁一扮演的朱棣,面对太和殿连遭雷劈失火,伤心欲绝的神情惟妙惟肖,大大提升了节目的综艺效果(见图2-13)。

图2-13 《上新了·故宫》中的情境叙事(图片来源:节目截图)

(五)通过视听语言(剪辑)构建故事

《乘风破浪的姐姐》是一档由芒果TV推出的女团成长类综艺节目,节目邀请了30位1990年之前出生的已经出道的女艺人共同生活、同台竞演,最终选拔出7位组成限定女团。《乘风破浪的姐姐》第一季的13期节目中除了初评舞台、公演赛、复活赛、总决赛等阶段竞演,还有大量的真人秀段落讲述"姐姐们"舞台背后的故事(见表2-26)。挑选真人秀素材、将真人秀与舞台片段有效穿插都要依靠剪辑来完成。

表2-26 《乘风破浪的姐姐》第一季中由剪辑构建的人设及故事

期数	案例
第二期	宁静表示不喜欢训练服片段中插入了解释她和其他人穿着不同的画面
第三期	在金莎讲述爱情故事创作想法时插入其关于爱情话题的访谈片段
第七期	将一系列伊能静训练片段剪辑在一起，凸显她所付出的努力

二、与故事有关的新型策划人才——综艺编剧

对综艺编剧这一职业的认知是从引进节目开始的。2013年，以《我是歌手》《爸爸去哪儿》为代表的韩式综艺节目大举进军中国市场，综艺编剧这一职业也被引入了中国。以《我是歌手》为例，该节目原版是韩国MBC电视台顶级歌手竞赛真人秀节目《我是歌手》。由于节目除竞演部分外还有一定比重的真人秀内容，因此《我是歌手》专门成立了编剧团队。综艺编剧是综艺节目的顶层设计者。综艺编剧的职能包括架构节目立意与价值，同时综合节目平台、嘉宾资源设计节目模式。

当前，综艺节目的编剧主要来自平台、编剧工作室及制作公司（见图2-14）。其中，平台包括北京卫视、浙江卫视、湖南卫视等电视频道及腾讯视频、爱奇艺等视频网站；编剧工作室如负责《笑傲江湖》《欢乐喜剧人》《跨界喜剧王》《我就是演员》《演员请就位》的"十二生笑"编剧团队，负责《爆裂舞台》的景祯文化传播有限公司等；制作公司如出品《偶像练习生》《青春有你》《2017快乐男声》等综艺节目的北京鱼子酱文化传播有限责任公司，出品《拜托了冰箱》《脱口秀大会》《创造101》《明日之子2》的企鹅影视等。

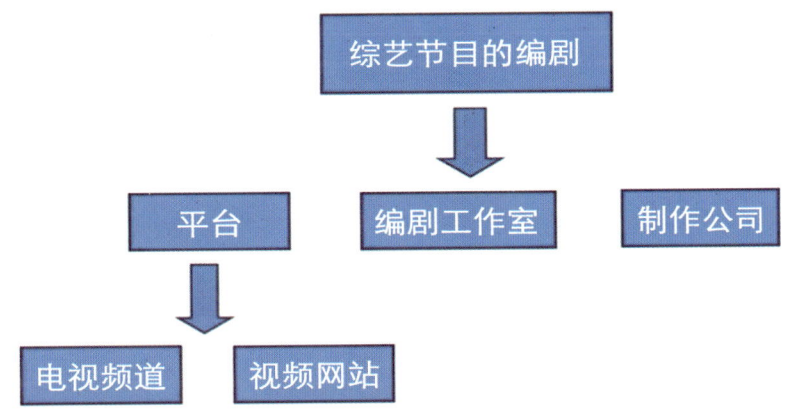

图2-14 综艺编剧架构

总体而言,综艺编剧行业需求量大,但专业孵化团队少,要求综合能力强。

❓ 本节思考题

1. 构成节目故事的元素有哪些?试举例说明。
2. 综艺编剧与传统影视编剧之间的本质差异是什么?

第四节 节目策划的重点——创新并建立模式

节目模式创新不是凭空设想的,而是将旧有的内容演化成全新的模式,在核心内容不变的前提下,进行改变、融合、重塑,建构出全新的呈现方式。

一、综艺节目模式概述

(一)旅游类

旅游类综艺节目模式通常由如下元素进行建构:历史人文体验、穷游、揭露景点BUG、乘坐交通工具技能、人与人之间的冲突、冒险、比赛赢大奖。

上述元素在节目中可能单独出现,也可能综合出现。近年来,较为经典的旅游类综艺节目以湖南卫视大型明星伙伴自助远行真人秀《花儿与少年》为代表,其中包括了穷游、人与人之间的冲突如代际冲突等、历史人文体验、探索自然风光等多项旅游元素(见表2-27)。

表2-27 《花儿与少年》节目元素分析

元素	节目内容
穷游	规定了明星在没有经纪人、不准带助理、每天生活费有限的情况中,自助解决出行的所有问题。穷游挑战,将明星普通人的一面无限放大,拉近了明星与观众之间的心理距离

续表

元素	节目内容
人与人之间的冲突	以《花儿与少年》第一季为例，节目组邀请了七位生活经历各不相关、年龄跨度极大的明星嘉宾，形成一个极易发生人际冲突的组合。每个人角色定位各异，具有强烈的性格色彩，放在一起则会产生极具戏剧性的场面，如娇美率真、渴望浪漫的"公主病患者"许晴与贴心细腻、办事靠谱的完美贤妻刘涛的极大反差
历史人文体验	《花儿与少年》在包装上，会制作城市介绍、景点历史等相关信息的花字，兼具科普性和实用性。明星在旅游过程中不只是参观当地景点，还会参与当地特色文化活动，或者是在旅游过程中设置与当地文化、风土人情相关的游戏环节
探索自然风光	以《花儿与少年》第三季为例，所有嘉宾在南半球开启一场由草原、荒漠、沙丘、森林、海洋等无数自然元素勾勒出的异域旅程，节目录制的过程也是带领观众领略如诗如画自然风光的过程

（二）戏剧类

戏剧类综艺节目模式通常由如下元素进行建构：表演竞赛、生存挑战、小众艺术和大众的壁垒、演员之间的配合与竞争、不同导演的审美偏好、偶像和演员的界限等。

常见的戏剧类、表演类节目多有相似，如《演技派》《我就是演员》《演员请就位》《演员的品格》。在这类节目中，科班与非科班、老演员与新人演员同台竞技，几位导演则作为导师对演员们的表演进行评定并决定其去留，留下来的演员继续分阶段进行竞技，演绎多部影视片段，并决出最终赢家。在这类节目中，演员之间、导演之间不同观点的碰撞往往能够引起话题。

与上述类型不同，《戏剧新生活》是由爱奇艺出品的"无名"戏剧人生活生产真人秀，八位专业戏剧人在黄磊、赖声川、乔杉的发起下，于乌镇戏剧公社共同经营一个剧团，全方位展现戏剧人的生活、创作和演出。节目共十期，除了第六期的文艺晚会，每期呈现一至两部戏剧作品。戏剧人需要为了呈现最终的作品进行创作，同时解决剧场、观众、吃喝等一系列实际问题。

（三）时尚类

时尚类综艺节目模式通常由如下元素进行建构：宠物、汽车、美妆、服装设计、减肥等。

放眼欧美市场，与时尚设计相关的竞赛节目《时尚的未来》《天之骄子》等已经成为较为经典的模式。而在韩综市场，除了罗英锡的微综艺《麻浦帅小伙》外，从2019年开始的一档《高中带货王》也接连做了两季节目。

近几年，国内外不断推出各种不同的时尚+潮流的节目类型，除了爱奇艺的《潮流合伙人》、优酷的《720潮流主理人》，腾讯视频也推出了《潮玩人类在哪里》。《潮玩人类在哪里》邀请吴建豪、李灿森等担任潮流召集人，在55位"潮玩人类"中各自选择9位成员，组建三大厂牌，角逐最强潮流厂牌。节目模式采用传统选秀的逻辑，前两期是海选阶段的内容。节目通过再制新生remake、创意森林这两轮比赛，让三位明星选出本战队人选。厂牌组建结束后，节目进入任务赛的比拼阶段。

（四）美食类

美食类综艺节目模式通常由如下元素进行建构：美女明星私房菜、建设农庄、限定空间找食材、限定食材和资金、餐厅打工、地区美食、做菜技能。

《中餐厅》是湖南卫视推出的青春合伙人经营体验节目，节目由五位青春合伙人从零开始经营一家中餐厅，互相协作并彼此关心和学习，在中餐厅内做出中国的味道。节目组根据"中餐厅"的招牌，打造明星体验类新品牌，在宣传推广中华美食的前提下，让明星体验经营的"不易"，看明星如何面对困境，是否能够将难题各个击破，为观众带来惊喜。而这一切都以明星在海外经营一家中餐厅为起点，最大限度地推广中国文化，呈现传统元素。除常规经营外，青春合伙人还要通过一系列推广手段提升餐厅的知名度。五位青春合伙人既要在语言不通的情况下在异国他乡生存，又要在资金受限、经验不足的情况下顺利运作餐厅，更要突破自我，展现厨艺，用美食去传递文化。

（五）亲子类

亲子类综艺节目模式通常由如下元素进行建构：角色体验、娱乐冒险淘汰、DIY制作、分配任务、答题冲关等。

《爸爸去哪儿》是湖南卫视引进韩国MBC电视台《爸爸！我们去哪儿》，推出的大型亲子户外真人秀节目。节目中，五位明星爸爸要在完全陌生的环境下，单独照顾子女的饮食起居,通过亲子互动、家庭间团体合作,共同完成节目组设置的一系列任务,如"交换爸爸"、给孩子写信、让孩子找食材、让孩子独自去市场进行交易等。节目中的明星爸爸,既有平时和孩子相处较多、比较有默契的,也有平时很少和孩子相处的。明星爸爸和孩子通过节目单独相处,完成任务,打破平时的隔阂,促进互相了解,也引导观众思考"男主外,女主内"的价值观下,父亲与子女间的相处之道。

(六)科技类

科技类综艺节目模式通常由如下元素进行建构:科学实验、答题冲关、明星战队、科学家真人秀。

《机智过人》是由中央广播电视总台和中国科学院共同主办,中央电视台综合频道和北京长江文化股份有限公司联合制作的人工智能节目,由高博担任第一季的主持人,朱广权担任第二、第三季的主持人。《机智过人》第一季的舞美设计与电影《第五元素》的风格非常相似,实现了科技与舞美的完美结合,让科学变成看得见、摸得着的东西。《机智过人》第一季的舞台还设置了360度的透明屏幕,让观众能够通过眼前的透明屏幕获得更多的信息,同时又不影响对舞台行为进行最直观的观察。这种尝试本身没有丝毫的炫技成分,只是为了向大众展示当代中国的科学技术已经发展到怎样的水平,让大家真实感受到科技是如何为人类服务的。

《机智过人》第二季以"中国智慧,机智过人"为主题,来自科学、影视、体育、美术等多领域的嘉宾,与观众一起见证"人机比拼"的精彩。节目以人工智能为切入点,让最先进的人工智能与"最强人类"展开"最强检验",通过"人机比拼"普及前沿科技。

《机智过人》前两季节目舞美以"拥抱未来"来命名,舞台主造型取自人物环抱动作的意象形态,寓意着人类对未来的美好憧憬和通过双手改造世界的信心。第三季舞美在延续"拥抱未来"的基础上迭代更新,打造二次元新空间。舞美总设计师尚天宝再次加盟节目,打造"X·未来"理念的升级版舞美。"X"代表着未知,基于未知,人类才能保持孩童般强烈的好奇心。这种对未知的好奇是人类创新的原动力，是不断探索的创造力。主舞台以裂变环形为主体形象，像孕育生命的摇篮，形成包裹状，不仅让站在舞台上的人有聚焦感，而且也能让观众感受到科技的氛围。周边以"X"交叉弧线划分观众区，以高低弧线打破观众区常规视角。整体舞美像一艘穿越未来的太空舱，连接着生命起源和未来，象征着人类与人工智能在这个舞台上进行最深入的碰触交流。

（七）益智类

益智类综艺节目模式通常由如下元素进行建构：单纯知识竞赛、团队决策、对错误的搞笑惩罚、综合运动闯关、实验等。

《一站到底》由美国NBC的 *Who's still Standing* 节目改编而来，是一档形式新颖、趣味十足，在挑战中挖掘个性又充满悬念的全新益智攻擂节目。节目采用场上参与者分别单独对战答题的模式，不同职业的参与者都可以在限定的时间内进行知识PK。该节目由李好和郭晓敏主持，2012年3月2日起每周四、周五22点在江苏卫视播出，从2015年1月5日起改至每周一21点20分播出。

2017年，节目升级改版，首次加入人机比拼。2018年，节目再次升级改版，加入名人堂概念，每期两位《一站到底》往期优秀选手回归舞台，并加入轮答和选择题环节，亦保留人机大战环节（2018年3月12日起，节目不再保留人机大战环节）。这档节目打破以往答题类节目的固定模式，每期节目中有不同年龄层次、不同身份、性格各异的10位守擂者和1位攻擂者参加，以PK的方式获得别人手中的奖品，一旦失败，就掉下擂台。能否"一站到底"，成为节目的最大悬念。守擂者和攻擂者需要在20秒内回答主持人提出的问题，答对则继续游戏并赢得奖励，20秒答题时间用完而答错的话则将掉下舞台并交还奖励。如守擂者答错，掉下舞台并交出奖励给攻擂者，则攻擂者自动成为守擂者。如场上只有守擂者留在舞台上的话，可以选择再回答5个问题赢取免费旅行大奖，或者把所持有的奖品带走。

（八）文化类

文化类综艺节目模式通常由如下元素进行建构：古籍浏览、典籍讲述、文化竞赛、名篇朗诵等。

《典籍里的中国》是由中央广播电视总台央视综合频道与央视创造传媒联合

推出的大型文化节目,由撒贝宁担任"当代读书人",王嘉宁担任节目主持人,田沁鑫担任艺术总监。节目聚焦优秀中华文化典籍,通过时空对话的创新形式,以"戏剧+影视化"的表现方法,讲述典籍在五千年历史长河中的源起、流转及书中的闪亮故事。

北京卫视的《书画里的中国》以"书画、人物、故事"为大框架,通过"访谈+情境还原+3D复现"的形式搭建起书画中的时空文化交流桥梁。节目中,不仅书画中的人物可以"动起来",活灵活现,而且每一期的嘉宾还能走入画中。这样"活态化"的呈现迎合了当下年轻观众的审美需求,也为历史文物类的节目制作开拓了新的思路。

(九)交友类

交友类综艺节目模式通常由如下元素进行建构:阶层置换、农庄、明星生活体验、名人"卧底"、相亲等。

《五十公里桃花坞》是腾讯视频全新推出的一档群居生活体验类真人秀节目,陈陈陈、郭麒麟、赖冠霖、辣目洋子、李雪琴、孟子义、欧欧、彭楚粤、宋丹丹、苏芒、舒淇、汪苏泷、张翰、周杰、周也倾情加盟。节目中,15位居民共同在距离城市50公里的桃花坞,打造一个集艺术、人文、科技于一体的理想社区。居民们共同生活21天,从不理解到理解,从个人主义到集体意识,见证友谊的生根发芽。观众作为一个大规模的线上"观察团",在观察嘉宾的同时也不自觉地将自己代入桃花坞中的角色。"戏里戏外"的人都通过节目有了变化和更多思考,这也代表着此次社区实验取得了初步的成功。15位嘉宾随着关系的递进,从彼此陌生到完全打开心扉,观众也随之融入他们的生活故事中,和他们一起感受着喜怒哀乐。

从某种意义上说,《五十公里桃花坞》不仅仅是一个节目,还是一场"行为艺术",更有着深刻的社会意义以及更多的延伸价值。

(十)职业类

职业类综艺节目模式通常由如下元素进行建构:求职、创业、职业技能、明星打工、名人企业基层体验、实习等。

近几年的职业类综艺节目已经逐渐走出演播室,用真人秀的形式揭开职场的神秘面纱。2019年，腾讯视频的《我和我的经纪人》首次聚焦经纪公司，西瓜视频的微综艺《别人家的公司》用日职场体验传授职场宝典，而韩国Channel A的《新职员诞生记》则借用职场观察的形式带领观众深入了解律政行业。

真人秀纪实与演播室观察的双重叙事模式并不少见，但以职场生存为切口，以观察推理为逻辑的综艺节目还是创新了职场综艺的节目形态。腾讯视频推出的《令人心动的offer》主要围绕八名法学院学生共同经历为期一个月的律所实习生活，争夺两个转正offer的情节讲述故事。节目模式引自韩国，何炅、郭京飞、周震南、蓝盈莹、姜逸磊、岳屾山组成offer加油团，通过观察推理为八位实习生争取offer名额。

《令人心动的offer》将律师工作的场景氛围、工作性质以及律师们的精神面貌和工作状态巧妙地串联起来。作为一档观察类网络综艺节目，该节目聚焦律师这一职业，在内容表现上极大地展延了网络综艺节目的呈现范围。该节目将律政行业和律师群体呈现到观众面前，带领人们走进这一看似熟悉实则相对陌生的领域。

（十一）艺术竞赛类

艺术竞赛类综艺节目模式通常由如下元素进行建构：盲选、素人海选、表演竞赛、主持人竞赛、明星跨界、舞蹈竞赛、达人必备、乐队组合、男女团。

中央广播电视总台的主持人大赛是由总台精心打造的一项重大赛事，自1988年起已经成功举办了七届。节目通过搭建优秀电视节目主持人才的国家级竞争平台，力求选拔出一批文化素质高、专业能力强、实践经验丰富、人物个性鲜明的优秀电视节目主持人，为中国电视事业发展提供人才力量。2019年10月26日20点，《中央广播电视总台2019主持人大赛》在央视综合频道播出，由撒贝宁担任主持人。节目零宣传，零预热，一集就爆，收视率同时段第一，喜提五个热搜。

《超新星全运会》是腾讯视频整合内部生态资源的一次跨界探索，通过四期点播、两期直播的结构，以赛事直播为核心，强调了体育比赛的即时性与竞技感。整体来说，《超新星全运会》共有六期内容，可划分为两大内容版块：四期点播包括全员集结、体能测试、日常训练等记录式段落；两期直播更直观地展示赛事进程，强调体育比赛的竞技感与真实性。

(十二)语言类

语言类综艺节目模式通常由如下元素进行建构:脱口秀、辩论、娱乐谈话、明星访谈、朗诵、配音、语言竞赛。

《奇葩说》是一档由爱奇艺出品、米未制作的融入辩论元素的节目。节目由马东主持,并邀请蔡康永、金星、罗振宇、张泉灵、高晓松担任导师,旨在寻找华人华语世界中观点独特、口才出众的"最会说话的人"。该节目自2014年11月底上线以后,总点击量已经破亿,微博话题阅读量也轻松突破10亿大关。辩论选手自主挑选辩题,在节目规定的时间内准备好立论、对杠、结辩等环节的辩论稿。正式比赛时,确定正反方开场顺序后两人依次立论。如:正方一辩发言,结束后由反方一辩发言,每人发言时间为三分钟。双方发言完毕后进入对杠环节,每方一分钟时间。最后一个环节为结辩陈词,每方有三十秒时间进行总结发言,最终由现场观众进行投票表决,决定胜负。

《奇葩说》从诞生至今已走过七季,第七季节目的辩手身份更加多元,辩题也更加生活化,但一系列生活化的辩题背后直指社会问题本身。"下班后消息该不该回""成年人的崩溃要不要藏起来""独立女性应不应该收彩礼"等辩题带来了一定的话题度后,老友团的回归无疑将观众对《奇葩说》的期待值拉向了高峰。辩题固然重要,但选手们千人千面的风格和不断深入的价值输出已经突破了辩题的框架,让《奇葩说》的意义远大于辩题本身。

《奇葩说》第七季播出以来,口碑表现依然不俗。出于纳新和求变的目的,在《奇葩说》这档节目中我们能看到推陈出新、保持水准的压力。而"老友归来"这期节目让我们回想起最初《奇葩说》带给我们的震撼和感动,也再一次让我们看到《奇葩说》这档节目的内核:对于观众来说,辩论的核心不是逻辑和技巧,而是通过他人的辩论去感知更多思考方向的可能性。

(十三)音乐类

音乐类综艺节目模式通常由如下元素进行建构:素人、盲选、战队比拼、老歌新唱、乐队组合等。

近年来,除了《中国好声音》《歌手》《声入人心》等竞技类音乐综艺节目,一批更加聚焦音乐作品、节奏舒缓的音乐综艺节目接连出现。

《时光音乐会》是一档由谭咏麟、林志炫、许茹芸、张杰、凤凰传奇、郁可唯担任"时光音乐人"的户外音乐综艺节目。与《中国好声音》《歌手》等经典音乐综艺节目不同，《时光音乐会》弱化甚至取消了竞技、观众等元素，更加注重歌手、音乐之间的交流。

《美好的时光》则采用音乐+旅行的模式，由李荣浩、汪苏泷、欧阳娜娜、陈立农等人组成音乐旅行团，在多个城市进行路演，边走边唱，将不同城市的自然风光和人文风景都融入节目之中，在轻松自在的氛围中用音乐打动更多人。

（十四）舞蹈类

舞蹈类综艺节目模式通常由如下元素进行建构：表演竞技、明星跨界、战队竞争、限时创作、舞伴之间的配合、不同舞种的碰撞等。

《舞林大会》《新舞林大会》《舞出我人生》以明星跨界为最大看点，采用明星与专业舞者搭档的方式进行舞蹈竞技。《舞动奇迹》则采用"全明星制"，在同类型节目中首次提出男女阵营的划分、男女明星搭档组合的概念，同时包含公益元素——明星们会以特殊方式帮助需要援助的人们。

《这！就是街舞》《热血街舞团》《舞蹈风暴》《舞力觉醒》等节目聚焦专业舞者，其中不乏"首席演员""全满贯舞者""世界冠军"。《舞蹈风暴》第一季由沈伟、沈培艺、扬扬、刘宪华、彭昱畅组成四组"风暴见证官"，何炅担任"风暴伙伴"，对前来参赛的舞者进行筛选。舞者们通过甄选阶段、斗舞阶段、搭档排位赛、限定主题战、歌舞搭配战最终进入总决赛，在帮跳嘉宾的帮助下决出年度总冠军。《这！就是街舞》第四季由王一博、韩庚、刘宪华、张艺兴担任队长，以抽取舞者"盲盒"的形式取代了以往几季的"发毛巾"海选，分别召集四支战队展开比拼。相比前几季，第四季更加国际化，邀请了诸多海外舞者，通过不同国家舞者之间的对抗与融合展现街舞的魅力和舞者的风采。

二、当前节目策划趋势——垂直细分

综艺节目的创意视角，是一个精准洞察和寻找差异的过程。创意视角的突围，其实就是在原有的内容品类里创新切口，实现更垂直或更细分的视野跃升。随着消费升级带来的欣赏升级，观众开始对同质化严重的泛众综艺节目产生审美疲劳，对节目的品质要求越来越高，各大平台极力开发新题材综艺节目，将注意力从大众文化领域投向小众文化领域，使得近几年垂直类综艺节目层出不穷，在某一领域里深耕细作（见表2-28）。垂直综艺最大的优势，就是可以满足市场对独创性和新鲜感的需求，垂直细分引发大众围观也将是未来几年综艺节目创新的发展趋势。

创作者要基于对时代的认知和判断构建节目逻辑，在当今的综艺格局与市场环境下，只有踩准了青年群体的节奏点，使用高级和实用的表达方式才能赢得受众。

当前，综艺节目策划逐渐走向垂直细分领域，针对节目大类，节目策划将对准特定领域受众，在此基础上进行深耕。

表2-28　综艺节目垂直分类表

垂直领域	代表节目
文化	《一本好书》《博物馆奇妙夜》《百心百匠》《传承者》《中国考古大会》《中国国宝大会》《中国地名大会》《汉语桥》
成长励志	《燃烧吧少年》《蜜蜂少女队》《偶像练习生》《创造101》《明日之子》《创造营2019/2020/2021》
恋爱交友	《心动的信号》《再见爱人》《喜欢你我也是》《遇见你真好》《机智的恋爱》《恋梦空间》
亲子	《放开我北鼻》《不可思议的妈妈》
心理	《解忧魔法学院》《催眠大师》
游戏	《王者出击》《密室逃脱·暗夜古宅》《重返地球》《勇敢的世界》
养生健身	《哎呀好身材》《明星健身房》《享受美吧》《人生加减法》
美食	《听说很好吃》《月是故乡明》《举杯呵呵喝》《奇妙的食光》《来吧，开饭啦》《锋味》《年味有FUN》《美男厨房第二季》
家装	《交换空间》《秒变新家》《就匠变新家第二季》
萌宠	《战斗吧萌犬》《萌仔萌萌宅》
旅行	《奇遇人生》《我们的侣行》《妻子的浪漫旅行》《花儿与少年》《漫游记》
慢综艺	《向往的生活》《五十公里桃花坞》《亲爱的客栈》
足球	《这！就是世界波》《健翔任议球》《宏观世界波》
篮球	《这！就是灌篮》
美妆	《口红王子》《美颜有新技》
机器人	《铁甲雄心》《机器人争霸》

在上述综艺节目垂直分类表中，文化类综艺节目《中国考古大会》垂直聚焦浙江杭州良渚古城遗址、北京周口店遗址等十二大考古遗址，以"发现发觉、整理阐释、保护传承"为叙事线，邀请"考古推广人"共同复现历史图景，营造身临其境的考古氛围。节目具备活化考古遗产、披露重要考古成果等专业亮点，形式创新和丰富专业的内容输出兼备，在考古领域竭力追求精细化、深耕化。

三、节目模式创新手段

综合综艺节目发展历程及当前节目模式类型，可以归纳出较为常见的节目模式创新手段：合理替换、恰当组合、放大或缩小、技术驱动创新、改变切入点等（见表2-29）。

表2-29　综艺节目模式创新手段

合理替换	对节目模式、选题进行替换，而核心元素、规则、结构不变。例如《中国好声音》的"盲选"和"转椅子"环节固定下来，其他元素可以合理替换——相亲，人物关系从师生变成亲子，等等
恰当组合	将一个选题和多个节目模式进行组合。例如父亲带孩子去农村体验生活
放大或缩小	将原有综艺节目的内核扩大或缩小后进行二度创作。例如传统的达人秀变成青年女性达人选拔，传统歌唱选拔变成寻找好声音
技术驱动创新	利用新技术产生新的节目模式。例如陌生人利用VR，实景体验约会、旅游等
改变切入点	改变原有综艺节目的视角和切入点。例如参加减肥节目的目的可能是穿上最美的婚纱结婚，也可能是获得奖金

❓ 本节思考题

1. 试分析新技术如何影响节目内容创新。
2. 综艺节目垂直化发展的内在动因是什么？

第五节 节目策划的支点——人物

综艺节目中的人物特指节目进行过程中的直接表演参与者,通常包括主持人、常驻嘉宾、飞行嘉宾、参赛者、评委与有功能的素人等。

一、嘉宾选择依据

(一)与嘉宾的特点相契合:案例《花儿与少年》

综艺节目的嘉宾选择,在很大程度上决定了节目的成败。为了保证节目的可看性,节目必须要有强烈的戏剧性和冲突性,因此,制作方在选择嘉宾的时候,往往根据节目的要求,结合嘉宾自身的特点,对参加节目的嘉宾进行角色定位。综艺节目往往会对嘉宾的角色进行标签化处理,让嘉宾展现其鲜明的个性,与其他嘉宾区别开来。节目组甚至会根据节目所需要的角色来挑选嘉宾。

通常,参与节目的嘉宾会基于如下几个目标来进行选择。

1. 内容输出

《花儿与少年》作为一档户外真人秀节目,节目组会安排嘉宾行程,让所有明星嘉宾带着任务完成整场旅行,在旅行中展现当地的美丽风光及风土人情,同时彰显个人的性格特征及人物魅力。

2. 话题生产

在完成旅行的同时,节目组通常会在旅行中设置障碍、设计情节,有效激化嘉宾内部矛盾,凸显嘉宾人物性格,完成话题生产。

3. 流量入口

有话题度就会产生流量,有流量就会增加明星嘉宾的关注度,从而提升其商业价值。

4. 强化人设

《花儿与少年》中的许晴，保持并强化了其不谙世事又具有文艺气息的"公主"人设。她始终活在自己的世界中，甚少与人交流，甚至在异乡街头迷路时也不惧他人眼光，在镜头前挥泪，为节目增加了极大的讨论度，同时也强化了对其本人人设的塑造。

（二）符合嘉宾选择标准：案例《快乐大本营》《朗读者》

综艺节目的嘉宾选择还需要符合一系列人物标准与人物属性。

1. 符合节目调性

通常，综艺节目的调性包括文化输出、搞笑、冲突或者煽情等，比如《快乐大本营》中谢娜的"太阳女神"人设，非常符合节目搞笑娱乐的调性。

2. 具备人物功能

《快乐大本营》的嘉宾需要具备能歌善舞、能说会道的人设功能，而快乐家族的成员内部可以有效分配，实现节目要求的上述功能。《朗读者》的嘉宾则需要具备深厚的朗诵功底，优秀的影视演员、话剧演员能够配合这一人设功能的实现。

3. 呈现人物特点

嘉宾本身要具备某种性格或经历。《快乐大本营》通常会选择有即将上映作品的艺人，或是具有明显幽默特质的艺人来担任嘉宾，比如以幽默见长的魏大勋等人。《朗读者》也会配合当前社会热点事件、人物进行节目内容策划与嘉宾选择，不论是航天员还是优秀教师，都曾是该节目的重要嘉宾。

4. 支持节目价值主张

例如《快乐大本营》的核心人物何炅便传播了节目固有的价值主张。

5. 为节目带来其他增值点

包括经济效益等。当内娱最火的艺人来上节目时，《快乐大本营》的录制门票通常一票难求，这为节目带来非常多的隐形福利。

(三)遵循嘉宾选择边界:案例《圆桌派》

国民谈话类节目《圆桌派》曾经凭借姜文、王晶、蒋雯丽等一众大咖的金句频频刷屏,窦文涛、马未都、徐子东、马家辉、蒋方舟等常驻嘉宾也各有各的特色,能对某一热点做各自领域的解读。下面以该节目为例来作分析。

1. 边界一:设计恰当的话语场

谈话类节目中的谈话场分为熟人谈话场、半熟人谈话场和陌生人谈话场。不同谈话场中的谈话内容是完全不同的,特点也很鲜明。《圆桌派》属于熟人谈话场,采访者和被采访者之间是彼此熟悉的,观众会有明显的轻松感,而且由于彼此熟悉,谈话的分寸也会拿捏得当。主持人窦文涛和嘉宾之间的关系很好,使得谈话氛围非常融洽,也会因为过于了解而说出很多秘密,制造节目话题与效果。

2. 边界二:人物角色类型不能重复

以《圆桌派》第五季第一集《心流》为例,主持人及嘉宾各有各的特色。窦文涛依旧扮演着揣着明白装糊涂的发问者角色;马未都化身公园里随处可见的"乒乓球大爷",与职业选手交流心得;许子东站在学者的高度,精准地总结出国球运动员"飒""抠""扛"的打球风格;邓亚萍则在上述三位语言大师的追问下,分享专业运动员的战略战术,让观众直呼过瘾。

(四)综艺节目嘉宾选择攻略:案例《向往的生活》《明星大侦探》等

1. 综艺感的价值大于流量

《向往的生活》第二季第三期中,嘉宾李诞在镜头前总是懒洋洋的,没怎么干活的他一回到蘑菇屋就平躺在地,并即兴赋诗:"劳动最光荣,李诞最没用。"这与他在《脱口秀大会》录制现场活力四射的状态判若两人,网友纷纷评论"这仿佛是我在家的真实样子"。与该节目的其他嘉宾相比,李诞并不属于自带流量与热点的明星,但他的表现却与节目巧妙地形成了反差,带来了别样的综艺效果。

2. 对于慢综艺节目和体验类综艺节目而言,真实感比艺能感更加重要

综艺节目《向往的生活》常驻MC的搭配一直是观众关注与议论的焦点。在第一季中,黄磊"勤劳能干、无所不能"的"黄爸爸"形象与何炅"耐心温柔、无微不

至"的"何妈妈"形象被刻画得入木三分,但刘宪华的"儿子"形象却和观众预想的有所出入。不少观众吐槽刘宪华过于主动、调皮,在日常生活中帮不上黄磊和何炅的忙,不符合人们传统期待中的儿子形象。而第二季中彭昱畅的出现斩获了一众好评。踏实肯干、憨头憨脑的彭昱畅和顽皮耍宝的刘宪华形成了鲜明对比。选择具有真实感、生动感的嘉宾,能为节目增加很多话题与关注度。

3. 嘉宾的表达意愿十分重要

表达意愿影响了表达方式,"双商"(智商和情商)高尤其是智商高的嘉宾更容易获得观众好感。综艺节目《明星大侦探》中的嘉宾是该节目的金字招牌,除"何撒鬼白鸥"(何炅、撒贝宁、鬼鬼、白敬亭、王鸥)几位常驻嘉宾外,也不乏张若昀、刘昊然这样聪明又认真的新嘉宾。即使没有复杂剧情和严密逻辑的加持,嘉宾的互动也很有看点。

4. 其他规律

业内地位高的明星能够镇场,输出价值观,比如演员宋丹丹在《五十公里桃花坞》中如同家中常见的长辈一般,一上来就问了郭麒麟年龄,接着问"有女朋友了吗",再接着问他有没有暗恋的人,等等。

流量艺人是节目基础收视率达标的保障。《爆裂舞台》是一档专业的竞技音乐综艺节目,集结了偶像艺人、说唱歌手等十位风格各异的女性音乐人,并邀请韩红作为主理人,金武林等三位音乐制作人担任专业指导。其中,火箭少女101、THE9、硬糖少女303等大热女团成员的碰撞一度成为热点话题。

有趣有梗的嘉宾容易使综艺节目产生话题和爆点。艺人杨迪可以说是国内各大综艺节目的常客,《百变大咖秀》《火星情报局》《做家务的男人》《青春环游记》等众多综艺节目中都可以看到他的身影。可以说,杨迪经常以不伤害嘉宾的方式逗笑观众,牢牢把握住冒犯与搞笑之间的边界,有网友评论说:"他就像你那个永远被大人训斥但无回击力的远方小表弟,又像总被家人视作不务正业却记得给你带礼物的小舅子,毫无攻击力。"

二、角色分配标准

（一）角色分配基本原则

1. 角色功能相互补充：案例《歌手·当打之年》

《歌手·当打之年》的首发阵容包括华晨宇、MISIA（米希亚）、萧敬腾、徐佳莹、袁娅维、毛不易和周深，可以看出，节目想通过年轻的嘉宾阵容和多元化的音乐风格为观众带来全新的体验。几位歌手中最亮眼的当属初次参加节目的MISIA和周深。MISIA是日本著名歌手，也是七位歌手中资历最深的一位，她的实力与舞台表现力是毋庸置疑的。而周深的出现，无论在曲风还是演唱风格上都给节目注入了新鲜血液，他独特的嗓音和风趣的性格让观众印象深刻。老歌手们想在节目舞台上寻求突破与新歌手们带来的新鲜感在一定程度上互为补充，增强了节目的可看性。

2. 角色之间能产生化学反应：案例《乘风破浪的姐姐》

《乘风破浪的姐姐》第二季中，每位姐姐表演完后，需要接受候场区29位姐姐的打分。在面对面必须足够坦率的情况下，那英因为不够喜欢蒋璐霞的表演，就真实地表达了自己的态度，没有给她投票。王鸥也在这个环节中坚持了自己的观点，没有投票给几位姐姐，并向她们大方地解释了自己没有投票的原因。足够的真实和自信，也是30位姐姐独特的风采。

3. 角色需要具有生产话题的潜力：案例《披荆斩棘的哥哥》

2021年，芒果TV的《披荆斩棘的哥哥》杀出重围，上线当天播放量过亿，斩获播放量、关注度双第一，全网收获百余热搜。节目播出当天，"被陈小春笑死""披荆斩棘的哥哥""张智霖状态""言承旭唱流星雨 青春回来了""戚薇 我的快乐何止这些""赵文卓把流星雨唱成了流星锤"等多个话题登上微博热搜。截止到2021年8月14日，第一期节目的播放量已经破亿，观众对嘉宾阵容和节目质量予以极大肯定。

4. 角色需要有明确的流量入口：案例《歌手·当打之年》

《歌手·当打之年》第八期中，歌手周深凭借一曲《达拉崩吧》获得本期第一名。在演唱过程中,他通过肢体语言和面部表情一人分饰六个角色,以魔性的歌词和个人灵活多变的唱腔,成为该节目最出圈的舞台呈现。节目网易云播放量超1亿;哔哩哔哩视频播放量突破千万次,弹幕45万次,登顶全站第一,为节目成功引流。

5. 主持人和嘉宾功能要有区分,飞行嘉宾要有意义:案例"歌手"系列

"歌手"系列的主持人由当季的嘉宾兼任,他们除了自己的表演之外还要负责报幕、串场、花式打广告等,胡海泉、古巨基、李克勤、张韶涵等人都交出了令观众满意的答卷。导演洪涛则创造了属于自己的模式,比如在公布结果前喝水,或者故意拉长声音,在带来悬念之余又充满惊喜。而《歌手·当打之年》升级了赛制,将"踢馆"赛制改为"奇袭"赛制。每轮会有三位奇袭歌手对参赛歌手发起一对一的挑战,随后由500位大众听审投票评判。如果奇袭成功,节目将综合两场的票数淘汰末位歌手;如果奇袭失败,则参赛歌手全员过关。新赛制在带来新鲜感的同时也让节目有了更多的玩法,并且有效地提升了紧张感,营造了竞赛氛围,也更符合"当打之年"的概念。比如刘柏辛虽然没能成功奇袭华晨宇,但这一次的挑战让人看到了歌坛中后生可畏的一面。所以从某种程度上来说,奇袭赛制的确稳固了节目的整体架构,也突出了节目想展现乐坛新生力量的初衷。

(二)角色类型

为了避免重复,综艺节目的人物角色可以归纳为如下几个类型。

1. 搞笑对象

以综艺节目《快乐大本营》为例,快乐家族主持人谢娜在整个节目中起着不可替代的作用。她的主持风格或许在传统的主持圈中饱受争议,但是她却另辟蹊径,创造了属于自己的风格。

2. 马虎的人

有前辈何炅和谢娜控场,主持人杜海涛和吴昕在《快乐大本营》中的人设仿佛是"没头脑和不高兴",可以被主持人和嘉宾随意调侃。

3. 主角的追随者

"天天兄弟"大换血之后,一直存在团队沟通不畅的问题,以偶像身份加入的

王一博充当前辈汪涵的追随者,可以随时被提示接话、展示才艺,但是其即兴抛梗能力完全可以忽略不计。

4. 不合群的人

《乘风破浪的姐姐》中,黄圣依在初登场的时候着一袭公主裙在一众姐姐中脱颖而出,同为女嘉宾的金晨为她拿来舞鞋,而她更是指使导演组为她准备夜宵,还因为裙子太紧,自作主张和蓝盈莹更换了表演顺序,种种行为凸显了她"不合群""颐指气使"的负面形象。

5. 个性鲜明的主角

一向敢说敢做的演员宁静总是让人无法忽视她的存在,在近年来的各大综艺节目中她频繁刷屏,屡次爆出金句,而她在《乘风破浪的姐姐》中的表现更是突破了大众对她的固有认知。节目开播之前的前采环节中,导演组请她做自我介绍,她直言:"还要介绍我是谁?那我这几十年白干了呗,都不知道我是谁。"看到节目组发放的集体训练服时她惊呼:"好土,如果衣服很奇怪,我会拒绝的。"而在场外观战区看到对手们的表现时,她又突然开口:"我要把衣服换上,人家都穿一样的。导演——把我的衣服给我。"弹幕纷纷感叹"真香"。

6. 有话语权的领导者

作为在影坛具有很高地位的大导演,《演员请就位》的导师陈凯歌承担着"传道、授业、解惑"的责任,节目中他对演员循循善诱的指导,对剧情、人物细致入微的分析,都体现出他独一无二的领导权和话语权。不仅"授人以鱼",更"授人以渔",以"长者"的身份深入浅出地让演员真正感知如何才能做得更好,让观众在观看节目的同时,体会到陈凯歌导演在片场为演员们说戏的近身感。

而另一个角色分配的视角则是人物在节目中的身份属性,例如仰视:拥有决定选手去留的权力,如选秀节目中评委的角色;平视:以普通参与者的身份参加各类综艺节目,完成节目组布置的任务,比如《爸爸去哪儿》《奔跑吧》《极限挑战》等节目的嘉宾;俯视:放低身份,通过竞技的方式赢得持续比赛的机会,比如各类竞技节目中参加比赛的选手。

（三）角色设置原则

1. 需要有素人参与：案例《令人心动的offer》

随着素人真人秀模式被观众日益接受，"素人"逐渐成为观察类节目的主角，这类节目的最终流量在很大程度上取决于素人的表现能否出圈。《令人心动的offer》第一季中懵懵懂懂的实习生李晨、第二季中靠二本学历"背水一战"的丁辉成为让观众印象深刻的角色。当李晨作为一个"职场菜鸟"，学历、经历都不如他人时仍努力坚持，最终获得肯定时，当丁辉傍晚加班结束回到出租屋一个人吹蜡烛过生日时，观众看到了生活热血却也残酷的本来面目。

2. 需要有CP组合：案例"恋综"系列

近年来，持续创新的恋爱观察类综艺节目逐渐走进了大众视野，各平台纷纷推出如《心动的信号》《喜欢你我也是》《遇见你真好》《恋梦空间》等多档节目。无论是素人恋爱还是"明星情侣交往"，这类节目不仅可以满足观众的多重情感需求，还能引导他们从中发现有价值的观点。

3. 需要体现一定的行业差异：案例《五十公里桃花坞》

即便是明星艺人，也需要体现出垂直类型的划分，如歌手、影视演员、流量网红等。如腾讯视频的群居生活体验类真人秀《五十公里桃花坞》中，15位之多的嘉宾阵容体现出较为精细的垂类划分。有导演及演员陈陈陈、郭麒麟、辣目洋子、孟子义、宋丹丹、张翰、周杰、周也、舒淇等，歌手汪苏泷、赖冠霖、彭楚粤等，脱口秀演员李雪琴，时尚集团总裁苏芒，以及设计师Steven OO等，实现了更深层次的嘉宾多样性，使得这档群居生活类综艺节目在较多圈层得到观众共鸣。

4. 需要有年龄差异，产生代际交流：案例《屋檐之下》《忘不了餐厅》

哔哩哔哩自制的名为《屋檐之下》的综艺节目由中国老龄协会指导，邀请了包括刘雪华在内的三位独居老人与年轻人共同开启一场21天的共居体验，并设立演播室观察团对两代人的相处进行观察。腾讯视频推出的综艺节目《忘不了餐厅》由店长黄渤、副店长宋祖儿和王彦霖，携手五位患有轻度认知障碍的老年服务生组成一个"忘不了家族"，共同经营一家可能会上错菜的中餐厅，开启一场遗忘与守望的温暖对撞。

5. 根据节目调性选择全国各地的嘉宾：案例《偶像来了》

这种做法既符合宣传导向要求，又能够尊重不同文化的风格差异，并收获不同地域及阶层的观众。如湖南卫视出品的女性生活体验秀节目《偶像来了》，邀请了10位常驻嘉宾：来自中国内地（大陆）的谢娜、张含韵、赵丽颖、古力娜扎、宁静、杨钰莹，来自中国香港的蔡少芬、朱茵，来自中国台湾的欧阳娜娜、林青霞，呈现出来自不同地域的女艺人的不同生活状态，制造彼此间的良性化学反应，优化节目效果。

6. 设计不均衡的男女比例，制造性别话题：案例《花儿与少年》

《花儿与少年》第一季的常驻嘉宾中，女性占比71%，男性占比29%；第二季常驻嘉宾中，女性占比67%，男性占比33%。在前两季的节目中，节目组起初是有意通过制造不均衡的男女比例来引发网友对两性话题的延伸讨论，但此番设计造成的负面舆论远超于正面影响。因此在第三季中，常驻嘉宾调整为男性、女性各占比50%，以此规避两性方面的恶意讨论。

（四）角色分配攻略

1. 给表现出色的人物留出空间：案例《向往的生活》

一直以来，何炅都是大家口中的"不老神话"，但"不老神话"也会老，他说人的成长是没有办法抗拒的。《向往的生活》中，何炅这番有关"变老"的探讨应该说让不少年轻人意识到岁月与责任的关系。在这间平凡的小院里，嘉宾们聊过友情、聊过童年、聊过天赋与努力……这些都是平凡日子中的生活哲学。而当人们离开《向往的生活》，离开世外桃源一样的蘑菇屋，这些感触依然可以映射在现实生活中，在快节奏的生活中找到让人喘息的片刻，这也是这个节目最大的意义。

2. 注重打造素人：案例《和陌生人说话》

《和陌生人说话》说的是普通人生，说的也是人间万情。这档以倾听素人心声为主的节目在采访中刻画了一个又一个鲜活的形象。第二季中《老年人的江湖情爱》这期节目让观众直白地看到了老年人的情感世界。画面中的大爷在前半段毫不避讳地讲述了自己晚年的风流韵事，但谈到已经过世的老伴，谈到他们的婚姻生活时,这位大爷不禁潸然泪下,也许他自己都没有意识到,"你等着我"是比"鸳鸯浴"更浪漫的表达。

3. 巧妙建立或利用人物关系:案例《心动的信号》

作为《心动的信号》热门CP,周游和胡金铭的感情动向始终牵引着观众的心。其中最精彩的部分莫过于周游在胡金铭徘徊之际给她发出的一条短信,犹如神来之笔,柔软地牵制住了对方的心。短信里的言语虽不华丽,却也映射出最纯粹的感情。其实这跟整季节目看下来的感觉颇为相似,套路再多总不如真情可贵。

4. 重点人物重点表现:案例《幻乐之城》

《幻乐之城》是王菲的综艺首秀,在节目中担当"幻乐体验官"的她,每期节目都邀请一位大咖作为"幻乐好友",和她一起观看其余嘉宾唱演,节目设计中规中矩。而在节目的第11期,周迅与王菲历史上首次同框出现。节目组抓住机会,对两位重点人物进行了重点表现。无论是同台的对话,还是彼此间的肢体、表情互动,都十分"有戏"。节目中,周迅主动问何老师,怎么没问她为什么来幻乐之城。何老师自然从善如流地重新提问,周迅回答道:"因为王菲是我的偶像,所以我今天终于跟她同框了!"此番对话瞬间引爆各大媒体平台,节目组也趁势发出众多通稿,快速传播这段"神仙友情",让该节目在收官之际拿到了漂亮的收视数据,让网友直呼"活久见"。

5. 充分利用明星人气:案例《朋友请听好》

芒果TV自制的原创声音互动陪伴真人秀节目《朋友请听好》,充分利用易烊千玺的超高人气与商业价值(见图2-15),搭档湖南卫视金牌主持何炅、谢娜,组成"三昧真火",通过声音互动的形式来为全国听众排忧解难。节目在2020年2月首播时便引发热议,讨论度飙升,成为一档兼具内容和流量的爆款综艺节目,而后成为"小屏返大屏"的成功之作,登陆湖南卫视上星播出。

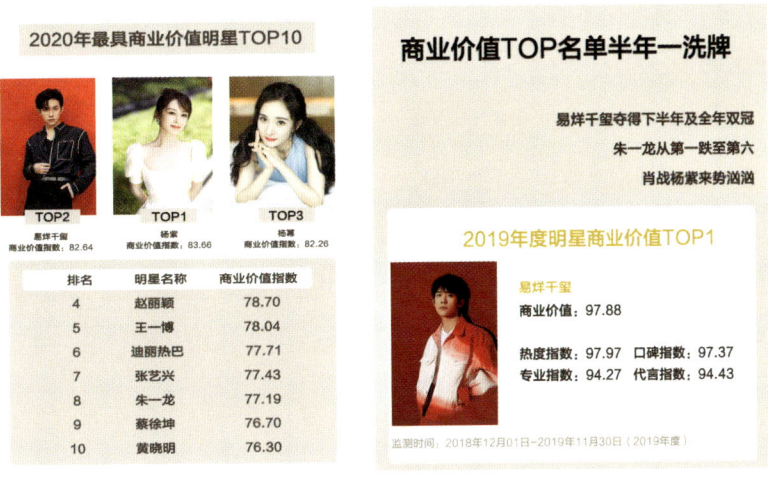

图2-15　2019、2020年易烊千玺商业价值数据体现（图片来源：《新浪娱乐白皮书》）

6. 发挥人物自带的圈层属性：案例《奋斗吧主播》

《奋斗吧主播》召集了25位全明星见习主播，经历三个月的孵化培训和直播考核，最终诞生四位主播，签约天猫官方直播间。为了这项培训计划，节目组邀请了杨天真担任项目发起人，薛兆丰等担任项目顾问，负责培训指导，并从不同视角为选手们提供帮助。节目嘉宾中有短视频平台的主播，有互联网知名经济学者，他们都是深耕互联网行业的成熟"主播"。作为助阵嘉宾的他们，能够发挥自身的圈层属性，增加曝光度，引发关注，助力节目触及更深层的主播圈层。

三、节目与人物之间的既定关系

（一）对于固定班底强大、新晋节目而言，节目内容是收视率的第一影响力

过去，当某一种类型的综艺节目出现市场饱和时，节目采取的内容突围策略大都导向垂直细分。中央广播电视总台全新推出的《故事里的中国》则反其道而行之，秉持创新的多元精神，将影视、戏剧、综艺三种艺术手法并行而立，从而在跨界融合中孵化出一种彼此平衡的呈现方式，将新中国成立70年以来的经典文艺作品搬上舞台。节目首播后引发如潮好评，不仅《人民日报》、央视新闻等官媒纷纷点赞，微博上也不停有网友感慨："精彩的舞台演绎让我们又认识到一位值得尊敬的烈士。""什么神仙节目，刚开始我就哭得稀里哗啦，致敬。"

在中央广播电视总台央视综合频道与央视创造传媒、中国国家话剧院合力打

造下,《故事里的中国》坚守央视出品一以贯之的高品质制作,在经典重现的形式之外,举电视人之力挖掘经典背后荡气回肠的真实印记和时代精神。可以说,这是央视文化节目的再一次升级,也是经典文艺在当今时代的又一次追寻。

在节目立意上,《故事里的中国》为文化类节目探求了突破文化元素本身的可能性。与以往的成语、诗词类节目相比,该节目不再寻找细分切入口来讲述"中国的故事",而是在大格局和大视角下探寻"故事里的中国",这为观众提供了站在国家和时代视角下观看新中国70年来经典文艺作品的机会。换句话说,观众看的不是作品本身,而是作品背后与如今生活之间的时代情感共鸣和价值认同共通点。

(二)对于固定班底较弱、老牌节目而言,嘉宾阵容是收视率的第一影响力

作为浙江卫视王牌综艺节目之一,《奔跑吧兄弟》自2014年10月首播以来共推出四季,第五季起更名为《奔跑吧》。《奔跑吧兄弟》首播收视率仅1.132%,节目最后一期飙升至3.993%,巅峰期是2015年,当年播出的两季平均收视率达到3.93%,第三季的最高收视率高达5.284%。2015年后,节目的收视率开始一路下滑。

2018年11月9日,国家广电总局正式下发通知,规定综艺节目嘉宾总片酬不得超过节目总成本的40%,主要嘉宾片酬不得超过嘉宾总片酬的70%。"综艺限薪令"的出台及节目内容缺乏新意,使《奔跑吧》在更换过几次常驻嘉宾之后,口碑下滑明显。如何获得高口碑、打造新爆款依旧是浙江卫视接下来的重点思考方向。图2-16为《奔跑吧兄弟》人气前十位的明星嘉宾。

排序	姓名	百度指数	人气影响
1	宋仲基	363935	次高峰
2	江疏影	241059	最高峰
3	鹿晗	159648	
4	张天爱	137346	第三峰
5	林允	99662	次高峰
6	张雨绮	73086	非明显
7	Rain	63942	最高峰
8	杨颖	57690	
9	张杰	57181	最高峰
10	王子文	54425	第三峰

图2-16 《奔跑吧兄弟》人气前十位的明星

(三)较为依赖人气嘉宾的节目,对嘉宾的人气提升效果有限

腾讯视频出品的《恰好是少年》由嘉宾董子健、王俊凯和刘昊然三人共同进行一场完全自由的旅行,自行规划行程,没有旅费限制。可以看出,这三位嘉宾旅行的自主性其实并不是特别强,节目的可看性只能依赖三人之间的互动,一到三人冷场的时候气氛就稍显尴尬。虽然三位嘉宾都是人气嘉宾,但他们之间的关系可谓客气又疏离,节目对其人气的提升也十分有限。

(四)造星类节目收视率不绝对依赖人气嘉宾,却能显著提升嘉宾的人气

《快乐大本营》作为湖南卫视的老牌综艺节目,在某种程度上可以说是造星推手,众多人气偶像的粉丝都以自家偶像登上此节目舞台为荣。2008年,由《快乐大本营》原主持人李湘担任制作人的电影《十全九美》在内地院线上映。影片宣传期间,她带领剧组成员回归《快乐大本营》,当期节目收视率接近3%。之后,《快乐大本营》开始成为国产片路演宣传的重要组成部分,同时,节目还负责辅助宣传湖南卫视独播的电视剧,一时间,国内明星皆以走上《快乐大本营》的舞台作为提升曝光度的绝佳手段。图2-17为《快乐大本营》人气前十位的明星嘉宾。

排序	姓名	百度指数	人气影响
1	黄子韬	309721	非明显
2	杨紫	283990	最高峰
3	赵丽颖	257874	次高峰
4	秦俊杰	237353	非明显
5	张艺兴	229740	非明显
6	陈伟霆	224363	最高峰
7	陈学冬	167904	非明显
8	马天宇	161023	非明显
9	成毅	158105	次高峰
10	张一山	129944	非明显

图2-17 《快乐大本营》人气前十位的明星

（五）嘉宾的平台属性不同，其吸引的粉丝年龄层也有较大差异

发迹、传播于网络端的明星，在网络端拥有大量粉丝，但在电视端则无太多代表作。韩国知名综艺节目 Running Man 在网络端拥有非常高的人气，但当其明星嘉宾刘在石、金钟国、池石镇、宋智孝、李光洙等人出现在电视上播放的中国本土版《奔跑吧兄弟》中时，收获的人气明显不敌网络端。而从网剧《太子妃升职记》中走出的年轻演员张天爱、盛一伦等人在电视端同样出现了水土不服的现象，其作品表现均可以用不温不火来形容。那英、宋小宝、杨坤、凤凰传奇都是中老年观众喜爱的明星，在电视端拥有较多拥趸，但在网络端的影响力则较弱（见表2-30）。

表2-30　电视端与网络端明星类型对比

嘉宾类型	代表明星	电视端收视率排名	视频网站点击率排名
网络端人气高于电视端人气	刘在石、金钟国、池石镇、HaHa、宋智孝、姜熙健、李光洙	12	1
	张天爱、陈意涵	9	3
网络端与电视端人气基本相当	宋仲基、张雨绮	3	4
	林允、马思纯、张钧甯、何穗、贾玲	5	6
	Ella、林更新	7	7
电视端人气高于网络端人气	那英、宋小宝	1	9
	杨坤、凤凰传奇	4	11

四、人物选择流程

如图2-18所示，综艺节目基本采用以下流程进行嘉宾选择：从节目自身出发，明确节目对角色的需求，根据需求列出拟邀嘉宾名单并排列优先级。随后，根据名单与嘉宾方进行沟通，再次确定嘉宾与节目常驻人物是否适配，最终确定后，与适配对象签署合作协议。

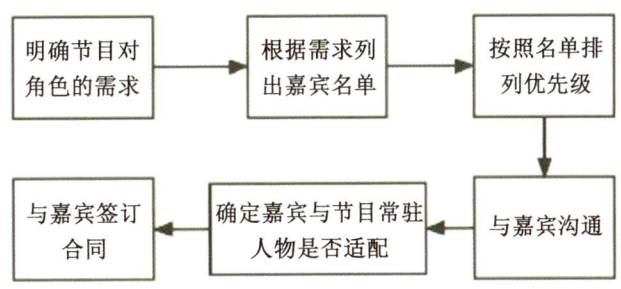

图2-18 综艺节目嘉宾选择流程

五、选择优质艺人，规避劣迹艺人

（一）当前政策

2021年6月，中央网信办启动"清朗·'饭圈'乱象整治"专项行动。2021年8月，中央网信办发布了《关于进一步加强"饭圈"乱象治理的通知》，进一步加强对"饭圈"的管理，主要措施包括取消明星艺人榜单、优化调整排行规则、严管明星经纪公司、规范粉丝群体账号、严禁呈现互撕信息、清理违规群组版块、不得诱导粉丝消费、强化节目设置管理、严控未成年人参与、规范应援集资行为等（见表2-31）。

表2-31 "网信办进一步加强饭圈乱象治理"的媒体热门报道

相关报道	报道的媒体数量
中央网信办：取消明星艺人榜单，严禁呈现互撕信息	87家
中央网信办：进一步加强饭圈乱象治理	45家
重拳出击！中央网信办：取消明星榜单，严禁呈现互撕信息	33家
中央网信办整治"饭圈"乱象，取消明星艺人榜单	27家
中央网信办：关于进一步加强"饭圈"乱象治理的通知	17家
中央网信办：取消明星艺人榜单 严管明星经纪公司	15家
取消明星艺人榜单！网信办重拳治理"饭圈"乱象	15家
中央网信办：取消明星艺人榜单	11家
中央网信办进一步加强"饭圈"乱象治理，提出十项措施	11家

注：数据源于知微数据，统计时间截至2021年8月27日。

(二) 优质艺人的评价指标

何为"优质艺人"？应从公益慈善、作品价值、道德规范、守法合规这四大指标进行考量（见图2-19）。

1. 公益慈善

一是要看艺人是否拥有公益基金会，是否建立个人公益项目等，如陈坤发起的"行走的力量"公益项目，黄晓明发起的"明天爱心基金"，宋茜成立的"宋茜爱心舞蹈教室"，吴京发起的"听见计划"公益项目，王源发起成立的"源公益专项基金"等；二是要考量艺人的"年度投入额"，即每年度通过捐款等方式在公益方面投入多少；三是要看艺人是否具有带动粉丝开展公益活动、进行公益应援等的社会号召力；四是要看艺人日常的公益实践活跃度（是否热心慈善事业、担任环保公益大使、拍摄公益宣传片、关爱特殊群体、参与扶贫等），特别是针对这两年的特殊情况，在抗疫、扶贫方面是否有所贡献，如为相关地区捐款和提供援助、演唱相关公益歌曲、进行相关演出、拍摄相关宣传片、在社交平台发布相关号召等。

2. 作品价值

需要从政治立场、社会价值、环保三方面考察艺人的作品。在政治立场方面，需要考虑艺人作品的题材是否涉及爱国、扶贫、传播优秀传统文化、科技创新等。在社会价值方面，需要考虑艺人作品是否关注社会现实、反映社会问题等。在环保方面，需要考虑艺人作品的题材是否涉及动物保护、污染防护、生态文明等。

3. 道德规范

道德规范，包括艺人的商业诚信、道德修养、职业操守三方面。商业诚信方面，要考察艺人是否有过违约、不履行合同、不承担违约后果、拍摄虚假广告、虚假代言、诈捐等行为。道德修养方面，要考察艺人是否有婚外恋、家暴、打架等行为。职业操守方面，需要调查艺人是否曾大量使用抠图、替身来完成作品，是否有不背台词、不看剧本等行为。

4. 守法合规

守法合规，指的是艺人需要严格遵守国家的法律政策，严格规范自己的行为。

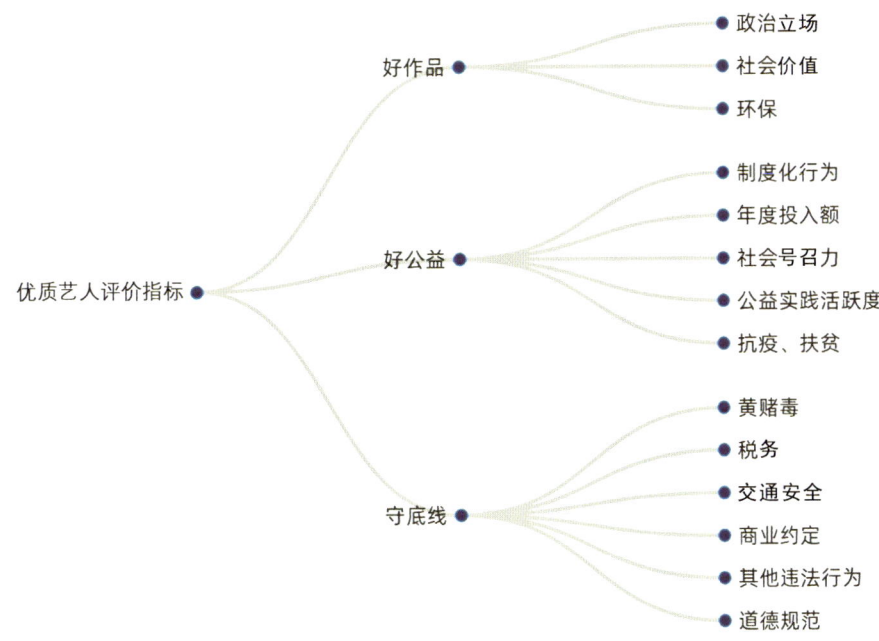

图2-19 优质艺人评价指标

(三) 劣迹艺人如何规避

1. 进行专业化背调

首先要看政策如何定义劣迹艺人,看艺人是否有明确的劣迹新闻事实报道;其次要进行社交分享平台的风险背调,评估舆论风险,包括但不限于调查微博、豆瓣、Instagram等国内外社交软件的言论记录,其圈内外好友的社交足迹、活动经历等。曾在网络上留下污点而被行业、大众不同程度抵制的艺人不在少数,因此社交软件是背调的重点之一。

如2020年5月22日,艺人仝卓自曝高考时曾将往届生身份改为应届生,引发舆论,被指责高考舞弊。2020年6月12日,山西省教育厅发布关于仝卓伪造应届生身份参加高考问题的调查处理情况通报,通报称仝卓2013年高考各阶段、各科成绩无效。6月12日,中央戏剧学院发布关于撤销仝卓毕业证书的通报。该事件曝光后,仝卓参加的综艺节目删除了关于他的所有镜头。同样,前THE9女子团体成员喻言也因为在成为艺人前曾在网上发表过激言论,其参与节目的镜头被不同程度地删除。

2. 艺人风险控制

通过政治、法律、道德、商业四个维度对艺人进行考量，对艺人进行风险控制。

政治方面需要考量艺人的政治立场是否正确，特别是外籍艺人，另外还要考察其参与过的作品是否涉及爱国、扶贫、传播优秀传统文化、科技创新等主题。

法律方面主要是黄赌毒、税务、交通安全三方面的底线要求。如税务方面，2022年3月15日，据上海市税务局消息，演员邓伦偷逃个人所得税4765.82万元，其他少缴个人所得税1399.32万元。税务局对邓伦追缴税款、加收滞纳金并处罚款，共计1.06亿元。邓伦的税务问题直接影响到他参与的以及即将参与的节目，因此在法律维度上必须严控艺人风险。

道德方面包括考察艺人平时的行为举止等，如是否有随地吐痰、乱扔垃圾、在禁烟区吸烟、粗暴对待粉丝等行为。

商业方面是要考虑艺人的职业操守，包括在工作过程中的配合度等，是否有不背台词、不看剧本等不尊重工作和耍大牌行为等。

3. 不断尝试艺人去捆绑化，打造品牌自身IP

在策划节目时，应该以节目内容、品质、主题等为重点，力求节目凭自身实力打开市场、获得受众，而不是过分地将重心放在节目嘉宾上。虽然合适的嘉宾可以为节目带来较好的收视效果，但是若过分地依赖艺人营销，那么节目将无法获得长远的发展。以《我在颐和园等你》为例，尽管节目也曾邀请失德艺人作为固定嘉宾，但是由于节目本身将颐和园的文化属性放在重要位置，呈现出一种独特、有引领作用的"颐"式新生活风格，打造了自己的文化品牌，因此并未因失德艺人而影响节目自身的品牌价值。

❓ 本节思考题

1. 综艺节目收视率与艺人之间的关系是什么？
2. 综艺节目如何规避劣迹艺人？

第六节 节目策划的空间选择——场景

一、场景策划的几个维度

（一）有哪些空间可以选择

综艺节目可以选择的空间的类型有很多。如果以空间地理环境为依据进行划分，可以分为室内空间和室外空间。室内空间又分为演播室空间和室内实景空间，后者如咖啡厅、剧院、电影院、博物馆等；室外空间则包括名胜古迹、自然环境、闹市区、公园、广场等。

以功能为依据划分的空间则包括演出区、真人秀区、采访区等。竞赛类综艺节目通常会做上述三个分区，舞台表演为主体区域，嘉宾采访区和选手生活真人秀区同步穿插使用。

以节目氛围等为依据划分的空间包括热场氛围区、秩序区等。近年来流行的恋爱类综艺节目往往同时设置热场的游戏区域和选择伴侣的秩序区域，以便让节目张弛有度。

不同的分类标准对应着节目策划对空间选择的不同要求。无论选择怎样的场景，都应牢记场景必须与节目内容紧密挂钩，场景服务于节目策划，场景应符合节目的调性。如《大湾仔的夜》选择了广州的大排档为主要场景，既符合节目展现粤港澳大湾区人文新风尚的目标，又符合五位固定嘉宾的习惯和气质，场景满足了叙事要求，获得了较好的节目效果（见图2-20）。

图2-20 《大湾仔的夜》大排档场景（图片来源：节目截图）

（二）每个空间营造哪些氛围

在进行节目策划时，要注意节目不同环节所使用空间需要营造的相应的氛围，这有助于节目内容的表达、情绪的传递。

如《朗读者》主要有朗读舞台和访谈室两个空间，节目组通过使用不同的场景道具，营造不同的情感氛围。朗读舞台是以图书馆和西式歌剧厅环状观众席为基本的视觉环境的。朗读舞台上的电子屏幕、场景道具等能铺垫情绪，打造更视觉化的场景,有利于"朗读"本身的表达。访谈环节则进入像会客室一样的小房间。主持人和嘉宾要在会客室内进行朗读者人生经验、情感分享等相关访谈。小会客室的场景营造出亲切、温馨的气氛,有利于嘉宾在讲述中流露真情实感,让观众产生情感共鸣(见图2-21)。

图2-21 《朗读者》的朗读舞台和访谈室(图片来源:节目截图)

(三)每个空间有哪些功能

在综艺节目中,不同的空间承担着不同的功能,支撑着不同环节的内容叙事。在策划过程中,需要分配好不同空间的功能,平衡好空间和叙事之间的关系。

《中国考古大会》以考古工作的"发现发掘、整理阐释、保护传承"为主线,通过空间探秘与任务解锁，联结考古场景，复现历史图景。节目设计了主舞台和"探秘空间"，两个场景相互配合，根据内容呈现的需求，生成不同的虚拟场景（见图2-22）。考古推广团可以从主舞台"穿越"到"探秘空间"，置身"千里之外"的考古发掘现场，在空间里完成考古任务，如在良渚遗址发掘玉琮王、在贾湖遗址搭建先民的房子、在周口店发掘现场找到重要的文物标本等。每期的"探秘空间"根据主题进行变换，辅助完成主舞台的任务，推进节目进程。

图2-22 《中国考古大会》的主舞台和"探秘空间"（图片来源：节目截图）

二、场景策划的具体方法

(一)根据内容设计空间的数量和风格等

在对节目进行场景策划时,首先要根据节目的内容,设计所需的空间数量以及空间的风格等。一般来说,空间的数量受节目环节设置的影响,空间往往和环节对应,有时候一个空间可以承担多个环节的内容。《故事里的中国》共有嘉宾访谈、演员围读、戏剧表演三个环节,这三个环节分别对应访谈空间、品读空间和表演空间,实现有效的空间利用(见表2-32)。另外,空间的风格等应与节目总体的调性保持一致。

表2-32 《故事里的中国》第三季的场景设计

场景设置	场景功能	场景截图
嘉宾访谈区	嘉宾访谈区面向观众,横向设置,访谈嘉宾的座位靠近观众,削弱以往访谈节目中访谈嘉宾与观众间的距离感	
演员围读区	主创们不仅围读体现人物情感和人物精神的文字史料,还连线外景主持人王嘉宁,在她的带领下参观陈列在党史馆、博物馆、纪念馆、档案馆等地的革命文物	

场景设置	场景功能	场景截图
戏剧表演区	节目启用"双舞台+双时空"模式，创新设计历史空间和现实空间两大舞台，让历史英雄榜样和新时代栋梁两条故事线交汇进行，打破时空界限，增强故事张力，使百年党史中不同时期继往开来的传承故事相互辉映	

（二）根据氛围要求进行空间规划

确定所需的场景空间后，就要根据不同的氛围要求对其进行规划。每个场景空间都应该有自己独特的氛围，一是有助于观众区分，二是营造有效的情感交流场域，让观众投入其中。如《朗读者》的访谈室和朗读舞台便根据其氛围要求进行了不同的布置。《朗读者》的访谈室里有沙发、茶几、鲜花、绿植、挂画、电视、台灯等，营造出温馨的"家"的感觉，此情此景有助于主持人和嘉宾达成有效的、深入的沟通。而朗读舞台则在西式歌剧厅的基础上，根据不同的朗读主题设计极具氛围感的舞美环境，拓展舞台空间和观众的想象空间（见表2-33）。

表2-33 《朗读者》的场景设计

场景空间	场景功能	场景截图
访谈室	营造"家"一般的温馨场域，便于嘉宾敞开心扉与主持人交流	

续表

场景空间	场景功能	场景截图
朗读舞台	在西式歌剧厅的基础上,为不同主题的朗读设计极具氛围感的舞美环境,拓展舞台空间和观众的想象空间	

(三)根据流程完成空间设计

在对节目场景进行策划时,要考虑空间与节目内容之间的有机联系,需要根据节目流程设计场景空间。以《明星大侦探》为例,节目流程包括"案发现场"探案和所有成员集合推理两部分内容,因此探案现场和推理空间成为节目的两个主要功能空间。针对节目流程,每个空间需要实现该流程的功能支持,比如道具功能,推理空间里的长桌、黑板等道具将辅助嘉宾讨论案情和罗列证据;还有场景空间本身的叙事功能,比如随着节目推理线的推进,在探案现场每个分场景设置关于整体"案件"的伏笔等(见表2-34)。

表2-34 《明星大侦探》场景设计

场景空间	场景功能	场景截图
案发现场	用棚景或者实景营造情节和场景的真实感,场景完全根据节目环节与故事背景来打造,推动观众的思维迅速进入案情线索中	

续表

场景空间	场景功能	场景截图
探案现场	现场搜证：搭建棚景或借用实景，通过营造情节与场景的真实感使观众得到沉浸式体验。种种道具线索被安置在游戏区域内，探案现场的大环境和小道具合力促使观众"参与"到节目之中	
推理现场	集中推理：推理空间里的长桌、黑板等道具辅助嘉宾讨论案情和罗列证据	
投票现场	游戏到达尾声时，所有嘉宾相互投票，最终投票得出的"真凶"要接受惩罚。此时，游戏过程中出现的关键性证据与个别玩家的推理过程被曝光在观众面前，真相大白的一刻，观众豁然开朗	

（四）根据审美考量空间设计

进行节目场景策划时，还需要从审美的角度考量整体的空间设计，要考虑节目的主题和主旨是什么，据此寻找与之适配的艺术风格和美学意蕴表现手法。例如《国家宝藏》的舞美设计，在满足实用功能的基础上，利用冰屏柱等呈现虚实、内外等多方位的立体空间,既满足了节目不同环节的需求,又在整体的视觉效果上实现了多媒体技术和华夏古韵的震撼碰撞,极具中国古典美学意蕴(见图2-23至图2-25)。

图2-23　《国家宝藏》第一季舞台空间(图片来源:节目截图)

图2-24　《国家宝藏》第二季舞台空间(图片来源:节目截图)

图2-25　《国家宝藏》第三季舞台空间（图片来源：节目截图）

❓ 本节思考题

1. 场景策划的维度有哪些？
2. 场景在综艺节目中的功能如何体现？

第七节　什么是好的策划

一、综艺节目策划的必备元素

"一句话"公式：什么类型+发生在哪里+关于什么关系的什么人+什么事。好内容是策划的核心要素，要让观众有深刻的情感体验，即使没有明星的加持，也能做出一档好节目。围绕好内容可运用故事、人物、剪辑、包装等元素，将其最终作用于观众的大脑，使之形成正确的价值观，并成为观众一定时期内的记忆点。好策划包括但不限于如下元素。

（一）可以用一句话描述的核心创意

《中国好声音》：四位导师通过"转椅"选择自己心仪的学员，组成战队，并带领自己的战队进行关于音乐的对抗。

《奇葩说》：用风趣幽默的语言对严肃的社会话题进行辩论，将思辨过程进行综艺化呈现。

《我想和你唱》：邀请歌坛明星与素人合唱，实现全民音乐狂欢。

（二）故事模型经典

一直以来，戏剧家、电影家等将戏剧、电影中的人物情感、作品情境等划分成不同的模式，这些经典的故事模型也常被运用到综艺节目策划中。如《奔跑吧》《极限挑战》等真人秀节目，每期节目的剧情主线离不开经典的故事模型，如天降救星的"援救"模式、为了被夺取所有而报复的"复仇"模式、进行追捕或惩罚的"捕逃者"模式、用巧妙的言辞达到目的的"取求"模式等。运用了经典故事模型的真人秀节目，更易于观众理解和跟随，能提高节目整体的叙事效率，也让节目剧情更具张力。

（三）人设突出

《极限挑战》是由东方卫视推出的大型户外推理竞技综艺节目。以第一季为例，节目成功打造"三精三傻"的人设，通过人设和规则的配合，成功推进极具戏剧张力的叙事。如张艺兴是单纯"小绵羊"人设，黄磊作为张艺兴的"师傅"则是狡猾机智的"狐狸"人设，黄渤也在节目中展现了其足智多谋的形象等，这甚至一度成为观众对艺人本身的刻板印象。王迅曾在采访中透露，导演组会通过前期对嘉宾的考察，确定嘉宾所擅长的方面，并据此安排具体的任务和人物设定。

（四）记忆点多且深刻

《典籍里的中国》是中央广播电视总台央视综合频道联合央视创造传媒、中国国家话剧院制作的综艺节目，曾获得第27届上海电视节白玉兰奖最佳电视综艺节目奖。节目通过跨界整合典籍文化、艺术、技术，在节目以及宣传中制造了数量多且有效的记忆点，如节目中撒贝宁作为"当代读书人"与古人对话这种融贯古今的独特设计，利用戏剧的假定性实现在现实空间、历史空间等多重空间之间的自出穿梭。另外，节目为适应融媒时代还设计了多介质传播形式，如展示道具场景的微博、短视频等，与节目相关的各类衍生品如金句海报等。

（五）容易传播且能引起共鸣

《心动的信号》是由腾讯视频推出的恋爱社交推理真人秀，节目聚焦当下年轻人的多种恋爱形式，多维度地讨论关于年轻人的职场、爱情等现实问题，讲述以现实为底色的爱情故事。《令人心动的offer》是由腾讯视频出品的职场观察类真人秀，节目聚焦当代年轻人职场上的痛点，展示不同行业实习生的实习经历。这类节目针对时下年轻人的恋爱、工作问题，打造素人观察类真人秀，观众在屏幕外看到节目中同为素人的嘉宾遇到问题、解决问题的过程，容易获得共鸣，扩大节目的传播范围。

（六）价值观获得社会的普遍认同，能够根据市场、嘉宾、政策导向随时调整相应内容

《故事里的中国》是由中央广播电视总台推出的大型文化综艺节目，通过"戏剧+影视+综艺"的综合表达方式讲述中国故事。从第一季到第三季，节目针对市场、社会事件、社会人物、政策导向等不断调整策划主题，时刻追随时代的脚步。2019年是新中国成立70周年，《故事里的中国》第一季系统梳理和总结了新中国成立以来的现实主义题材文艺作品，挖掘经典背后的时代精神。2020年是脱贫攻坚的决胜之年，也是特殊的战"疫"之年，《故事里的中国》第二季重点关注"脱贫"和"战疫"，通过演绎黄文秀、钟南山等人物，讲述与时俱进的中国故事。2021年是中国共产党成立100周年，《故事里的中国》第三季围绕建党百年题材，走近"七一勋章"获得者瞿独伊、李宏塔等时代人物，讲述具有传承性、代表性、典型性、传播性的人物关系和时代故事。

（七）具备较高的商业变现价值

《声入人心》是湖南卫视打造的音乐类综艺节目，以古典音乐为立足点。该节目以综艺的形式拉近大众与高雅音乐的距离，通过独唱、二重唱、三重唱等形式，将音乐剧、歌剧的经典片段电视化。《声入人心》的舞台设在湖南梅溪湖国际艺术文化中心，参与节目的选手由于专业度高、颜值高、学历高，受到观众的追捧和喜爱，被亲切地称为"梅溪湖36子"。虽然最后只有小部分成员可以成为首席，获得全国巡演和发行音乐专辑的机会，但是节目结束后，"梅溪湖36子"也成为全新的、有价值的、拥有强粉丝黏度的IP。

《披荆斩棘的哥哥》是芒果TV在2021年推出的全景音乐竞演综艺节目，节目召集30多位出道多年的男性艺人，包括歌手、舞者、演员等，通过三个月的合宿培训和主题考核，最终胜出的成员组成全新男团，成团出道。在节目中，"大湾区五人组"陈小春、张智霖、谢天华、梁汉文、林晓峰人气颇高，有效圈粉，成为节目的招牌之一。芒果TV乘胜追击，契合国家建设粤港澳大湾区的时代背景，创作了全新综艺节目《大湾仔的夜》，让"大湾区五人组"合伙在广州经营港风大排档，以慢综艺的形式记录大湾仔日常营业情况等。两档节目有效地实现了粉丝流量的互相输送，最大限度地发挥了"大湾区五人组"的商业价值。

（八）超出原有预期效果

米未传媒在2021年推出的原创喜剧竞演综艺节目《一年一度喜剧大赛》成功出圈，引起热议。该节目不仅仅着眼于单一的小品或脱口秀，而是融合了素描喜剧、漫才、陷阱喜剧、默剧、物件剧等多种喜剧形式，丰富了观众对喜剧的认知。此外，节目中不为观众熟知的"新新喜剧人"和编剧们贴近当下生活，打造出一批能够引起大众共鸣的作品："大洒狗血"的《三狗直播间》为观众带来最直接的欢乐；大锁和孙天宇的《时间都去哪了》再现人们被各种社交平台束缚的现状；蒋龙和张弛打造的《最后一课》《台下十年功》《悟空》诠释了自己对于梦想的坚持。高质量的剧本、充满热情的演员、新奇的喜剧形式让《一年一度喜剧大赛》打造了超出观众预期的视听体验。

（九）团队靠谱

策划内容能够对策划结果负责，策划团队能够确保策划目标完成，策划内容确保与其他团队同步。可以将持续产出《故事里的中国》《典籍里的中国》等系列王牌IP文化类节目的央视创造传媒有限公司作为行业内部学习的案例，详加研究；而《国家宝藏》团队也是该领域的楷模。

(十)控制成本

节目规模、预算需要把控,不论是艺人选择还是内容制作,都需要根据预算进行合理评估,使策划的内容既能体现节目目的、具有艺术价值,又能将成本控制在预算之内(详见"节目成本估算"一节)。

(十一)有底线

尊重嘉宾、不自我陶醉、不内卷、不挑战人性、不突破法律政策红线、不违背公序良俗是综艺节目创作的底线。以内容为核心定位的米未传媒在其语言类节目《奇葩说》、音乐类节目《乐队的夏天》及喜剧类节目《一年一度喜剧大赛》中将尊重内容、尊重观众、尊重市场的原则贯穿始终。观众在观看节目的过程中会发现自己的选择是值得的,自己的智商是被尊重的,自己的想法是被理解及认可的。

二、好策划的简单执行法则

好策划的简单执行法则可以概括为表2-35。

表2-35 好策划的执行法则

序号	要点	法则
1	策划适当性	节目方向性是否正确
2	策划充实性	节目中实现了多少目标
3	策划独创性	是否突破已有模式
4	素材适当性	素材能否呈现主题
5	内容煽情性	是否具有煽情的内容
6	语言表现适当性	能否有效进行语言沟通、文化表达
7	非语言表现适当性	衣着、外表、肢体动作、效果等是否恰当
8	娱乐性	笑料与节目内容间是否有效融合
9	架构完整性	多个单元之间是否有机连接

续表

序号	要点	法则
10	演出阵容合理性	人物设定是否合理
11	编排独创性	整体或个别段落是否剽窃模仿其他节目
12	影像表现完整性	灯光、色彩、摄影等视听元素是否完备

❓ 本节思考题

1. 试为中央广播电视总台策划一档以科技为核心内容的综艺节目。
2. 以传统文化为核心要素,试策划一档节目并指出这档节目的角色选择依据。

第三章
综艺节目创作的四个热门元素

本章内容

本章通过对综艺节目创作过程中的竞赛、音乐、游戏、女性四个元素进行详细分析，探寻这四大元素在综艺节目中的发展历程及呈现方式，总结应用规律，并结合当前政策、案例对这四大元素在综艺节目中的应用及发展趋势作出展望。

上述四大元素在综艺节目中可能是单独出现的，也可能是组合出现的，通常音乐与竞赛元素会匹配出现，而一些爆款综艺节目往往将四大元素进行综合应用，如热播的《乘风破浪的姐姐》就集中了竞赛、音乐与女性三大元素，让关于节目的话题与争论持续不断。

第一节　竞赛元素

对于综艺节目而言，竞赛元素是观众产生观看动力和节目持续产生话题的关键元素。尤其是对于竞赛类综艺节目而言，竞赛元素是推动节目向前发展，形成叙事线索的核心元素。从参与者角度来看，竞赛最容易让全体人员参与，也最容易产生冲突，能使综艺节目具有竞争感、动力感。而对于节奏较慢的体验类综艺节目而言，简单的、具有娱乐游戏性质的竞赛元素，能够调节综艺节目的节奏，形成张弛有度的叙事张力。

一、竞赛元素在综艺节目中的应用要点

（一）赛制进程要与叙事节奏保持一致

综艺节目中的赛制进程与叙事节奏是一组具有相对关系的元素，彼此间相

互推动、相互促进。在以竞赛元素为主导的综艺节目中,赛制进程是作为主线存在的,它把控着节目本身的发展和整体的走向,是节目设置的关键组成部分。高效的赛制能令节目达到最佳收视效果。叙事节奏在竞赛类综艺节目中是作为另一重要元素而存在的,它始终与节目的赛制进程保持一致,使节目的观看感受保持和谐统一。在节目中,当赛制进程呈现出复杂性、对抗性的特征,与之相对的叙事节奏将会更紧凑;反之,较少强调赛制进程的综艺节目则有着轻慢、舒缓的叙事节奏。

以青年团训类节目《创造营》系列为例,公演前的真人秀部分往往充满了浓重的火药味。互为对手的两支队伍之间暗自较劲、互相探听对方的进度,同组的队友实则也是竞争关系,分词、抢C位、抢歌等现象屡见不鲜。节目通过凸显矛盾的剪辑策略,来营造公演前风声鹤唳、草木皆兵的氛围,在让观众更具代入感的同时也为节目制造了更多的话题(见图3-1、图3-2)。

图3-1　《创造营2020》第一次公演《招牌动作》组训练现场(图片来源:节目截图)

图3-2　《创造营2021》第二次公演分组现场(图片来源:节目截图)

（二）赛制设置要与人物需求保持一致

在偏重竞赛元素的综艺节目中，赛制设置对节目中参与竞赛的嘉宾提出了更高的要求。在湖南卫视《歌手》系列的收官之作《歌手·当打之年》中，蝉联多期节目第一名的歌手华晨宇便是符合赛制要求的人物代表。华晨宇出道于《快乐男声》，在《快乐男声》中便展现了其不俗的高音技巧和技术性唱功，在《歌手》的舞台上更是展现了其声音所具备的光泽感和穿透力，因此夺得了"歌王"称号。节目播出于新冠肺炎疫情期间，华晨宇的抗疫主题原创歌曲《你要相信这不是最后一天》成功获得大众的广泛认可。与之相反，一些偏重情感表达的舒缓慢歌却无法得到太多的反响和共鸣，走抒情路线的歌手在竞赛元素突出的节目中难有突出的表现。合适的赛制使艺人"一曲成名"有了可能性。

《明日之子》系列更是直接通过"赛道"机制，使用"厂牌"的概念，让不同能力、不同资质、不同出身的选手能够同台较量。实力唱将进入"魔音赛道"，唱作人进入"独秀赛道"，偶像和练习生进入"美颜赛道"（见图3-3）。技能的独特性使每个选手都具有一定的曝光度。在包容开放的外壳下，实际上是节目组在为选手的需求服务，这使得更多类型的选手能进入大众的视野，巧妙避免了"造星"的同质化。

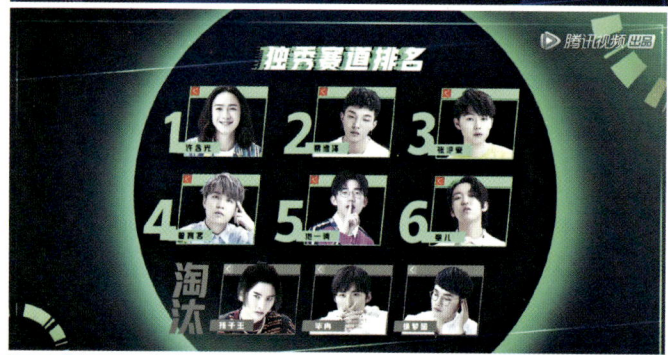
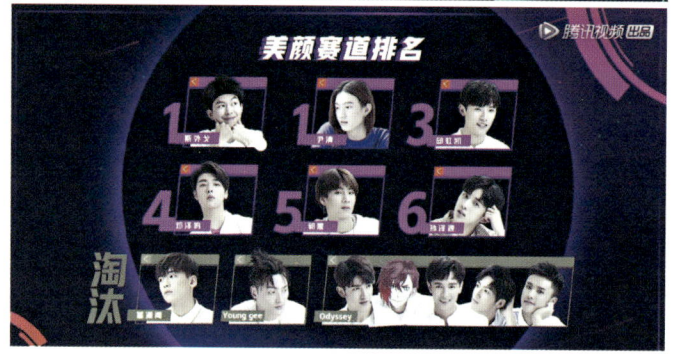

图3-3 《明日之子》各赛道选手图（图片来源：节目截图）

（三）赛制要根据节目不同阶段的诉求进行相应改变

根据上季节目反馈不断优化赛制，是以竞赛元素为主导的综艺节目应保持的不断创新进步的姿态。湖南卫视的《歌手》（2013—2016年为《我是歌手》，2017年更名为《歌手》）自2013年播出以来，时常给人耳目一新的感受，其原因之一正是节目赛制的不断更新变化。例如，为创新节目赛制，2020年播出的《歌手·当打之年》取消了以往大众熟悉的"补位赛"与"踢馆赛"，代之以奇袭赛制（见表3-1）。在竞赛类综艺节目中，赛制的设置对节目的精彩程度起着至关重要的作用，环环相扣的赛制设置不仅给参赛选手带来竞争的压力和紧张感，而且也给观众带来新鲜感和刺激感。

表3-1 《歌手》补位赛、踢馆赛、奇袭赛赛制规则

赛制	规则
补位赛	在前期的普通赛中，每轮有七名歌手参与竞演。第一轮的第一场和第二场竞演所得票数相加，总得票数最低的选手被淘汰出七人阵容（从第二轮开始计分方式发生变化，由两场票数相加改为两场票数的百分比相加，两场比赛得票百分比最少的遭淘汰），由新加入的一位歌手补位顶替。 另外，《歌手2017》设置了"双补位"：竞演每两场为一轮，每逢双期，歌手累计排名最末者被淘汰出局，而到了单期，"挑战歌手"（从未踏上过《歌手》竞演舞台的歌手）与"逆战歌手"（曾参加过《歌手》，实力超群的歌手）同时加入混战
踢馆赛	以三期为一轮，首期为七人排位赛，第二期踢馆歌手加入排位，第三期则是两场相加淘汰制。对踢馆歌手而言，只要不在第一场垫后，且在第一、二场综合排名前四位，就可以远离本轮淘汰危机。对于七位首发歌手来说，既要与同阵营的选手厮杀，又必须在踢馆歌手参战后力争上游，只有这样，才能保住席位
奇袭赛	每轮录制新增三位奇袭歌手，奇袭歌手可以在任意一位在线歌手的演唱过程中发起奇袭，进行一对一挑战，发起奇袭的该名歌手将紧随被奇袭的歌手后面演唱，演唱结束后，由现场500位大众听审电子投票，决出胜负。每场节目只有两个奇袭机会供三位奇袭歌手抢夺，先抢先得，未奇袭的歌手进入第二场竞演，无论奇袭歌手人数多少，有且只有一个奇袭机会，未能抢到奇袭机会的歌手将失去登台演唱的资格

（四）根据节目效果总结赛制合理性

注重创新的综艺节目总是不断更新节目赛制，赛制的变化与节目效果密切相关。在竞赛类综艺节目中，传统的赛制相对平淡，无法更好地吸引观众，也无法产

生太多话题。因此，竞赛类综艺节目的赛制规则正在趋于剧情化和复杂化，并出现了与以往节目不同的情况，即将节目赛制本身设置成综艺节目的看点。另外，一些综艺节目还将节目的重点从才艺展示等传统元素转向了节目中的人物关系，达到了设置悬念、增加反转的效果。节目中的人物在展示才艺的同时，各有各的人设、情节，大大增强了综艺节目的剧情性和可看性。

在哔哩哔哩自制的综艺节目《说唱新世代》中，选手们都被集中在一个固定的说唱基地，生活、比赛、创作都要在这里进行。同时，在说唱基地还设置了四个不同等级的生活区（见图3-4）。生活区唯一可以流通的货币是"哔特币"。选手们必须通过竞赛来赚取"哔特币"，如果"哔特币"用光则会遭到淘汰。这种赛制给节目带来了许多戏剧效果，如姜云升和黄子韬打赌，赚得盆满钵满，由此也引出姜云升"道士""会算命"的人设，这一人设至今仍为粉丝所津津乐道。《说唱新世代》创造了一种乌托邦式的竞技环境，选手们并不会因为输了一场竞赛而直接被淘汰，即便是即将被淘汰，也可以向别的选手借"哔特币"，由此建构了一种类似音乐社区的良性模式。每个人的创作，都是为了能继续留在这个社区中，营造了"轻竞技、重传播"的综艺氛围。

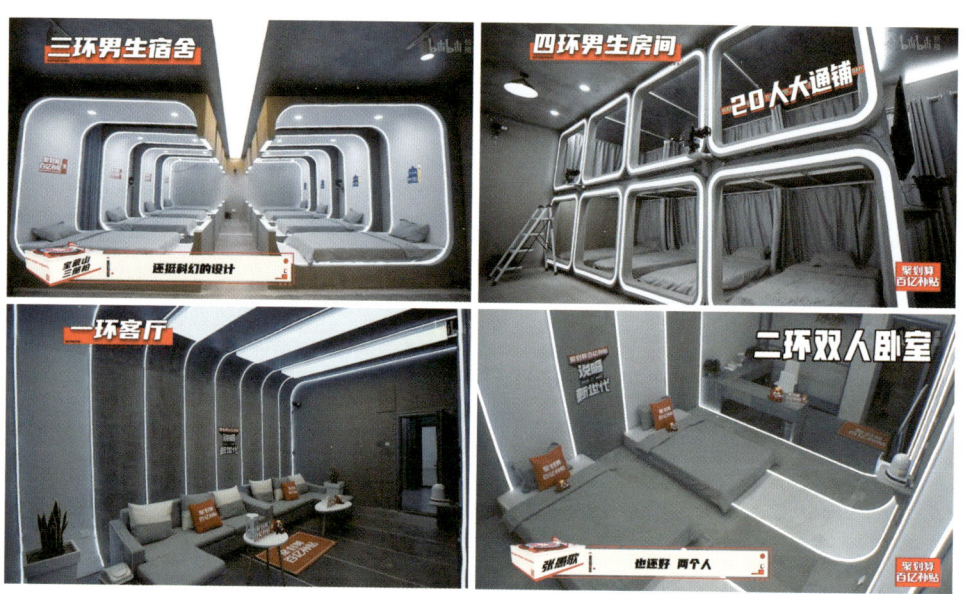

图3-4 《说唱新世代》生活区环境图（图片来源：节目截图）

二、案例分析

（一）《主持人大赛》

《主持人大赛》是中央广播电视总台成立后推出的第一个电视大赛节目，其主旨是为优秀主持人搭建展示平台，为中国广播电视事业输送主持人才（见图3-5）。在节目赛制方面，《中央广播电视总台2019主持人大赛》的初赛采用线上审核筛选与线下现场面试相结合的方式，入围的60位选手将进行四个赛段的比拼，最终角逐金奖。该届主持人大赛结合了个人特质以及选拔的专业性，将选手分为新闻和文艺两个类型进行考核。

赛制的设置是《主持人大赛》的亮点，也是其最终大获成功的原因之一。多阶段、多样化的比赛环节让观众时刻保持新奇感和悬念感。"竞技+点评"的方式一方面拉近了媒体与观众的距离；另一方面也弱化了文化说教的意味，寓教于乐，提升了传播效果，增强了观众参与感。新闻和文艺的分类机制，有利于选拔出优秀的人才，也有利于发挥个人水平，展现人格魅力，突出个人特色、节目特色和品牌特色。

第一个阶段的比赛形式主要是90秒"自我展示"，在三分钟时间内随机抽题回答。第二个阶段的比赛内容是"经典节目"实战考核。第三个阶段是"走出去"实战考核环节。在这一环节中，18名参赛选手走出演播室进行实地探访，并结合探访素材与心得进行五分钟的现场讲述。这一环节的赛程设置不仅在专业能力上全面考核了选手的脚力、眼力、脑

图3-5 《中央广播电视总台2019主持人大赛》节目海报
（图片来源：节目官方微博）

力和笔力,还为观众带来了新奇、刺激的观看感受(见图3-6、图3-7)。

《主持人大赛》虽然在赛程设置上有变化,但考核的内容大多还是即兴评述或者演讲,对选手能力进阶的考察不足,以至于选手成长曲线不明显,缺乏故事性的表达。选手实力从第一期开始就一目了然,最终的结果缺少悬念。

图3-6　《中央广播电视总台2019主持人大赛》节目现场环境(图片来源:节目截图)

图3-7　《中央广播电视总台2019主持人大赛》选手个人展示海报(图片来源:节目截图)

(二)《挑战不可能》

《挑战不可能》是中央广播电视总台央视综合频道与央视创造传媒有限公司联合制作的一档面向国内外的大型励志挑战节目,它以"刚健有为、自强不息"为精神理念,将挑战极限与时代精神相结合,展现中国人将不可能变为可能的勇气和智慧,弘扬新时代的精神(见图3-8)。《挑战不可能》自播出以来,取得了较好的收视成绩,获得了国家广播电视总局"年度广播电视创新创优节目"奖,以及亚洲-太平洋广播联盟电视娱乐节目类大奖,成为国内首个获得该项国际大奖的原创节目。

《挑战不可能》的赛制简单明了,分为常规的晋级赛和年度总决赛,挑战者可选择一个自认为非常困难、不可能完成的任务进行挑战,并由三位评委为其打分。三位评委的桌上各有两个按钮,一个是红灯的按钮,一个是绿灯的按钮。绿灯亮意味着通过挑战,红灯亮则意味着挑战失败。评委如果认为该挑战者挑战的项目非常完美,则按下绿灯按钮;如果认为挑战者挑战的项目不完美,有错误或缺陷,则按下红灯按钮。当三盏灯中有两盏灯为绿灯时,该选手可进入荣誉殿堂,参加年度挑战王的角逐。当三盏灯中有两盏灯为红灯时,则该选手挑战失败,不能进入荣誉殿堂。成功晋级的选手进行升级挑战,成功完成升级挑战的选手可参与年度挑战王的争夺,由现场观众打分,分值高的选手最终获得年度挑战王的称号,没有完成升级挑战的选手则离开《挑战不可能》的舞台(见图3-9)。

简单的赛制有利于观众把更多的注意力集中在选手及其技能上,从而更好地传达节目的理念。但传统的竞赛模式容易陷入"为了讲故事而比赛"和"谁赚的眼泪多谁容易晋级"的泥沼,不利于节目的长期发展。

图3-8 《挑战不可能》节目海报
(图片来源:节目官网)

图3-9 《挑战不可能》比赛现场（图片来源：节目截图）

（三）《中国好歌曲》

《中国好歌曲》是由中央电视台综艺频道与灿星制作团队联手推出的原创音乐真人秀节目，每季均有11期节目（见图3-10）。该节目聚焦原创作品，让音乐创作人成为主角，由四位音乐导师挑选数支金曲，收入各自制作的"原创专辑"中。第一季由刘欢、周华健、蔡健雅、杨坤担任导师；第二季由刘欢、周华健、蔡健雅、羽泉担任导师，最终杭盖乐队夺冠；第三季由刘欢、羽泉、范晓萱、陶喆担任导师，最终山人乐队夺冠。该节目于2014年1月3日起每周五19:30在中央电视台综艺频道播出。

《中国好歌曲》采用导师盲选、主打之争、年度盛典三轮竞赛模式，创新了音乐类综艺节目的赛制模式。该模式的新颖之处在于"节目与选手创作同步录制，导师和学员合辑收录优秀作品"，实现了综艺节目从选人到选曲的过渡。所以，节目中导师要结合学员的歌唱能力、原创能力、歌曲风格等进行综合评定，完成筛选。比赛在后期会精选出冠军歌手

图3-10 《中国好歌曲》节目海报
（图片来源：节目官网）

一位,其原创歌曲将被赋予"年度中国好歌曲"称号(见图3-11)。

以歌曲为聚焦点的节目在品牌效应和延伸链条上存在短板,选手参赛曲目最后会收录到导师的原创大碟里,但是这仅限于节目播出过程中,节目播完之后选手往往没有太大影响力,出现"歌红人不红"的情况。许多选手昙花一现后便销声匿迹,前台与后台、制作与传播、导师与学员之间的链条并不完善。

图3-11 《中国好歌曲》比赛现场(图片来源:节目截图)

❓ 本节思考题

1.体验类综艺节目中的赛制安排有什么功能?请举例说明。

2.试总结三套竞赛类综艺节目的赛制模板,并尝试与当前爆款综艺节目案例相结合,分析其优劣。

第二节　音乐元素

一、音乐元素在综艺节目中的发展历程

(一)原始阶段:突破晚会

国内音乐类综艺节目的起源最早可以追溯至20世纪八九十年代,那时国内的

音乐类综艺节目仍以大型晚会类节目为主,直到1984年中央电视台举办的全国青年歌手电视大奖赛(下简称青歌赛)出现,才打破了之前晚会型音乐综艺节目形式,青歌赛也成为中国音乐选秀类综艺节目的开端。

青歌赛作为弘扬民族艺术、普及音乐知识、发现和推出声乐人才、引领和推动中国声乐事业发展繁荣的重要平台,极大地满足了广大人民群众对艺术生活的需求,为中国歌坛输送了许多优秀的音乐人才。表3-2为1984—2000年青歌赛历届获奖名单。自1984年至2013年,青歌赛共举办了15届,在最初的发展阶段里,它不仅作为音乐风向标引领着中国的音乐潮流,也为大众的娱乐生活增添了浓墨重彩的一笔。

表3-2　1984—2000年青歌赛历届获奖名单

年份	届次	组别	唱法	金奖	银奖	铜奖
1984年	第一届CCTV青年歌手电视大奖赛			刘捷	关牧村 范竞马	殷秀梅 郑莉 彭丽媛
1986年	第二届CCTV青年歌手电视大奖赛	业余组	美声	崔岩光	王必主	魏松 江胜明
			民族	周小惠	刘幸福	刘燕 毕峻立
			通俗	许丽丽	谢青	孙鸣杰 王晓清
		专业组	美声	顾欣	刘跃	刘旭峰 孟新洋
			民族	彭丽媛	巴哈尔古丽	阎维文
			通俗	苏红	韦唯	王虹 毛阿敏
1988年	第三届CCTV青年歌手电视大奖赛"五洲杯"	业余组	美声	柳建平	王忠艳 陈忆	刘一平 刘向群 边湄
			民族	李凤媛	金英淑(朝鲜) 陈俊华	金锦子 贾堂霞 贾成光
			通俗	陈汝佳	魏洪 杭天琪	孙小云 胡月 姚晔
		专业组	美声	贺磊明	马梅 高栋松	齐燕 郑莉 陈素娥
			民族	阎维文	周建霞 孙丽英	鞠敬伟 余凤兰 张也
			通俗	李杰	赵新觊 安冬	肖霞 林芳 黎光
1990年	第四届CCTV青年歌手电视大奖赛"五洲杯"	业余组	美声	王忠艳	李林山 林斌 李晓霞	王常玲 李保真 柴枫 曹桂谦 沈星富
			民族	黄霞芬	吴琼 鲍容 张峰	赵秀兰 刘燕 乌力吉图(蒙古族) 王春米 张龙英

续表

年份	届次	组别	唱法	金奖	银奖	铜奖
1990年	第四届CCTV青年歌手电视大奖赛"五洲杯"	专业组	通俗	蔡红虹	郭公芳 蔡国庆 杨迎	具莲玉（朝鲜族）杨红 梦妮 李罡 陈红
			美声	刘君侠	杜吉刚 朱立群 谭明	幺红 黄英 金永哲（朝鲜族）刘淑珍 赵莉莉
			民族	万山红	刘斌 罗宁娜 张秀艳	吕继宏 刘玉婉 梦鸽 董华 宋祖英（苗族）李丹阳
			通俗	张咪	张强 朱哲琴 马李华	解晓东 姚黛玮（台联）任惠 张涓
1992年	第五届CCTV青年歌手电视大奖赛"五洲杯"	业余组	美声	陆力平	刘淑青 孙晓春 马跃	李红军 康广 高红兵 刘向群 刘站武
			民族	张娜	赵静 王咏春 范继红	张峰 王延星 王秀 杨玉梅 马峻霞
			通俗	林萍	马海云 红豆 孙莲梦	刘海波 白梅 崔京浩 张继红 翁普庆
		专业组	美声	安金玉	赵登峰 宋立忠 白萌	张礼惠
			民族	刘斌	吕继宏 魏金栋 于联华	韩延文 陈静 乌日娜 黄英 拉姆措
			通俗	江涛	陈红 范春梅 毛宁	孙悦 王智 刘晓娜 李红霞 李殊
1994年	第六届CCTV青年歌手电视大奖赛"通业杯"	业余组	美声	马丽君	慕林林 王冬梅 李宏伟	李晓霞 石诗华 刘书燕 冯爱群 刘春美
			民族	其布格米德（蒙古族）	罗勋 王咏春 吕薇	梁虎威 杨华 皮晓彩 陈贞 徐曼琳
			通俗	具莲玉（朝鲜族）	俞静 魏瑛霞 张迈	沈群 方芳 钟梅 程燕 张勇
		专业组	美声	赵登峰（水族）	金永哲（朝鲜族）吴波 冯桂荣	胡雁 宏雁 唐晓燕
			民族	肉孜·阿木提（维吾尔族）	杨九红 董华 董青（满族）	杨琼（苗族）王邵梅 李星 朱玉 黄华丽
			通俗	爱新觉罗·启迪（满族）	林依轮 陶洁 陈珠莲	廖忠 孙浩 全美华（朝鲜族）牟青 甘萍

续表

年份	届次	组别	唱法	金奖	银奖	铜奖
1996年	第七届CCTV青年歌手电视大奖赛"双汇杯"	业余组	美声	路琦	王延安 李从惠 袁桢	王咏桦 张占柱 李梅 徐凯努尔古丽(维吾尔族) 黄颢
			民族	王凤云	董晶晶 姜维明 王咏春	徐曼林 蒋玉军 刘玮 李志安 可沱泽郎金(藏族) 仲恒金
			通俗	田毅	李幸 于凤祥 宋思思	可娣娜 陈倩倩 许青 任涛 张帆 亚汉
		专业组	美声	张礼惠	张艳荣 戴玉强	曲波 王海涛 吴培 张美林 迟黎明 刘月明
			民族	方琼	乔建军 吉玲洁 孙静	达木丁(回族) 卢捷 曲冬梅 戴滨 雷桂榕 郭春梅
			通俗	满文军	刘春红 黄鹭 安红	朱晓红 王亚民 赵剑 蔡国平 张静 殷浩
1998年	第八届CCTV青年歌手电视大奖赛"大红鹰杯"	业余组	美声	李宏伟	叶巧红 高淼	张小平 王莹 辛爱萍
			民族	隋宁	李清资 岳莉	胡薇 周发猛 蔡以华
			通俗	许波	许航 王向云	李敏 刘洋 秋江
		专业组	美声	于乃久	额尔德木图(蒙古族) 郭森	张渊春 梁召今 周映辰
			民族	于丽红	谭学胜 祖海	马啸 周芳 刘迎春
			通俗	冯瑞丽	刘薇薇 李铁石	杨庆 珊瑚 任茜
2000年	第九届CCTV青年歌手电视大奖赛"步步高杯"	业余组	美声	王铁刚	贾春雷 刘媛媛	李玫 樊琳 马阿荣
			民族	樊红岩	吴春燕	张克东 温洪武 胡承忠
			通俗	倪睿思	容中尔甲(藏族) 刘小幻	肖娅娴 崔莲花(朝鲜族) 许曼筠
		专业组	美声	梁召今	王燕 和慧	严圣民 吴艳域 乌兰雪荣(蒙古族) 张惠勇四女组唱
			民族	王宏伟	黄华丽 龚琳娜	胡小娥 张小芬 麦穗
			通俗	谭晶	谷峰 萨顶顶	任真支予 郭祁

(二)高速发展：偶像至上

2000年后，音乐类综艺节目已经发展成为电视综艺节目的一大成熟门类，是电视节目重要的组成部分之一。2004年，湖南卫视播出的《超级女声》以"想唱就唱"为节目理念，引领了音乐选秀节目的潮流，真正意义上推动了行业的发展。

《超级女声》的出现掀起了一阵选秀热，一批相差无几的节目陆续涌现，如《快乐男声》《我型我秀》《加油！好男儿》《绝对唱响》等（见图3-12）。总的来说，音乐类综艺节目自2004年起迎来并经历了一段蓬勃发展的新时期。在此期间，各大头部卫视争先出台新的音乐类节目，如东方卫视于2006年制作播出的《加油，好男儿》，以选拔德才兼备的魅力男人、打造新一代时代青年形象为宗旨；天津卫视于2009年播出的《声震八方》，以"开心唱歌、勇敢挑战"为宗旨，以普通观众为参与对象，是一档唱歌比赛和游戏挑战相结合的综艺娱乐真人秀节目。

这一时期，音乐选秀节目成批量地出现，虽然节目形式略有差别，但核心内容大同小异，在节目收视效果上再无选秀节目能创造出《超级女声》式的娱乐狂欢。

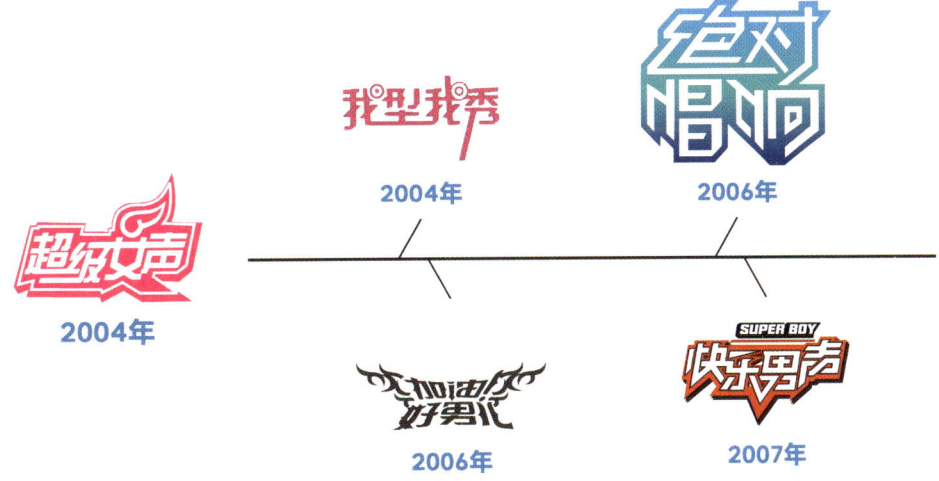

图3-12 受《超级女声》影响而诞生的选秀节目

(三)回归本位：音乐内核

1. 经典案例回溯

2012年，浙江卫视《中国好声音》的问世标志着音乐类综艺节目回归音乐本位，以音乐本身为核心元素。《中国好声音》的原版是《荷兰之声》(*The Voice of Holland*)。《中国好声音》的出现提升了现象级综艺节目的水准，引领了全民选秀的风潮，节目真正做到了以"声音"为本位，导师对学员的评判标准只有"声音"这一条，同时提出了"双选"这一新颖的概念，突破了传统选秀节目中只有评委有资格选择选手的形式。2013年，湖南卫视开播的《我是歌手》打破了之前以挖掘后起之秀为目的的音乐类综艺节目的常规，让成名歌手同台竞技。这两档经典的以音乐为本的综艺节目推动音乐类综艺节目再一次集中爆发，湖南卫视的《中国最强音》、东方卫视的《中国梦之声》、江苏卫视的《全能星战》、湖北卫视的《我的中国星》等多档音乐类综艺节目在2013年暑期档不断涌现。

2. 节目类型划分

音乐类综艺节目虽然在整体上呈现周期性起落的趋势，但它始终是电视综艺市场中最重要的内容板块。2012年《中国好声音》热播后，中国的音乐类综艺节目迎来了新一轮的发展高潮，大体上出现了两类节目，一类是以2013年改版升级的《星光大道》为代表的自主创新型节目，另一类是受到《中国好声音》启发，走海外版权引进道路的节目。

(1)自主创新类

自主创新类节目以2013年改版升级的《星光大道》最具代表性，升级后的节目在舞台效果、选手水准、评委阵容等多方面都获得了提升和加强。节目坚持以"百姓舞台"为宗旨，力求为全国各地各行各业的普通劳动者提供一个放声歌唱、展现自我才华的舞台，这也是他们实现自己梦想的舞台。《星光大道》的表达方式和节目效果相较其他音乐类综艺节目而言更加贴近百姓的日常生活，因此颇受中老年观众的喜爱。另一档值得一提的节目是2014年在央视综艺频道播出的原创音乐真人秀节目《中国好歌曲》，节目聚焦原创作品，自主研发节目模式，旨在打造中国最大的原创作品展示平台。节目的出现也为华语乐坛带来了许多新生的创作力量和优质的音乐作品。

(2)引进版权类

同《中国好声音》版权引进模式一样,2013年,音乐竞技节目《我是歌手》第一季在湖南卫视制作播出,该节目从韩国MBC电视台引进版权,打破了从前以挖掘后起之秀为目的的音乐类综艺节目的常规,而是让成名歌手同台竞技。《我是歌手》并未对歌手人生故事进行大肆渲染,而是将歌手间的竞演作为节目的内核和呈现的重心,单纯地向观众展现优质的音乐作品和盛大的舞台效果。继《中国好声音》的成功之后,《我是歌手》的出现使引进海外成熟节目模式再次成为潮流,各大卫视争相引进国外成熟的节目模式,如江苏卫视从韩国MBC电视台引进《蒙面歌王》,湖南卫视的《中国最强音》原版节目来自 X-FACTOR,等等(见图3-13)。

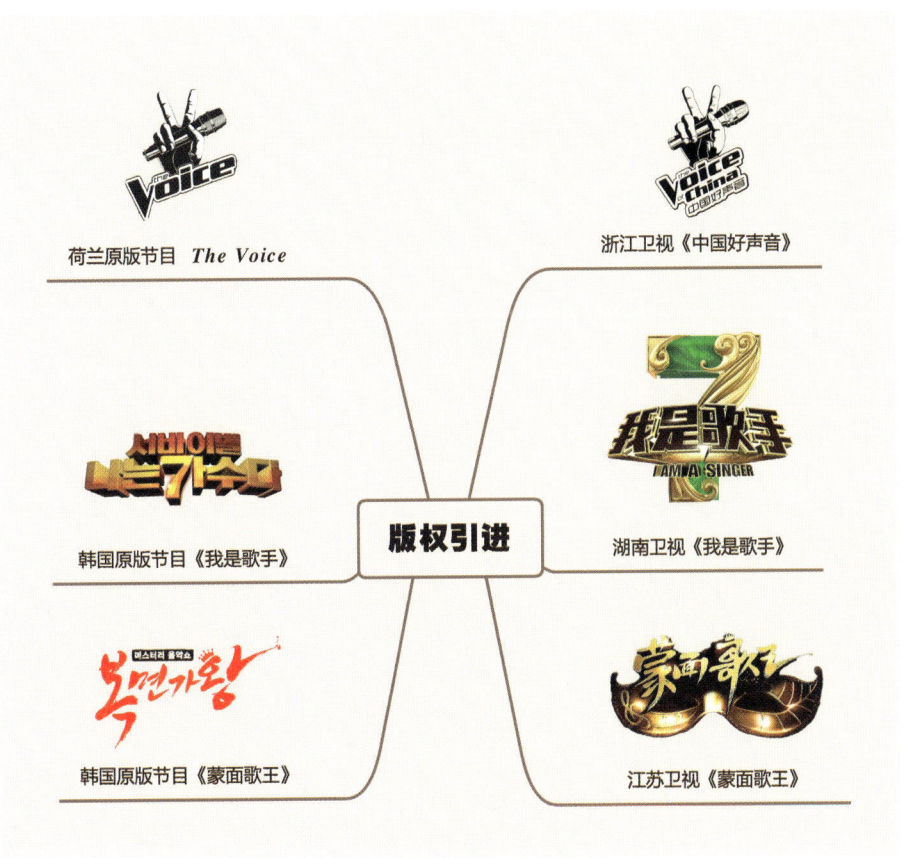

图3-13 版权引进类音乐综艺节目代表作

3. 问题及对策

(1) 内容导向问题

音乐类综艺节目在蓬勃发展的过程中，也不免出现"只顾数量，不重质量"等亟待解决的问题。针对音乐类综艺节目发展过程中出现的不良现象，原国家新闻出版广电总局于2013年发布"限歌令"，对歌唱节目"铺张奢华"，节目中导师过度宣扬自我，各大卫视缺乏创新、跟风引进等问题进行限制和调控，音乐类综艺节目存在的问题开始好转。政策调控后的音乐类综艺节目剔除了"作秀"感，总体上回归音乐的本质，一些跟风出现的选秀类音乐综艺节目也在政策出台后同比减少。

(2) 原创动力不足问题

引进海外成熟节目模式的现象不仅出现在音乐类综艺节目中，而且涉及各大卫视的各类节目，因此，单纯依靠引进、缺乏创新的弊病在各类节目中都存在。面对原创节目匮乏的局面，广电总局在2016年下发了《关于大力推动广播电视节目自主创新工作的通知》（俗称"限模令"），就引进模式管理、"920"时段编排、扶持政策等作了进一步规范，要求大力推动广播电视节目自主创新。

为响应广电总局"限模令"的最新要求，各综艺节目力求在原有基础上创新，实现节目的改版升级。2016年，《中国好声音》更名为《中国新歌声》，采取全新的导师战车形式，实现了赛制升级，开启了国外引进模式再升级的尝试。江苏卫视的《蒙面唱将猜猜猜》由《蒙面歌王》升级而来，该节目对面具进行了重新设计，在节目设置上弱化了版权引进的痕迹，歌手身份竞猜和音乐元素的加重也大大提升了观众观看节目的兴趣。

"限模令"的发布，在很大程度上改变了音乐类综艺节目的发展方向和电视综艺的整体生态环境。仅在2016年一年中便涌现出多档探索原创节目模式的音乐类综艺节目，如湖南卫视推出的互动音乐综艺节目《我想和你唱》，以素人和知名歌手合唱的节目形式探索原创之路，收视效果颇佳；北京卫视推出的《跨界歌王》是一档明星跨界音乐真人秀节目，"音乐+跨界明星"的全新形式带来不同于往常的混搭惊喜；东方卫视原创的《天籁之战》以音乐挑战为主要模式，采用"音乐+明星素人PK战"的对抗挑战模式，为素人歌者提供了向明星发起挑战的机会。

2017年出现了一系列更加注重创新形态的原创音乐类综艺节目,如《围炉音乐会》以"温暖"为核心理念,不采用常规的音乐"竞演"模式,节目在专注于精致编曲和纯粹演唱的基础上,拓展音乐节目的视野,充实节目的内容,丰富节目的情感,诠释了"总会有首歌,温暖你世界"的节目主题;《金曲捞》区别于选秀、竞技类节目,节目的主旨以及节目的切入点为"打捞蒙尘金曲";《耳畔中国》致力于传承和发扬优质中国风音乐,发掘优秀民族歌者。总的来说,多档原创及创新节目的出现为陷入瓶颈期的音乐综艺市场提供了全新的思维模式和发展方向,也为观众带来了全新视角,在市场期待和政策推动的共同作用下,音乐类综艺节目开始驶入节目创新的快车道。

(四)面临瓶颈:强化综艺

1.现象描述:音乐元素逐渐淡化

音乐类综艺节目前后经历了以素人选秀为主要呈现形式的1.0时代,以职业歌手竞演为主的2.0时代以及综艺元素与音乐元素结合而成的3.0时代,在每一个时期的发展过程中,音乐类综艺节目都因类型雷同、资源不足等问题经历了由井喷到瓶颈的过程(见图3-14)。从素人选秀时代的代表《超级女声》,到明星竞演时代的代表《我是歌手》,音乐类综艺节目在发展过程中出现音乐元素逐渐递减的趋势,许多以音乐为初衷的节目的综艺元素逐年增加,出现了结合悬疑推理、素人比拼、歌唱对决等元素的音乐悬疑推理节目《谁是大歌神》;兼具歌唱、跳舞,更符合年轻人审美需求的成长类节目《燃烧吧少年》《加油!美少女》;注重更多音乐元素与综艺游戏之间环节设置的音乐游戏节目《偶滴歌神啊》《歌手是谁》。

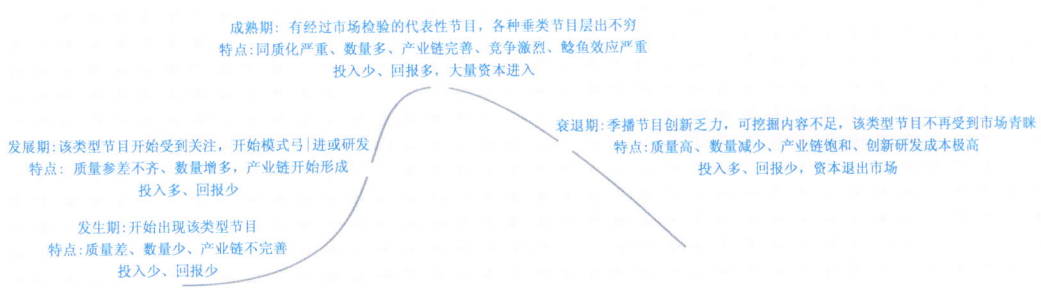

图3-14 同类型节目发展周期规律

2.原因分析及对策

造成上述现象的原因主要包括：歌手、歌曲资源紧缺，多档节目出现"撞嘉宾"的现象；老牌歌手翻唱旧歌，转型为综艺咖大把捞金；节目本身的造星能力下滑，新生代歌手越来越难崭露头角等。这使得音乐类综艺节目不但没有让音乐产业焕发生机，反而变成音乐产业的消耗品。

（1）资源短缺

不论处于哪段发展时期，同类型的节目总是集中出现，节目数量的增多使得市场竞争越发激烈，然而，优质歌手和优质作品始终是节目的紧缺资源，这导致节目嘉宾、歌曲"扎堆出现"，经常遇到多家卫视的多档节目邀请相似嘉宾、演唱相同曲目的情况。音乐类综艺节目每一次数量上的增多也带来扎堆制作、同质化严重的问题，但在节目呈现上却再难达到《超级女声》《中国好声音》《我是歌手》等节目的"现象级"效果。

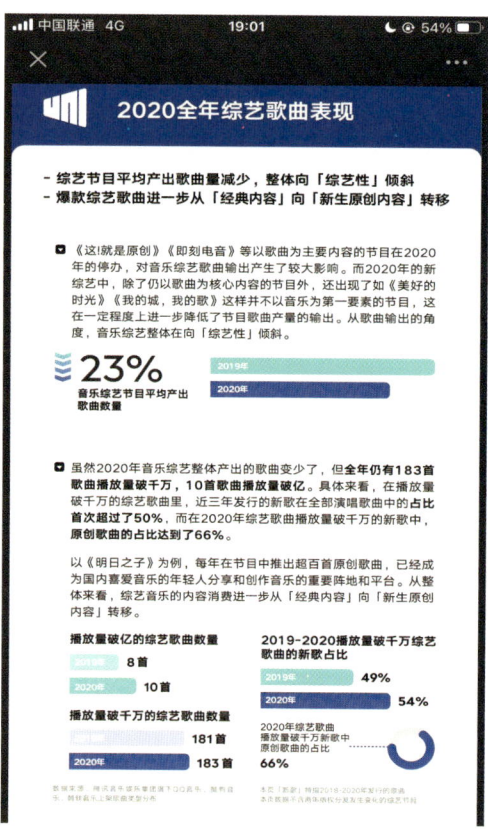

图3-15 由你音乐榜《2020年华语数字音乐年度白皮书》（图片来源：腾讯音乐由你榜官方微博）

根据由你音乐研究院发布的《2020年华语数字音乐年度白皮书》，2020年音乐类综艺节目总量略有增长，但综艺节目平均年产出歌曲数量却减少23%，各大平台纷纷转型内容更为细分的垂类节目（见图3-15）。

（2）造星能力下降

当下的音乐类综艺节目在造星能力上相较之前的现象级综艺节目也有所下降，新生代歌手越来越难通过参加节目一举成名（见图3-16），还有一些节目为了提高收视率，邀请老牌歌手加入，以歌曲翻唱、改编老歌作为节目噱头，使得音乐作品缺乏原创动力，无法获得观众的青睐。

音乐类综艺节目不在节目样式上拓展的行为不但无法使音乐产业焕发生机，反而会变成音乐产业的消耗品，只有在现有基础上不断丰富节目形态，探索差异化路线，对音乐内涵进行深度挖掘，才能突破瓶颈，实现音乐节目再一次跨越式的发展。

图3-16　由你音乐榜2021年度歌手和十大唱作单曲中已没有音乐类综艺节目选手的一席之地（图片来源：腾讯音乐由你榜官方微博）

（五）媒介融合时代下的综N代

1.现象描述：多元复合

近年来，传统电视媒体越来越受到依托互联网兴起的新媒体的冲击，电视媒体的内容生产、内容传播以及受众接收方式也在发生翻天覆地的变化。在媒介融合时代背景下，"媒介+艺术融合"的形式应运而生，传统电视媒体借助融媒体实现了转型发展。媒介融合时代的传统媒体在运作机制、播出方式以及播出内容方面都发生了巨大变化。

为顺应新媒体发展趋势，传统电视综艺节目已经不仅仅局限于电视平台，多档音乐类综艺节目顺势打造了社交媒体上的互动平台，促成"台网联动"的新模式，拓展了原有的播出渠道，较好地适应了新旧媒介融合的大背景，同时也提升了自身的品牌与门户优势。早期的电视节目通常由上星卫视播出，而如今顺应时代变化的电视节目打通网络播出渠道，实现了台网联播、先台后网，甚至一些节目采用了先网后台的创新模式，或是从电视端转移到网络端，比如《快乐男声2017》就由台综转为网综。同属于湖南广电的湖南卫视与芒果TV便是"台网联动"模式的成功案例，湖南卫视作为传统电视节目平台，与移动电视客户端芒果TV相互依存，同时满足和服务于电视端和互联网端的受众群体，实现了"一体两翼"。

为顺应新媒体的发展趋势，中央广播电视总台基于5G+4K/8K+AI等新技术，在2019年推出了中国首个国家级5G新媒体平台——"央视频"，这也是主流媒体首个综合性新媒体平台。

依托总台的原生视频基因与技术储备，央视频提出"作品+产品"双品发展战略，以进一步深化媒体融合的探索，进一步释放平台整体的增长势能，期望给视频行业的增量价值挖掘带来新的启发。依托于总台强大的内容资源，《故事里的中国》《典籍里的中国》《经典咏流传》《国家宝藏》《中国考古大会》等大屏节目在央视频同步播出。

在原创节目端，2021年欧洲杯期间，央视频联合CCTV-5推出足球知识竞技体验真人秀《谁是超级球迷》（见图3-17）；8月，央视频推出网络综艺节目《央young之夏》（见图3-18），节目邀请总台40余位知名主持人进行才艺比拼，诠释新国风，"总台主持人神仙合奏""爷童回"等多个关键词火热出圈，收获全网180多个热搜,实时直播端内播放量达6000余万次,相关话题总阅读量超过30亿次。央视频以原创精品找到了与年轻观众对话的方式,以系列化IP的方式提升了整体影响力。作为"央young"系列新作,《冬日暖央young》也随着冬奥临近上线开播(见图3-19),新节目继续保持有梗有趣的年轻化语态,在延续总台融媒体的开放姿态的同时,进一步探索与更多品牌和内容共创的模式,首播就取得59次登上全网热搜热榜和斩获3亿以上话题讨论量的亮眼成绩。节目通过增加特色冰雪赛事,多角度、多样化地将冬奥元素融入综艺节目,增强了观众对冬奥的亲近感。

图3-17　《谁是超级球迷》节目海报(图片来源:节目官网)

图3-18　《央young之夏》节目海报(图片来源:节目官网)

图3-19 《冬日暖央young》节目海报（图片来源：节目官方微博）

可以看到，作为视频"国家队"，央视频始终保持了议题上的引领性与原创精品的品质感，内容优势得到进一步释放。

2.问题分析：跟风复制

以2017年至2018年的音乐综艺节目为转折点，以《中国好声音》为代表的传统爆款音乐类综N代节目渐渐呈现疲软态势，节目内容、形式较从前没有明显的创新突破，播出期间的话题度和影响力也大不如前。图3-20为受《中国好声音》影响的同类音乐综艺节目。此外，在音乐类综艺节目中出现的音乐人和音乐作品相比从前，总体音乐素质和音乐质量较低。大部分节目都以导师和学员的设定进行呈现，这就要求导师自身具备足够的实力和能力，能令学员和观众信服，然而兼具流量和实力的音乐人数量相对有限，因此便出现了许多导师实力不足、多档节目导师"撞车"等难以解决的问题。

伴随着网络平台上新型垂类节目形式的不断涌现，人们的注意力成为稀缺资源，受众对于娱乐内容的选择广泛多样。因此，无论是对原有传统综艺节目，还是对新涌现的节目形式而言，节目的内容和质量都面临更高的创作要求和行业标准。而就音乐类综合节目的现状而言，大批同类节目扎堆涌现，复制式的制作方式使节目缺少应有的创新思考，导致总体节目质量偏低。

图3-20 受《中国好声音》影响的代表性节目

3.突围方式：垂直深耕

2017年，超级网综《中国有嘻哈》的出现，标志着市场进入"超级网综时代"，多档爆款综艺节目涌现，从《创造101》《明日之子》，到《幻乐之城》《跨界歌王》等，都是在模式上进行了迭代的音乐节目。在内容上，既有传统的选秀竞演类节目留存，也有聚焦小众文化的垂直细分类节目涌现，类型丰富多样。

《中国有嘻哈》（2018年更名为《中国新说唱》）是一档由爱奇艺自制的嘻哈音乐选秀节目，也是开启"超级网综时代"的代表性节目。节目播出期间在话题度和影响力方面的成功说明，融合媒体的高速发展拓展了综艺节目的策划空间。自此，多档爆款网络综艺节目涌现出来，掀起网综热潮，《创造101》《明日之子》等节目再一次把选秀推向高潮，也让2018年成为综艺节目"偶像元年"。这几档节目在造星能力、运营模式上实现了突破，在选拔机制上，节目把最终的票选权交给全民制作人，运营商通过粉丝病毒式营销，使新生代偶像获得流量和商业价值上的迅速提升，节目播出后达到突破小众圈层的效果，成为热播节目。

此外，伴随各大视频平台的崛起，多档聚焦小众文化的垂直细分类节目陆续出现。这些节目在表现出极强原创能力的同时打破了圈层界限，如街舞选拔节目

《这！就是街舞》和街舞团队作战节目《热血街舞团》，铁甲格斗节目《这！就是铁甲》和《机器人争霸》，将说唱、街舞、机器人等小众圈层拓展到全民认知的范围。这些节目充分展现街舞、机器人等小众文化的专业性，除了为观众呈现精彩表演，还选取兼具实力和流量的明星导师进行细致的解说和科普，引导大众注意到这些优质小众文化，最终打破欣赏壁垒。

总体来说，在"媒介+艺术融合"的热潮下，越来越多的网络综艺节目涌现，其制作规模、播出内容等都有着一定的质量保证，视频网站、电视台、制作公司三方联合出品的节目制作方式正走向常态化，既有在传统模式基础上创新而成的选秀竞演类节目留存，也有聚焦小众文化的垂直细分类节目大批涌现，节目内容呈现丰富多样的态势。

二、音乐在综艺节目中的特征呈现

（一）垂直题材聚焦

伴随着主流的音乐用户群体逐渐趋向年轻化、潮流化，许多曾经的"爆款"音乐综艺节目已不受追捧，新兴节目也开始摒弃从前求大求全的发展策略，取而代之的是针对某一类型进行细分开拓，在不同潮流、不同类型的音乐中寻找其对应的受众群体，进行精准定位。这些新兴节目通过对差异化、个性化的陌生内容进行熟悉化呈现，将曾经只属于小众圈层的民谣、电子、二次元、古风等多种元素带入更多受众视线中，并实现"破圈"发展。这类垂直类音乐综艺节目，在打破大众和小众之间的界限的同时，也让新鲜内容有了更为持久的生命力。

1. 文化类音乐综艺节目

近年来，以中央广播电视总台为代表的各大电视台推出了多档垂直细分的原创音乐综艺节目。央视综合频道在2018年推出了原创音乐文化节目《经典咏流传》，以"和诗以歌"为主题，将古诗词配以流行音乐元素，形式极具现代感，播出后受到广泛好评（见图3-21）。另外，节目专注于传承古诗词文化这一特点，充分表现了其对垂直内容的精耕细作，在坚守品质的基础上实现了从"垂直"出发到"广普"受众的效果。《经典咏流传》通过以流行歌曲演绎中国传统诗词的形式，将传统文化与流行音乐进行有机结合，使观众更容易感受传统文化，也为流行音乐增加了文化底蕴和文化厚度。

2. 成长类音乐综艺节目

除传统电视媒体以外，网络综艺节目也积极利用其依托新媒体平台而独具的创新属性，在节目的题材和具体类型上进行垂直细分、跨界融合，探索音乐节目的新边界与更多可能性。2018年被称为"国内成长类综艺节目元年"，爱奇艺推出《偶像练习生》、腾讯视频推出《创造101》（见表3-3），而后在选秀高潮下陆续出现了《以团之名》《青春有你》《创造营2019》等多个成长类音乐节目。

2018年，网络综艺领域竞秀成长类节目刮起了"新风潮"，在竞技、选秀的基础上，部分节目更加突出"成长"概念。全年共上线竞秀成长类节目41档，其中原始节目25档，多版本节目10档，衍生节目6档。

表3-3　2018年部分成长类音乐综艺节目

序号（按拼音排序）	节目名称	播出平台
1	《潮音战纪》	腾讯网
2	《创造101》	腾讯网
3	《哥哥别闹啦》	芒果TV
4	《明日之子》第二季	腾讯网
5	《偶像练习生》	爱奇艺
6	《热血街舞团》	爱奇艺
7	《这！就是歌唱·对唱季》	优酷网
8	《这！就是街舞》	优酷网
9	《中国新说唱》	爱奇艺

数据来源：国家广播电视总局监管中心，年度计算区间为前一年10月16日至当年10月15日。

图3-21　《经典咏流传》节目播放效果
（图片来源：节目官网）

3. 乐队、电音等原创类音乐综艺节目

2019年，爱奇艺出品了原创音乐节目《乐队的夏天》，节目以"乐队现场表演"为主题，在节目形式上实现了在"乐队"这一垂直领域的深入拓展，在节目收视效果上实现了"小众乐迷"到"大众狂欢"，在坚持音乐品质的基础上实现了"音乐+"的创意落点。2020年第三季度，《明日之子》第四季推出"乐团季"，携手《乐队的夏天》将"乐队"这一题材的热度推到顶峰（见图3-22）；《盖世英雄》《即刻电音》等电子音乐节目，以"电音"为主题元素，选拔电音作品和电子音乐人，曾经的小众音乐也成为当下更多观众的爱好。

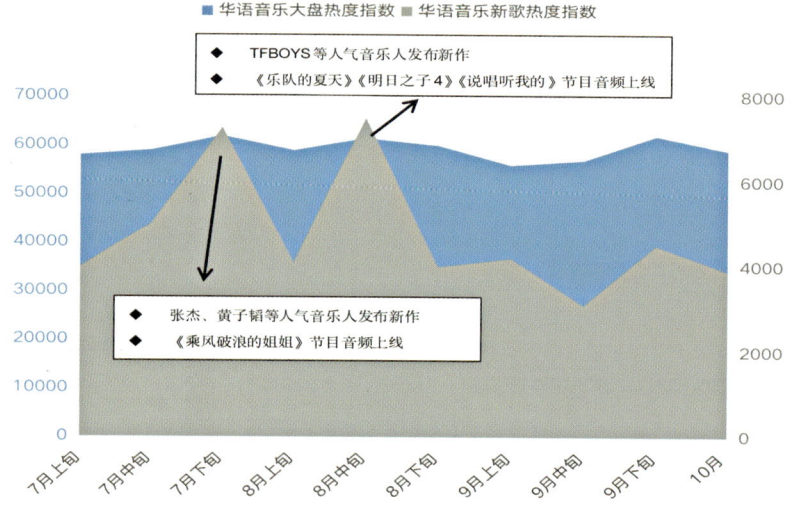

图3-22　2020年Q3华语音乐大盘热度指数、新歌热度指数趋势（图片来源：由你音乐研究院）

4. 其他垂直类音乐综艺节目

回归到音乐和旅行本质的《唱给世界听》、在实现诗歌和音乐结合方面着力探索的《中国好诗歌》《诗乐远方》，积极尝试着将旅行、诗歌融入音乐的创新形式；在《这！就是原创》中，演奏形式、歌曲创作等都实现了传统基础上的创新，节目创造性地将中国传统乐器"中阮"、非遗"女书"、古诗词《离骚》等传统文化元素加入不同的艺术表现形式中，将历史上的音乐之美、文化之美传递给观众。表3-4为2018—2021年各平台播出的音乐综艺节目。

表3-4 2018—2021年各平台播出的音乐综艺节目

播出平台		2021年		2020年		2019年		2018年	
		节目名称	节目类型	节目名称	节目类型	节目名称	节目类型	节目名称	节目类型
电视平台	北京卫视	《最美中轴线》	文化音乐竞演真人秀	《跨界歌王》第五季	明星跨界音乐真人秀	《声音的抉择》	原创音乐服务类节目		
						《中歌会》	音乐赛事节目		
	东方卫视	《中国梦之声·我们的歌》第三季	音乐综艺节目						
		《心动的声音》	音乐交友节目						
		《小镇歌王》	户外音乐真人秀						
		《东方风云榜·闪电咖啡馆》	场景式音乐真人秀						
		《一路唱响》	音乐旅行综艺节目						
		《追光吧!》	主题音乐竞演真人秀						
		《金曲青春》	音乐厂牌对抗秀						
	湖南卫视	《谁是宝藏歌手》	新世代音乐演出生态秀	《歌手·当打之年》	音乐竞技类节目	《声入人心》第二季	声乐竞演节目	《幻乐之城》	音乐创演秀
		《时光音乐会》	户外音乐综艺节目	《嗨唱转起来》第二季	音乐综艺互动秀	《时光的旋律》	音乐纪录片	《我想和你唱》第三季	互动音乐综艺节目
	浙江卫视	《中国好声音2021》	专业音乐评论节目	《美好的时光》	音乐旅行节目	《音乐合伙人》	音乐互动节目	《梦想的声音》第三季	音乐竞技真人秀
		《天赐的声音》第二季	音乐竞技类节目	《新声请指教》	音乐教育实践节目	《蒙面唱将猜猜猜》第四季	音乐竞猜真人秀	《异口同声》	音乐猜评推理节目
		《为歌而赞》	跨屏互动音乐综艺节目						
		《闪光的乐队》	音乐社交类乐队节目						
	江苏卫视	《中国原创季》	原创音乐服务类节目	《我们的乐队》	音乐真人秀	《音浪合伙人》	明星素人公演舞台真人秀	《无限歌谣季》	音乐唱作真人秀
		《我们对唱吧》	音乐社交类实境真人秀						

续表

播出平台		2021年		2020年		2019年		2018年	
		节目名称	节目类型	节目名称	节目类型	节目名称	节目类型	节目名称	节目类型
网络平台	爱奇艺	《青春有你》第三季	偶像竞演成长类真人秀	《中国新说唱2020》	华语说唱音乐	《唱给世界听》	音乐真人秀	《偶像练习生》	偶像竞演成长类真人秀
		《少年说唱企划》	中文说唱创新行业观察节目	《乐队的夏天》第二季	乐队音乐综艺节目			《国风美少年》	国风文化创新推广唱演秀
		《爆裂舞台》	女性音乐人竞演真人秀	《我是唱作人》第二季	唱作挑战节目			《中国音乐公告牌》	打歌类真人音乐舞台秀
		《一周的说唱歌手》	说唱音乐通告类节目						
		《围炉音乐会2021》	主题音乐会节目						
	优酷	《草莓星球来的人》	户外音乐竞演真人秀	《宇宙打歌中心》	阵营对抗类音乐节目	《以团之名》	艺术研修教育类节目	《这！就是对唱》	音乐对唱剧情式真人秀
		《中国潮音》	国潮音乐竞演真人秀	《街头音浪》	城市唱游音乐节目	《一起乐队吧》	乐队成长类综艺节目	《金曲捞之挑战主打歌》	音乐类综艺节目
						《这！就是原创》	音乐人竞技成长秀		
	腾讯视频	《黑怕女孩》	女性音乐竞演真人秀	《创造营2020》	女团成长节目	《知遇之城》	音乐创旅真人秀	《创造101》	女团青春成长节目
		《明日创作计划》	原创音乐创作人才成长类节目	《明日之子》第四季	新生代乐团选拔节目			《即刻电音》	电子音乐制作人竞演节目
		《创造营2021》	男团成长节目	《炙热的我们》	音乐团体竞演节目				
		《中国这么美》	治愈系音乐慢综艺						
	芒果TV	《乘风破浪的姐姐》第二季	女性励志综艺节目	《姐姐的爱乐之程》	音乐旅行综艺节目				
		《说唱听我的》第二季	说唱音乐综艺节目						
		《披荆斩棘的哥哥》	全景音乐竞演节目						
	哔哩哔哩	《我的音乐你听吗》	原创音乐综艺节目	《说唱新世代》	说唱音乐综艺节目				

(二) 表达空间拓展

市场需求以及大众审美能力的不断提高，促使音乐类综艺节目形式不断创新，逐渐催生出更多的独具特色的节目形式。以"音乐+"为模式的节目，如音乐+文化、音乐+旅行等，在大屏和小屏上创造了多个收视热点。借助各种辅助元素，仅依赖听觉的音乐得到可视化的呈现，多档音乐类节目的表达空间得以拓展，丰富的节目形态使节目类型的外延得到延伸。

在拓展表达空间方面，湖南卫视积极创新节目类型，推出以"音乐互动"为核心的综艺节目《我想和你唱》，将音乐叙事和情景表演相结合的《幻乐之城》（见图3-23），以音乐表演为主要形式打造沉浸式的观演舞台；网络平台中，腾讯视频推出《明日之子》，以打造未来音乐榜样为目标，致力于挖掘、寻找具有本土原生力、表达力和创造力的青年音乐人。无论是大屏的《我想和你唱》，还是小屏的《明日之子》，越来越多的节目借助音乐本体，以潜移默化的方式引领着观众的音乐审美和价值取向。2016年湖南卫视播出的以明星、素人互动为节目特点的《我想和你唱》，以及2018年江苏卫视推出的《嗨！唱起来》等节目都不约而同地主打与观众的欢唱性和互动感（见图3-24）。另外，湖南卫视推出的《嗨唱转起来》和爱奇艺出品的《乐队的夏天》，都在节目中提升了观众的地位，观众的投票决定着乐队能否晋级下一赛段；《合唱吧！300》也以歌手与乐迷合作演绎音乐的形式让乐迷成为舞台的主角之一。音乐类综艺节目在卫视平台和网络平台上都积极创新、拓展着节目的表达空间，通过表达空间的拓展，从各个方面提升观众的参与感，以此来收获节目热度与关注度。

图3-23 《幻乐之城》中易烊千玺在沉浸式舞台氛围中唱演作品《对不起》（图片来源：节目截图）

图3-24 《合唱吧！300》中毛不易与乐迷合作演绎作品《消愁》（图片来源：节目截图）

三、音乐类综艺节目的问题及不足

融合媒体的时代背景为音乐类综艺节目的制作与传播提供了极大的便利，但也不可避免地出现了许多问题，如节目艺术价值弱化、节目中过度作秀、公平性存疑、同质化严重等，只有逐一进行修正才能实现全行业节目制作水平的提高。

（一）艺术价值弱化

受商业利益驱使，一些音乐类综艺节目出现了削弱艺术价值的现象，在唯流量、唯收视率的浪潮中，不免走上了迎合观众的商业化道路。湖南卫视的音乐竞技节目《歌手》（原名《我是歌手》）一直主打专业实力歌手间的同台比拼，但节目自播出以来始终存在"炫技和飙高音才能获胜"的问题，被观众诟病成一个"高音竞技节目"。节目中往往飙高音的歌手才能获得高票数这一情况导致节目走偏，整体艺术性被削弱。曾经被称为爆款音乐综艺节目的《中国好声音》，近年来尽管在节目形式和导师阵容上做出了创新探索，比如将经典的"转椅"改为"滑道"，但节目的主体内容、选手的表现以及作品的呈现却少有经典出现，这也使节目的专业性和艺术性遭到质疑，没有"好声音"的节目再难受到观众的认可和追捧。

（二）节目过度作秀

2018年被称为"国内成长类综艺节目元年"，成长类音乐综艺节目成为网络综艺节目的主体。成长类音乐综艺节目不仅要呈现选手的舞台表演，还要展示选手的生活场景，使观众可以看到选手在竞赛中的成长过程。其他类型的音乐综艺节目也同样加大了节目"真人秀"部分的比重，导致节目中音乐本体内容遭到削减，节目的初衷导向错位，节目的重点由展示音乐转向过度依赖作秀吸引观众眼球。

2019年播出的《以团之名》《青春有你》两档成长类音乐节目，虽然形式上仍沿袭了上一年的《偶像练习生》和《创造101》的主体赛制，但火爆程度上却不比之前。成长类综艺节目的热度退减，说明了依靠作秀并不能持续获得观众的青睐，只有对音乐本体内容进行创新呈现才能保有持久生命力。爱奇艺出品的原创音乐综艺节目《乐队的夏天》在2019年暑期档成为年轻观众热议的话题，该节目专注于呈现乐队文化以及原创音乐的魅力与创造力，不仅达到突破圈层文化的效果，还收获了广泛好评。这证明，只有坚持节目中音乐的专业性和艺术性才能保持节目的品质和格调。

（三）公平性存疑

目前，音乐综艺节目市场上仍存在关于公平性的争议，尤其是在选秀类音乐节目中，由于赛制流程的操作机制不够完善，选拔结果经常备受争议。芒果TV播出的《我们的乐队》是一档乐队选秀节目，经过层层选拔决出一支乐队最终出道。然而，节目自开播以来就被质疑规则对选手不公平，这也是因为节目赛程设置不够完善。当前我国音乐综艺节目市场上的大部分选秀节目，既要考虑节目的专业性，又要符合大众期望，然而普通观众的审美未必可以达到专业水平，因此常出现选手成绩与实力不符的情况，引发争议。在《我们的乐队》《青春有你》《创造营》等多档选秀类节目中都有公平性存疑的问题出现，因此对导师特权、专业人士投票、大众投票等多方面的比重设计应当更加科学完善，音乐综艺节目的赛制也应作为重要的节目呈现主体来进行严谨设计。

（四）同质化现象严重

在近几年的台网综艺节目布局上，音乐类节目始终是主体类型。然而，伴随着音乐类综艺节目数量的增多，同质化现象越来越严重并成为无法避免的问题，内容相似、题材撞车现象在音乐类综艺节目中频频出现（见图3-25）。浙江卫视《梦想的声音》、东方卫视《天籁之战》和江苏卫视《更好的声音》的创意都来自韩国SBS的《Vocal战争：神的声音》，国内这三档节目也无一例外地以明星与素人对抗作为节目形式,且采用同样的节目模式。爱奇艺的《偶像练习生》与韩国Mnet电视台推出的偶像成长类节目 Produce 101 在模式、赛程设置等各方面都雷同,从节目整体舞台效果、练习生在节目中的站位,以及演出服饰上都能找到模仿的痕迹(见图3-26)。音乐类综艺节目机制不健全、创新性不足导致同质化问题突出。此外,在音乐综艺节目市场中,流量艺人、歌手轮番出现在头部卫视的几档节目中,当红歌手和经典歌曲扎堆出现,新鲜的具有创造力的作品和内容却少之又少,导致观众在观看节目时逐渐产生大同小异的负面感受。节目千篇一律已成为目前音乐类综艺节目亟待解决的问题。

图3-25　《热血街舞团》与《这!就是街舞》对比

图3-26 《偶像练习生》与Produce 101的对比

(五)过度依赖综N代

音乐类综艺节目虽然数量众多,但明显创新性不足,综N代节目仍然在音乐综艺节目市场中占主导地位(见表3-5)。虽然综N代节目相较新节目,拥有更多的观众、更坚实的市场基础,但想要在现有基础上有所突破也具有一定难度,在达到观众的心理预期上面临挑战。因此,当前的音乐类综艺节目不仅要延续综N代的优势,还需要增添新的活力与节目创意,不断探索新的节目形式,以摆脱对综N代的依赖。

表3-5　2016—2021年部分综N代综艺节目列表

节目IP	播出平台	节目名称及播出年份					
		2016	2017	2018	2019	2020	2021
《中国民歌大会》	中央广播电视总台央视综合频道	《中国民歌大会》第一季	《中国民歌大会》第二季				
《经典咏流传》				《经典咏流传》第一季	《经典咏流传》第二季	《经典咏流传》第三季	《经典咏流传》第四季
《中国好声音》	浙江卫视	《中国新歌声》第一季	《中国新歌声》第二季	《中国好声音2018》	《中国好声音2019》	《中国好声音2020》	《中国好声音2021》
《歌手》	湖南卫视、芒果TV	《我是歌手》第四季	《歌手2017》	《歌手2018》	《歌手2019》	《歌手:当打之年》	
《声入人心》					《声入人心》第一季	《声入人心》第二季	
《我想和你唱》		《我想和你唱》第一季	《我想和你唱》第二季	《我想和你唱》第三季			
《蒙面唱将猜猜猜》	江苏卫视	《蒙面唱将猜猜猜》第一季	《蒙面唱将猜猜猜》第二季	《蒙面唱将猜猜猜》第三季	《蒙面唱将猜猜猜》第四季	《蒙面唱将猜猜猜》第五季	《蒙面唱将猜猜猜》第六季
《跨界歌王》	北京卫视	《跨界歌王》第一季	《跨界歌王》第二季	《跨界歌王》第三季	《跨界歌王2019》	《跨界歌王》第四季	《跨界歌王》第五季
《天籁之战》	东方卫视			《天籁之战》第一季	《天籁之战》第二季		
《我们的歌》					《我们的歌》第一季	《我们的歌》第二季	《我们的歌》第三季

续表

节目IP	播出平台	节目名称及播出年份					
		2016	2017	2018	2019	2020	2021
《创造营》	腾讯视频			《创造营101》	《创造营2019》	《创造营2020》	《创造营2021》
《明日之子》			《明日之子》第一季	《明日之子》第二季	《明日之子·水晶时代》	《明日之子》第四季	《明日创作计划》
《即刻电音》				《即刻电音第一季》			
《青春有你》	爱奇艺			《偶像练习生》	《青春有你》第一季	《青春有你》第二季	《青春有你》第三季
《中国新说唱》			《中国有嘻哈》	《中国新说唱2018》	《中国新说唱2019》	《中国新说唱2020》	
《乐队的夏天》					《乐队的夏天》第一季	《乐队的夏天》第二季	
《我是唱作人》					《我是唱作人》第一季	《我是唱作人》第二季	

四、音乐类综艺节目模式及类型汇总

（一）卫视音乐类综艺节目

在类型多元化的电视综艺节目中，音乐类综艺节目往往是受众较为偏爱的题材类型，更容易引发受众的共鸣。近年来，我国的音乐类综艺节目不断探索更多的垂直细分领域，涌现出众多节目类型（见表3-6）。

以湖南卫视、浙江卫视为代表的电视播出平台，在2020年分别推出竞技类音乐节目《歌手·当打之年》和《中国好声音2020》。与竞技类节目相反，2021年出现了多档治愈系的音乐"慢综艺"，如湖南卫视的《时光音乐会》，摒弃了传统强调赛制以及繁杂规则与流程的形式，回归音乐本质，给观众带来治愈之感。东方卫视的音乐旅行节目《一路唱响》、北京卫视的《最美中轴线》在音乐类综艺节目中加入旅行、文化等元素，不仅使节目打破了原有的单一音乐内容呈现模式，也给观众带来更为丰富多元的视听体验，将音乐故事更生动、具象地传达给观众，使情感表达更加直接动人。江苏卫视的《我们对唱吧》、浙江卫视的《闪光的乐队》以及东方卫视的《心动的声音》都强化音乐社交元素，创新电视音乐节目的不同发展路径，以音乐为中心，用"社交"的概念为音乐赋能。

无论是何种垂直类型的音乐类综艺节目，其重点依旧是要有创新性和高质量。市场中音乐节目数量众多，只有摒弃千篇一律的同质内容，找到创新突破点，才能在优质内容稀缺的市场中找到出口。音乐类综艺节目需要进一步探索，以保证节目品质，保持节目的新鲜感与生命力。

表3-6 2020—2021年部分卫视音乐类综艺节目

播出时间	节目名称	播出平台	节目类型
2020	《跨界歌王》第五季	北京卫视	明星跨界音乐真人秀
	《歌手·当打之年》	湖南卫视	音乐竞技类节目
	《嗨唱转起来》第二季		音乐互动类节目
	《中国好声音2020》	浙江卫视	音乐评论类节目
	《美好的时光》		音乐旅行类节目
	《天赐的声音》		音乐类节目
	《新声请指教》		音乐教育实践节目
	《诗乐远方》	东方卫视	文化音乐主题纪实真人秀
	《我们对唱吧》	江苏卫视	音乐社交真人秀
	《中国原创季》		音乐类节目
	《我们的乐队》		乐队类节目
2021	《最美中轴线》	北京卫视	文化音乐竞演真人秀
	《谁是宝藏歌手》	湖南卫视	新世代音乐演出生态秀
	《嗨唱转起来》第三季		音乐互动类节目
	《时光音乐会》		户外音乐综艺节目
	《中国好声音2021》	浙江卫视	音乐评论类节目
	《为歌而赞》		台网互动打歌节目
	《闪光的乐队》		明星乐队真人秀
	《天赐的声音》第二季		音乐励志类节目

续表

播出时间	节目名称	播出平台	节目类型
2021	《金曲青春》	东方卫视	音乐厂牌对抗秀
	《心动的声音》		全新音乐交友节目
	《我们的歌》第三季		代际潮音竞演综艺节目
	《小镇歌王》		户外音乐真人秀
	《闪电咖啡馆》		场景式音乐综艺节目
	《一路唱响》		音乐旅行类节目
	《追光吧!》		主题音乐竞演真人秀
	《中国原创季》	江苏卫视	原创音乐服务类节目
	《我们对唱吧》		音乐社交实境真人秀

（二）互联网音乐类综艺节目

伴随着媒体形式多元化和视频网站的高速发展，音乐类综艺节目在互联网平台涌现，且相较电视平台的音乐节目，限制更少。网络综艺节目具有网络自身特有的创新元素，因此出现了许多与电视音乐综艺节目相比具有较大差异的作品。在网络音乐综艺节目中，持续火热的题材类型包括偶像成长、乐队竞技、说唱音乐以及原创音乐竞演等。

2021年，爱奇艺、腾讯视频推出近年来火热的偶像成长类节目《青春有你》第三季和《创造营2021》，此类节目符合当下年轻人追星的喜好，通过观看节目，与偶像共同成长。爱奇艺推出的乐队综艺节目《乐队的夏天》、中文说唱节目《少年说唱企划》，优酷打造的户外音乐节竞演节目《草莓星球来的人》等节目中都有竞技元素存在，但节目的重点都没有放在冠军角逐上，而是对乐队文化、说唱文化以及音乐节文化进行展现。在原创音乐节目方面，有腾讯视频的《明日创作计划》，哔哩哔哩的《我的音乐你听吗》等，此类节目为更多的原创音乐人提供了宽松的创作环境，使音乐人的音乐作品被更多观众熟知（见表3-7）。

网络音乐综艺节目相较电视音乐综艺节目，所涉及的领域更加广泛，具有更强的娱乐性，因此更能调动观众的积极性。此外，网络音乐综艺节目应同电视音乐综艺节目一样，注重内容质量和节目导向，不断增强节目底蕴，在履行社会责任的同时吸引观众，并在融媒体时代逐渐与电视平台走向融合。

表3-7 2020—2021年部分网络平台音乐类综艺节目

播出时间	节目名称	播出平台	节目类型
2020	《青春有你》第二季	爱奇艺	偶像竞演成长类真人秀
	《我是唱作人》第二季		唱作挑战节目
	《乐队的夏天》第二季		乐队音乐节目
	《中国新说唱2020》		华语说唱音乐节目
	《创造营2020》	腾讯视频	女团成长节目
	《明日之子》第四季		新生代乐团选拔节目
	《炙热的我们》		音乐团体竞演节目
	《乘风破浪的姐姐》	芒果TV	女性励志类节目
	《姐姐的爱乐之程》		音乐旅行类节目
	《宇宙打歌中心》	优酷	阵营对抗类音乐节目
	《街头浪音》		城市唱游类音乐节目
	《说唱新世代》	哔哩哔哩	说唱类音乐节目
2021	《青春有你》第三季	爱奇艺	偶像竞演成长类节目
	《少年说唱企划》		中文说唱创新行业观察节目
	《爆裂舞台》		女性音乐人竞演真人秀
	《一周的说唱歌手》		说唱音乐通告类节目
2021	《黑怕女孩》	腾讯视频	女性音乐竞演真人秀
	《明日创作计划》		原创音乐创作人才成长节目
	《创造营2021》		男团成长节目
	《中国这么美》		治愈系音乐慢综艺
	《草莓星球来的人》	优酷	户外音乐节竞演真人秀
	《中国潮音》		国潮音乐竞演真人秀
	《说唱听我的》第二季	芒果TV	说唱类音乐节目
	《披荆斩棘的哥哥》		全景音乐竞演节目
	《我的音乐你听吗》	哔哩哔哩	原创音乐综艺节目

本节思考题

1. 传统音乐文化如何在音乐类综艺节目中呈现？
2. 音乐元素在综艺节目中的体现模式有几种？试举例说明。

第三节　游戏元素

一、游戏在综艺节目中的体现方式

（一）宏观：游戏化的整体叙事逻辑

1. 游戏叙事理论

学者杰斯帕·朱尔（Jesper Juul）基于对电子游戏与叙事的异同分析，提出了"游戏是叙事"的三个原因：一是任何东西都是叙事的，任何东西都能作为叙事来展示；二是游戏大多以叙事性介绍和背景为特征；三是游戏与叙事共享某些特质。游戏具备某些传统叙事特征这一观点已达成普遍共识。

在此基础上，不少综艺节目在进行内部叙事逻辑搭建时，会选择对整体采取游戏化设置的方式。通常，这种游戏化叙事逻辑的建立包括两个步骤：情景搭建和规则设置。下面将结合两个具体节目案例来详细说明上述两个步骤。

2. 游戏叙事案例分析

（1）说唱主题综艺节目《说唱新世代》

从整体来看，《说唱新世代》在游戏规则设定上与以往节目有所不同，它跳出了舞台上竞争对抗的传统思路，将重心转向选手们的日常生活，整体规则设定看起来更像是一场类似"饥饿游戏"的生存挑战（见图3-27）。

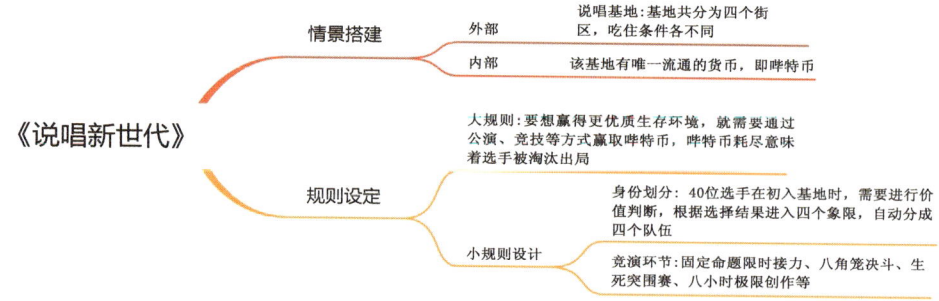

图3-27 《说唱新世代》游戏化叙事逻辑

具体来说,《说唱新世代》相当于搭建了一个独属的说唱游戏世界。对于外部情景,节目组选择了一个废弃工厂加以改造,将其定为"说唱基地"(见图3-28)。基地一共被划分为四个街区,这四个街区的吃住条件各不相同,并且有着很明显的优劣区别,然后将说唱歌手聚集在这个"说唱基地",让他们在这里生活。

图3-28 《说唱新世代》的"说唱基地"(图片来源:节目截图)

在此基础上,节目组继续进行了内部情景的搭建。选手作为居民在"说唱基地"里生存时,要想获得更优质的生存环境,就需要通过公演、竞技等方式赢取该基地唯一流通的货币,节目里把它称为"哔特币"(见图3-29)。换句话说,这里的生存法则就是赢取哔特币,生存一天需要消耗至少一张哔特币,哔特币耗尽就意味着选手被淘汰出局。

图3-29 《说唱新世代》选手在分哔特币（图片来源：节目截图）

除了上述节目整体架构的大规则，节目组在阵营划分和竞演环节上还做了很多独具特色的小规则设定。其中，节目一开始的阵营划分规则是，40位选手在初入基地时，需要进行价值判断，通过贫穷还是富有、人红还是歌红两个命题的自主选择，分别进入贫穷人红、富有人红、贫穷歌红、富有歌红四个象限，自动分成四个队伍（见图3-30）。

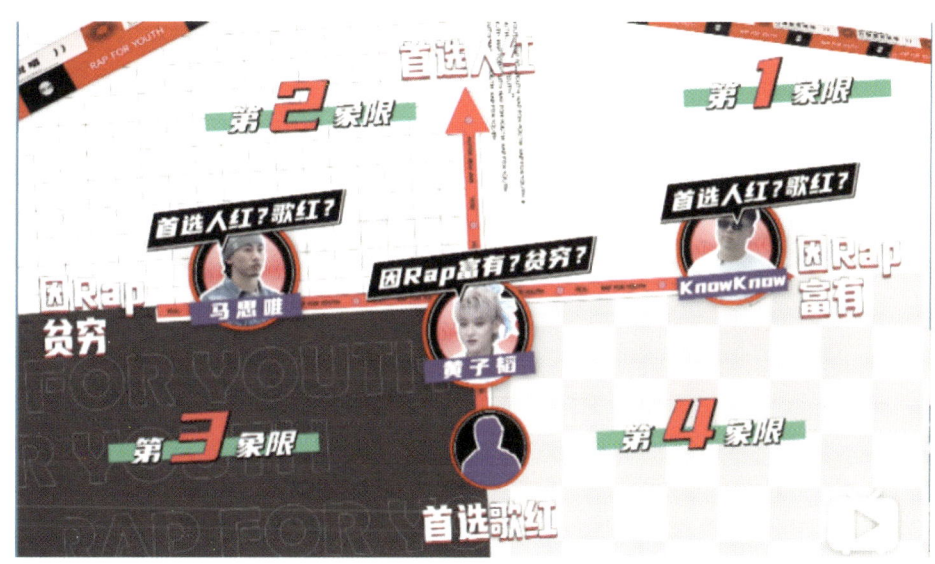

图3-30 《说唱新世代》的阵营划分规则（图片来源：节目截图）

这样的划分规则,摒弃了过去传统比赛选秀节目中的能力判断、年龄分层等维度,通过对自我价值的审视,巧妙地让选手进入不同的场域内。这不仅给节目内容带来全新面貌,也为观众提供了新的视角。

另外,在竞演环节上,每次的竞技比赛不是单纯的PK,而是设计了固定命题限时接力、八角笼决斗、生死突围赛、八小时极限创作等环节,无论从节目的内容丰富度还是节目的创新性上看,较之前的节目都有很明显的提升。

(2)戏剧主题综艺节目《戏剧新生活》

《戏剧新生活》整体延续了《说唱新世代》中类似"生存挑战"的概念,同时弱化了一般小众文化题材综艺节目中常用的竞技对抗元素,将叙事主体转向戏剧背后的戏剧人(见图3-31)。节目组首先搭建了全新情景,即在乌镇创造了一个戏剧乌托邦,将其命名为"戏剧公社"(见图3-32)。

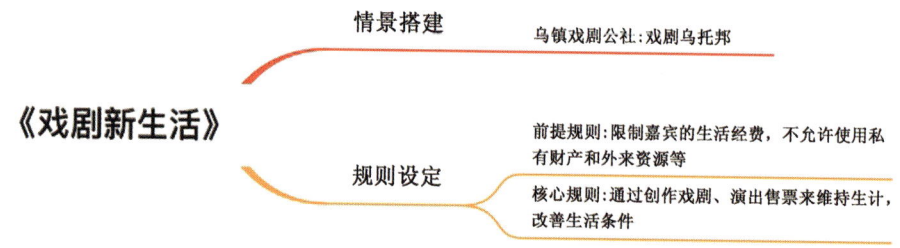

图3-31 《戏剧新生活》游戏化叙事逻辑

图3-32 《戏剧新生活》中的戏剧公社(图片来源:节目截图)

八位戏剧人汇聚于"戏剧公社",进行为期两个月的戏剧创作活动。大家在乌镇既要自主生活,又要一起进行戏剧创作,并且需要通过创作的戏剧作品来赚取票房收入,从而维持自己的日常生计。

在规则设定上，节目组首先为嘉宾们设置了一些前提规则，包括限制其生活经费，不允许使用私有财产和外来资源等（见图3-33）。这些规则的设定极大地增加了节目的趣味性和可看性，也为嘉宾之间互动，碰撞出不一样的新火花提供了可能性。

图3-33　《戏剧新生活》的嘉宾们在商量生活模式（图片来源：节目截图）

节目的核心规则就是嘉宾们需要通过演出售票来维持生计，改善生活条件。整档节目基于"生存挑战"的概念构建出一种生活化情境，在内容表现上做出了新的尝试。节目采用全景式记录的模式，将所有嘉宾放到相对独立的环境中，让戏剧人在这样相对理想化的"乌托邦"中生活与创作，在此期间，节目组基本不做干涉（见图3-34）。

图3-34　《戏剧新生活》的嘉宾们在公社进行排练（图片来源：节目截图）

全景式记录的纪实拍摄手法，通过多机位、长时间的观察记录进行素材积累，整体内容呈现上将重点放在"表现生活"上，以一种舒缓的节奏还原嘉宾最纯粹和真实的生活状态（见图3-35）。节目记录和呈现了戏剧人的日常状态和为戏剧事业付出的努力，以一种普通人视角切入，展现了戏剧艺术的另一面，更有利于促使嘉宾与观众建立起情感纽带。

图3-35 《戏剧新生活》的公社日常生活（图片来源：节目截图）

（二）微观：游戏作为综艺节目的主体内容环节

1.游戏环节概况

游戏思维除了运用在整体叙事逻辑设计中，还可以运用到综艺节目的具体内容环节中。最早将游戏元素作为综艺节目主体的是1997年湖南卫视播出的《快乐大本营》。在该节目中，多种游戏组成多个板块，如"神秘舞台""草原碰碰羊""乒乓球问答大赛""人体拼字""时装秀"等，使观众在观看过程中心情愉悦，得到精神上的放松（见图3-36）。

自2014年起，游戏类综艺节目走出演播室，更多复杂的游戏形式出现在节目中。浙江卫视联合韩国电视台SBS推出游戏娱乐节目《奔跑吧兄弟》，使户外游戏娱乐节目形式在国内综艺节目中逐渐兴起。纯游戏类的综艺节目有《奔跑吧兄弟》《超能少年团》等，加入剧情的游戏类综艺节目有《极限挑战》《全员加速中》等。

图3-36 《快乐大本营》中的演播室游戏场景（图片来源：节目截图）

2. 综艺节目中的游戏类型

（1）语言交流类游戏

语言交流类游戏在各类节目中最为常见，这类游戏通常依托语言来交流，通过形式上的变化来创新游戏内容。其中，语言的范畴除了正常说话以外还包括唱歌、配音等形式，例如知识问答、听歌识曲、词语接龙等。在游戏过程中，嘉宾之间通常还会产生其他交流，很多的矛盾和笑料就由此碰撞出来。

（2）体能竞力类游戏

体能竞力类游戏指以体能比拼为核心内容的游戏，通过比赛对嘉宾的体能水平作出判断，并以此确定游戏的最终结果。这类游戏通常有较为浓厚的比赛氛围，容易把观众带入紧张气氛，像障碍接力赛、力量比拼等都属于这类游戏。

（3）肢体表演类游戏

表演是艺人嘉宾常常会涉及的行为，也是观众喜闻乐见的形式。肢体表演类游戏的最终呈现效果往往更具有可看性，例如传声筒、你画我猜等游戏都需要嘉宾具有较高的肢体表演能力。肢体和语言两种表达方式由于编码解码差异造成的信息偏差，往往会给节目增加很多看点。

多档综艺节目中，游戏环节的设置不仅提高了节目的娱乐化程度，而且也契合着节目剧情的整体框架。在具有游戏元素的综艺节目中，游戏参与者也是一大关键因素。参与者在节目中的游戏体验，增强了节目的趣味性和悬念感，调动了观众的积极性。在《奔跑吧兄弟》中，"能量条撕名牌""九宫格撕名牌"等刺激的、具有悬念感的游戏设置更能吸引观众视线。

通过对游戏类综艺节目的收视成绩进行分析，可知无论是室内还是户外的游戏节目，收视效果更好的是包含观察、推理、问答等元素的游戏，这一类型的游戏节奏较缓，有较多参与者的语言互动；收视效果较差的是纯竞力类的游戏，这类游戏的节奏往往较快，游戏环节中语言交流的部分较少。

二、游戏在综艺节目中的受众偏好

在以游戏元素为主的综艺节目中，节目的可看性十分重要，应当不断制作适合受众口味、迎合受众心理的综艺节目。以浙江卫视推出的《奔跑吧兄弟》中的游戏元素为例,该节目力图将游戏进行本土化的创新,与中国文化相结合。

在各种类型的剧情游戏中,受众偏好有所不同。在《奔跑吧兄弟》第四季中,古装、二次元的剧情在受众中的接受度更高,如古装类的"金榜题名""蓝琊榜",二次元类的"葫芦兄弟""狼与羊的故事"(见图3-37);对于侦探、科幻类的剧情,受众接受度较低,如侦探类的"十二生肖悬案"、科幻类的"终极之战",可以看出,受众对游戏节目中新鲜题材的接受力仍然较弱。无独有偶,《王牌对王牌》第六季中,受众对以科幻悬疑电影《刺杀小说家》为主题的"王牌小说家"环节反响平平(见图3-38),而古装主题的"王牌仙侠"环节则大获好评。

总之,古装和二次元主题的情境与受众的认知常识和知识架构较为贴近,对于理解游戏和情境本身没有太多障碍;而悬疑和科幻主题不可避免地包含了许多全新的"设定",受众在理解消化这些"设定"的过程中需要耗费较大的精力,这与综艺节目受众较为轻松的观看预期是矛盾的。

图3-37 二次元、古装风格游戏备受关注(图片来源:节目截图)

图3-38 悬疑风格游戏反响平平(图片来源:节目截图)

三、游戏与综艺节目的流量关系

在众多电视节目中,综艺节目是受众最为广泛的电视节目类型之一,伴随新媒体的迅速发展,过去受众作为节目旁观者的情况有所改变,当下的综艺节目中,人们可以借助互联网与节目产生关联,台网互动的播出模式出现。能够台网互动、调动受众参与积极性的游戏,是综艺节目中最容易产生效果的游戏。

在以游戏为主要元素的综艺节目中,如《快乐大本营》中,热度较高的游戏包括"表情包制作大赛""池到了——水上篮球大赛"等,《奔跑吧兄弟》第四季中"能量条撕名牌""花样KTV"也收获了较高关注度。能够成为舆论热点的游戏有三个共同特征:一是有明星效应,二是有技能展示,三是有身体展示。

(一)明星效应

明星效应是商业世界中一种极其普遍的现象,随着经济和媒介的发展,"粉丝经济"已然成为综艺节目制作中不可忽视的重要影响因素。《快乐大本营》从"谁上谁火"到"谁火请谁"的转变,正是顺应了这样的发展潮流。自谢娜休产假后,《快乐大本营》请来丁程鑫和张雨绮组成"快乐限定团",但从收视和口碑来看,对于这个"快乐限定团",似乎观众并不买账。然而2021年8月7日的一期《快乐大本营》却成为综艺收视榜第一名。当期节目邀请了爆红全网的电视剧《你是我的荣耀》的主演杨洋和迪丽热巴,借助新剧的热度和两位主演的流量,《快乐大本营》才能重新登顶(见图3-39)。

图3-39 借助游戏和明星效应提升收视率的《快乐大本营》(图片来源:节目截图)

(二) 技能展示

《奔跑吧兄弟》第五季第六期的游戏环节中,节目组要求三人用脚支撑一个水盆,在保证水盆里的水不洒出的同时,三人要通过配合,取下各自腿上的圆环。在节目中,苗苗大秀柔韧度,高抬腿、拉伸腿、弯曲腿,通过各种各样的姿势轻松地将圆环取下(见图3-40)。本期节目的重要看点即"苗苗郑恺夫妻档合体",而苗苗的精彩表现更是为本期节目增添了热度。

图3-40 借助游戏和技能展示提升收视率的《奔跑吧兄弟》(图片来源:节目截图)

(三) 身体展示

在《奔跑吧兄弟》中,泳池类游戏屡见不鲜。可以说,泳池类游戏是《奔跑吧兄弟》的又一"流量密码"。在《奔跑吧兄弟》第一季第十二期中,就有孙杨展示腹肌的画面,本期也成为当季除最终盛典外播放量最高的一期(见图3-41)。之后的每一季《奔跑吧兄弟》中都有不少泳池类的游戏。

图3-41 借助游戏和身体展示提升收视率的《奔跑吧兄弟》(图片来源:节目截图)

? 本节思考题

1. 综艺节目中的游戏类型有哪些?
2. 谈谈室内游戏和室外游戏与不同类型综艺节目的契合程度。

第四节 女性元素

一、背景描述

近年来,女性已经成为电视及网络综艺节目的主要受众,伴随而来的是出现了越来越多以女性元素为主体的综艺节目。这类女性题材的节目也被称为"她综艺"。"她综艺"以女性为综艺节目的主角,围绕女性的生活、工作、情感、社交等话题展开讨论,展现当下社会中女性的世界观、价值观、人生观。综艺节目中女性元素的出现反映了现实中女性社会地位、经济实力、消费能力的提升。因此,电视制作者纷纷聚焦现代女性,并根据其需求,提供了娱乐、时尚、情感等多种类型的女性综艺节目。

(一)社会背景

随着经济水平的提升,女性的诉求发生了变化,女性开始注重投资自己的未来。在实现经济独立之后,女性进一步要求增强影响力以达成"自我实现"。美国著名人口学家马蒂·迪特瓦和克里斯汀·拉森在《女性影响力》一书中,基于马斯洛需求理论提出女性"经济理论三阶段"。该理论认为,女性自我意识觉醒需要经历三个发展阶段——"经济生存、经济独立以及女性影响力"[①]。

(二)行业背景

近三年来,我国综艺节目产量持续收缩,2021年同比下降5.3%,中国综艺产业来到又一个十年的十字路口。一方面,随着近几年综艺节目的井喷式发展,具有国民性的爆款节目越发难觅,年度三强的节目播映指数创三年来新低;另一方

---

① 迪特瓦,拉森.女性影响力[M].张美惠,译.桂林:漓江出版社,2014.

面,国家对全明星综艺节目和过度娱乐化的节目的政策也逐渐收紧。在这样的背景下,综艺节目内容呈现越来越细分化的趋势。搭乘女性意识的觉醒之风,"她综艺+X"的综艺制作模式进入各大平台的视野。垂直类综艺节目的分支经过全女性视域的包装,虽在播出上尚未大爆,但在口碑上却斩获颇多美誉,成为解决综艺节目之困的一剂灵药。

(三)女性自身发展需求

随着社交媒体的发展,自媒体兴起,传播的主体发生了变化。在这一过程中,女性的声量与日俱增,关于女性权益的话题越来越受到关注。"生育权""冠姓权""婚姻关系""家庭暴力"等话题频频登上热搜。女性群体可以直接介入女性议题的生产,这在很大程度上促进了女性主体意识的觉醒,由此萌发了对诉说女性故事、彰显女性力量的文化产品的需求。

通过综艺节目让女性自由发声,促使受众对女性议题进行辩证思考,从而展现出节目对女性群体的包容、理解与共情,这是女性元素在综艺节目中出现的重要价值。

二、女性元素在综艺节目中的呈现方式

(一)依照女性元素的存在方式进行节目类型划分

1. 强女性内容:《乘风破浪的姐姐》《了不起的姐姐》

在女性综艺节目中,强女性综艺节目是以女性群像为主角的综艺节目,展现女性群体的形象、女性之间的对话和女性的观点。具有代表性的强女性综艺节目有《乘风破浪的姐姐》《了不起的姐姐》等(见图3-42)。

《乘风破浪的姐姐》于2020年在芒果TV播出,节目提出重新定义"30+"女团的理念。不同于青年偶像的选秀节目,《乘风破浪的姐姐》是第一档逆龄女团选秀节目,最终选出7位成员"破龄成团"。节目旨在让观众通过节目看到姐姐们对婚姻、事业的人生态度和真实状态,使得观众不论处在哪个人生阶段,都可以像节目中的姐姐们一样勇敢出发,以自信、向上、拼搏的姿态追求自己的梦想并实现自己的价值。

《了不起的姐姐》由新浪、微博、潮尚文化联合出品,是中国首档"新女性生

态·心流对话节目"。节目通过访谈的形式深度呈现了成熟女明星以及不同行业女性精英的成长经历、阅历分享和思想交流,从而帮助年轻女性获得克服困难的勇气和坚持前进的力量。节目第一季共播出6期节目,探访了6位嘉宾,斩获了13个热搜,热度覆盖17.4亿人次,整季播放量超1.2亿。《了不起的姐姐》所引发的女性相关话题频频刷屏,《光明日报》、新华社、环球网等媒体权威发声,共同传递女性力量,各大主流媒体也纷纷由节目切入,探讨女性的"了不起"之处。

图3-42 强女性综艺节目《乘风破浪的姐姐》与《了不起的姐姐》(图片来源:节目截图)

2. 因具有鲜明的女性元素而出圈:《脱口秀大会》《姐妹们的茶话会》

女性文化水平和社会地位的提升增加了女性在公众视野中的观点输出机会,出现了更多女性观点、意识的呈现和价值引导。在网络综艺节目中,大量女性元素得以展现。例如,由腾讯视频出品的《脱口秀大会》中,思文和杨笠以"独立女性"的定位出圈;爱奇艺出品的《乐队的夏天》中,vava的《招娣》和福禄寿的《玉珍》等作品都有着鲜明的女性风格;主打"她"价值的国际女性智识分享综艺节目《姐妹们的茶话会》邀请来自美国、法国、德国、乌克兰、马来西亚、马达加斯加等多个国家不同职业、不同年龄的女性,构建新时代女性的谈话场(见图3-43)。

图3-43　具有鲜明的女性元素的综艺节目《脱口秀大会》与《姐妹们的茶话会》
(图片来源:节目截图)

3. 体验生活过程的女性节目:《花儿与少年》《五十公里桃花坞》

综艺节目中逐步增加的女性内容除情感、观察、选秀题材外,还有体验生活过程的题材。曾经在湖南卫视热播的自助远行真人秀节目《花儿与少年》,以女性为主要角色,完成一段异域的背包奇妙之旅。腾讯视频推出的群居生活体验类真人秀《五十公里桃花坞》，构建了一个摆脱孤独、共同生活的理想社区。这两档节目都聚焦节目中女性的生活方式，在记录生活的过程中，真实生动地塑造女性形象，通过对嘉宾日常生活的呈现，进一步满足女性用户全方位、深层次的情感需求（见图3-44）。

图3-44　体验生活过程的女性元素综艺节目《花儿与少年》与《五十公里桃花坞》

（图片来源：节目截图）

4. 直接强化女性身份：《女儿们的恋爱》《妻子的浪漫旅行》

多种观察视角下的"她综艺"贯穿了女性的不同角色、身份，从单身到恋爱、从恋爱到婚姻等，将女性的各个人生阶段推至镜头前。芒果TV播出的《女儿们的恋爱》和腾讯视频出品的《女儿们的男朋友》都是代际情感观察真人秀节目，从女性的男朋友和父亲两条人物线入手，充分展现女性的情感和心理。夫妻情感治愈真人秀节目《妻子的浪漫旅行》从"妻子"这一角色入手，让丈夫在演播室内观察妻子的旅行，展现不同的夫妻相处之道。这些综艺节目将不同年龄段、不同身份的女性形象呈现在大众面前，以展现女性不一样的风采（见图3-45）。

图3-45 直接强化女性身份的综艺节目:《女儿们的恋爱》与《妻子的浪漫旅行》
(图片来源:节目截图)

(二)依照传统内容维度进行节目类型划分

上述节目类型划分的维度是女性本体,依照传统内容视角对女性综艺节目类型进行划分则能够充分体现女性元素在综艺节目中出现的广泛程度:恋爱观察类、才艺比赛类、经营体验类、职场类、谈话脱口秀类节目中都有鲜明的女性元素。

(三)依照目的诉求进行节目类型划分

依照目的诉求来划分的女性综艺节目类型包括女性励志成长类(如《乘风破浪的姐姐》)、女性家庭关系类(如《婆婆和妈妈》)、女性社会观察类(如《送一百位女孩回家》《听见她说》)等。

(四)女性综艺节目中的呈现元素

年龄元素、容貌元素、友情元素、婚姻元素、职场元素、教育成长元素,是女性综艺节目中最常见的主体内容。其中,年龄和容貌元素仍然是女性综艺节目中最主要的呈现内容,这一方面体现出女性的痛点与困境,另一方面也折射出传统价值观念对女性存在意义的刻板定位。但值得期待的是,女性综艺节目中的职场、社会身份、友情等元素也在不断拓展创作空间,加大创作力度,体现出时代发展所赋予女性的全新人文关怀。

(五)案例分析:《乘风破浪的姐姐》《听见她说》

《乘风破浪的姐姐》是2020年夏天较具代表性的以女性叙事为核心的综艺节目。节目邀请30岁以上的女性艺人进行舞台展演,最终成团出道。这些"姐姐"在训练、相处、表演和生活的过程中,展现出与年轻少女截然不同的形象特征。节目中的女嘉宾们,对待舞台和训练更加认真,面对竞争展现出强大的好胜心和自信心,从侧面展现了成熟女性的韧性和勇气。一些女嘉宾对团队成员的关心,则表现出女性的细心以及女性之间的团结和互助。《乘风破浪的姐姐》将新时代女性独立、自信、勇敢而充满魅力的形象呈现在一次次舞台公演之中,然而,选择展演的形式,通过充满"少女感"的唱跳形式展现女性魅力,依然难以挣脱把人生的价值和女性的魅力浅表化、娱乐化的桎梏。

《听见她说》是腾讯视频出品的一档短综艺节目,由八位女性出演,以女性独白剧的形式,讲述了八位女性不同却又相似的经历。节目聚焦原生家庭、重男轻女、容貌焦虑、大龄单身、全职主妇、家庭暴力、中年危机、物化女性等当代女性生存的痛点,通过女性的个人经历"凝视"社会对女性的"凝视"。但短剧的体量在探讨女性议题的过程中显得捉襟见肘,呈现方式过于晦涩,也有"圈地自萌""孤芳自赏"的嫌疑。

❓ 本节思考题

1. 女性元素大规模出现在综艺节目中的社会成因是什么?
2. 如何规避综艺节目中的女性话题频繁出圈所产生的负面社会舆论?

第四章
综艺节目发展的瓶颈及未来趋势

■ **本章内容**

本章通过对综艺节目当前发展所面临的问题、特质以及各平台的数据、综艺市场状况的分析，展望综艺节目未来的发展趋势，并提出可行性分析。

第一节　综艺节目的现状及发展瓶颈

一、社会环境

（一）政策监管严格

伴随着近年来电视综艺节目的蓬勃发展，对这一娱乐形态的政策监管也越来越严格。2012年，"限俗令"出台，旨在防止节目过度娱乐化、低俗化，不允许网络红人、有丑闻劣迹的人成为电视嘉宾；2014年，"限娱令"出台，限制新引进的境外版权节目，各电视台上星综合频道每年播出的引进节目不得超过1个；不久后，加强版"限娱令"出台，黄金时段娱乐节目每周播出不得超过3次；之后，2015年的"限真令"，2016年的"限童令"及"限模令"等相继出台。国家广播电视总局针对综艺节目出台的这一系列监管政策，旨在树立正确的导向，防止出现过度娱乐化等不正之风。这些政策的出台不仅体现了监管部门整顿综艺内容的决心，也对未来综艺节目的发展方向做出了指引。

可以看到，电视综艺节目不断发展的同时，也伴随出现了诸如同类型节目泛滥、恶性竞争等不良现象,通过相应政策的干预和限制,相关行业规则也会变得更加细致、完善。

(二)力图洞察社会问题

综艺节目在发展进程中,不仅出现了节目的观看人群细分、品类细化现象,也迎来了从纯娱乐节目向关注社会问题节目的转变。

当下,越来越多的综艺节目将社会问题作为创新的突破口,从关注"教育问题""亲情问题",到关注"婚姻问题""生育问题"等,基于社会热点的现实题材逐渐成为综艺节目的一类重要题材。

东方卫视推出的《忘不了餐厅》作为国内首档关注认知障碍群体的公益节目,由明星嘉宾和患有认知障碍的"老年服务团"共同经营忘不了餐厅,节目聚焦"适老化"人群,旨在让更多的人关注、全面认识认知障碍老人这一特殊群体,推动社会环境中的"适老化"公益改造,并积极应对认知障碍老年群体的社会议题(见图4-1)。节目不仅具有综艺节目的娱乐属性,而且创造了丰富的社会价值。

图4-1 《忘不了餐厅》聚焦认知障碍老人(图片来源:节目截图)

近年来,"去快餐化""去剧本化"的记录观察类综艺节目逐渐成为年轻观众喜爱的节目类型,不同的展现真实生活状态的观察类节目层出不穷,并开始向更广阔的领域拓展。近两年出现的观察类情感节目包括《妻子的浪漫旅行》《女儿们的恋爱》《幸福三重奏》《心动的信号》等。《幸福三重奏》展现夫妻相处模式,《女儿们的恋爱》邀请家人作为观察嘉宾,了解女儿的日常生活,不论是婚姻关系还是代际关系都体现出人们对情感的思考(见图4-2)。这些节目既能充分揭示年轻人在恋爱中所面临的问题,又透视出父女在婚恋观念上的差异,探讨了诸多社会话题,包括父女关系、代际边界、家庭教育等,引发了广泛讨论,让许多观众产生了心理上的共鸣。随着节目的播出和推进,观众会积极地参与到对婚恋关系、大龄单身青年、代际差异等问题的讨论中,许多话题一度冲上微博热搜,营造出强大的话题场和信息场。

图4-2 《女儿们的恋爱》对代际婚恋观念的差异进行思考(图片来源:节目官网)

育儿观察类节目《谁知盘中餐》致力于深耕少儿教育全新一面,邀请多个有两个孩子的家庭参与。节目中,六组孩子离开父母后独立生活、独立烧火做饭(见图4-3)。节目聚焦青少年的责任和成长,展现当代青少年和父辈的互动过程,不仅关注孩子的健康,也深度挖掘教育的热点话题。虽然没有扣人心弦的游戏、万众瞩目的童星,但普通家庭的平凡孩子们的相处却保留了生活最质朴的模样,让节目多了很多可看性。

图4-3 《谁知盘中餐》对儿童独立性的关注（图片来源：节目截图）

职场生活观察类节目《我和我的经纪人》《令人心动的offer》《扑通扑通实习生》等，涉及演艺、法律、医疗等多个职业领域。《令人心动的offer》通过记录八名法学实习生"求职+实习"的历程，赋予屏幕前的年轻观众一种观察式的视角，不仅有助于就业形势较为严峻的大学生们学习职场经验，而且有助于年轻人将节目中的实习生当作心中完美的"他者"榜样，更好地审视并建构自身。《令人心动的offer》第三季转换关注点，聚焦医疗行业，以全新视角展现医学生不为大众所知的成长故事，同时也探讨了医疗系统、医患关系等社会性问题（见图4-4）。

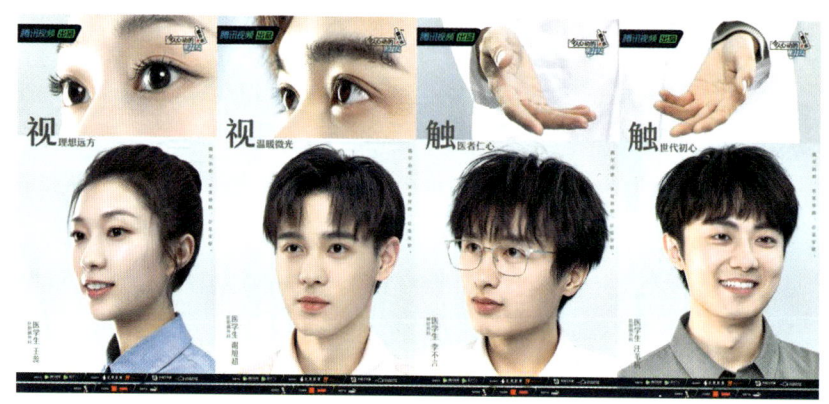

图4-4 《令人心动的offer》对医生这一职业的关注（图片来源：节目官网）

总之，越来越多的综艺节目将与观众息息相关的社会性话题作为节目主题呈现，让观众有了更多的情感寄托，在吸引观众眼球的同时窥探现实问题，引发社会思考。

二、行业环境

目前，综艺节目在数量上整体保持上升的趋势，但头部节目数量的提升幅度略有下降，可见综艺节目在数量与质量上的发展并未保持平衡，仍存在一些亟待解决的问题。

（一）过度依赖流量明星

综艺节目数量增加与节目质量提升意味着综艺节目市场的成熟，但综艺节目市场的"赢者通吃，强者愈强"的马太效应显著，因而话题度与曝光量成为节目竞争的重要指标。这导致了一定时期内综艺节目创作上的唯明星化、唯流量化倾向，节目质量与宣传的着力点不在内容与模式的创新上，而是单纯依靠明星吸引流量，而且不考虑是否符合节目的真实需要，造成节目热度高而市场口碑差的问题。一档有着良性生态的综艺节目必须依靠内容模式的不断创新，打造受众广、黏性强的IP，并将其变现，因此明星嘉宾必须根据节目内容来选择，让嘉宾与节目相得益彰，而唯明星化、唯流量化则是节目创作力不足的表现。

（二）选手同质化，选手资源枯竭

综艺节目近年来得到快速发展，而在数量不断增加的背后，大量综艺节目存在嘉宾同质化的问题，兼具实力和流量的艺人、素人在多档节目中重复出现，选秀节目所依赖的大量选手资源也存在枯竭的问题。综艺节目中的明星艺人和素人选手都渐趋同质化，多档节目中频繁出现观众熟悉的"老面孔"。然而，即便是具有高话题度和强综艺感的艺人或观众喜爱度高的素人，重复出现在荧屏上也会使观众产生审美疲劳。近年来，喜剧类节目依靠脱口秀这一垂类节目形式大受观众青睐，李诞因此成为家喻户晓的明星。据不完全统计，仅2017—2018年，李诞参加的综艺节目就高达29档，几乎每个月都能在某一档综艺节目中看到他的身影，他参与的节目类型覆盖了整个综艺节目圈。

2021年，李雪琴共参演7档网络综艺节目，其中有6档在腾讯视频播出，繁忙程度堪称"鹅厂编外人员"。她参演的《心动的信号》《五十公里桃花坞》等节目的热度均较高，因此李雪琴荣获网络综艺年度"最强打工人"称号。周深则凭借在中央广播电视总台、湖南卫视等各大电视台的晚会中频频献唱，以及参演《百变大咖秀》等电视综艺节目,成为在电视荧屏上露脸最频繁的"综艺咖"。

(三)综N代缺乏创意

一方面,在综艺节目的发展过程中,创新难已经成为综艺节目市场最大的顽疾,节目续集经常只是在已有模式基础上进行重复和延续,节目难以实现模式的翻新,缺乏创意和新意;另一方面,由于综艺节目总体数量的增多,节目之间互相模仿,导致类型单一,同质化现象加剧。对于缺乏创新内容的综艺节目市场而言,只有深入研究节目内容、创新节目形态,才能延长节目的生命周期。

作为一档以知名歌手之间互相竞技为主题的综艺节目,2013年首季《我是歌手》(节目后改名为《歌手》)播出的时候引起了电视界巨大的轰动。当时,许多资深的电视人都未曾想过电视节目还能这么做。然而,这档节目虽然获得过诸多成功和荣耀,经历了数次创新和改变,但仍难逃"七年之痒",最终停播(见图4-5)。

图4-5 《歌手》官宣停播(图片来源:节目官方微博)

(四)台综引领社会价值,网综流量势头迅猛

相较娱乐属性而言,电视综艺节目更加注重社会价值和社会意义的输出,因此在节目制作上总是以文化引领为主。中央广播电视总台央视综合频道播出了《经典咏流传》《故事里的中国》《典籍里的中国》等一系列以中华优秀传统文化为主要内核的节目,例如,《故事里的中国》选取集思想性、艺术性、观赏性于一体的优秀人物和故事,融合影视、戏剧、综艺等艺术手法,在重现经典的同时,挖掘经典背后的真实印记和时代精神。

网络综艺节目发展势头迅猛,成批量地涌现出更加多元化的题材类型,如"生活观察类""偶像选拔类""圈层文化选秀类"等。头部网络综艺节目的制作规模和质量也趋近于台综的制作水准,一些网络综N代节目更是达到了品质破圈的效果。网络综艺节目在发展过程中也存在节目质量参差不齐的问题,无论是电视综艺还是网络综艺,都应完善不足之处,在社会效应上承担起相应的责任。

疫情发生后,向来占据主导地位的电视综艺节目的声量逐渐减弱,而全面开花的网络综艺节目则开启了与之分庭抗礼的新篇章,从数量、热度、播放、口碑等方面实现全面逆袭。

向来具有旺盛生命力的季播市场被网络综艺节目主导,除资讯、衍生、访谈、晚会外,近九成的碾压式占比成就了其在大盘上的反超。

根据《2021中国综艺年度洞察报告》,从市场表现来看,偶像选秀综艺节目包揽前二,《创造营2021》力压《青春有你》第三季,成为头号玩家;脱口秀类综艺节目《脱口秀大会》第四季在一众真人秀节目中脱颖而出,表现亮眼。

抛开流量,网络新综艺更垂直、更细分,职场综艺节目《令人心动的offer》第三季在新冠肺炎疫情大背景下聚焦医生这一职业,《萌探探探案》则是首部以经典IP为切入口的剧本杀综艺节目,网络综艺节目与年轻人的消费趋势、情感表达及社会热点结合在一起。

本节思考题

1. 如何规避当前综艺节目选手资源枯竭这一问题?
2. 中央广播电视总台的综艺节目是如何引领社会价值的?

第二节 综艺节目呈现特征及未来发展趋势

一、垂直与广普并重

当前综艺节目的发展有着各自不同的路径，如定位于垂直还是广普，偏重专业性还是娱乐性等。当一档节目选择垂直的发展道路时，节目的小众属性将使节目损失部分受众资源；而如果选择广普的发展道路，就会降低节目的专业性及实现圈层狂欢的可能性。综观如今的综艺节目市场，越来越多的新锐爆款综艺节目都不求大而全，而是专攻小而精，对某一类型进行细分开拓。而广普化的节目则努力在表现形式和理念上进行创新。

无论是电视综艺还是网络综艺，都需要改变传统节目中以大众娱乐模式为主的创作理念，真正回归到内容为王、价值为主的创作思路上。综艺节目的垂直化并不仅仅是小众的狂欢，也可以达到打破圈层的效果。《奇葩说》运用辩论这一特殊的形式，通过抽象化、童话式的话题选择，探讨了许多以往的节目讳莫如深的话题，突破了圈层，实现了从"冷门"到"爆款"的跨越，甚至引发高校的辩论热潮。《奇葩说》对垂直内容精耕细作，在坚守品质的基础上从"垂直"出发达到了"广普"效果。

中央广播电视总台央视综合频道播出的音乐文化节目《经典咏流传》，以"和诗以歌"的形式，将古诗词配以流行音乐元素，以极富现代感的形式呈现给大众。《国家宝藏》作为文博类节目的扛鼎之作，也在形式上做出了变革。2021年，《国家宝藏》一改传统的故事化演绎，用文艺展品的形式重塑文物的精神内核，通过歌曲、先锋音乐、舞蹈、体育、戏曲等全新的方式讲述国宝的前世今生。

总的来说，综艺节目垂直化发展要坚持以节目质量为核心、以文化创作为导向，创作出口碑、收视双赢的综艺节目，实现垂直与广普并重的发展。

二、类别、内容与形式不断融合混搭

综艺节目在创新发展过程中,出现了类别、内容与形式不断融合混搭的现象。一些综艺节目将影视元素融入其中,使综艺节目有了剧情上的发展,这是为更好地适应市场而出现的新鲜产物。

(一)剧综不断涌现

中央广播电视总台推出的《典籍里的中国》,聚焦优秀中华文化典籍,通过时空对话的创新形式,以"戏剧+影视+文化访谈"的表现方法,生动地讲述历史故事(见图4-6);综N代节目《奔跑吧兄弟》《极限挑战》仍延续"娱乐+剧情"的融合创新模式;《明星大侦探》《密室逃脱》等用剧集逻辑将综艺节目中"剧情"的作用由被动变为主动。如今的综艺节目,剧情元素的成分在不断加大,意义在不断强化,从最初仅作为节目的点缀发展至今,已有了更高的水平和标准。

图4-6 《典籍里的中国》将《尚书》戏剧化(图片来源:节目截图)

(二)演员扎堆投身综艺节目

随着剧情化模式的发展,综艺节目又开辟出更新的发展方向,出现了如《演员的诞生》《导演请指教》《演员请就位》等以呈现影视剧情为核心内容的综艺形式。这一类综艺节目的出现也同影视业寒冬的行业背景相关,演员纷纷投身综艺节目(见图4-7)。

图4-7 诸多演员投身综艺节目(图片来源:《演员请就位》人物海报)

(三)带货直播综艺化

此外,一些综艺节目还掀起了带货直播热潮,节目中出现了明星与网红的组合形式。例如,腾讯视频出品的《口红王子》不同于从前节目中的品牌植入,而是将品牌与节目内容相结合,通过参与节目的明星的影响力和话题度提高观众对品牌的关注度。节目中还有网红作为"美好颜究员",为节目出谋划策。《家乡带货王》直播大赛以文旅为切入点,号召全国各地数千名主播为家乡进行宣传推广,用直播带货的方式拓宽扶贫产品的销售渠道(见图4-8)。

第四章 综艺节目发展的瓶颈及未来趋势

图4-8 《家乡带货王》开拓地方扶贫渠道（图片来源：节目截图）

三、与新媒体深度融合

传统的电视媒体需要适时地转换思维，与短视频平台从对立走向更加紧密的合作，这一关系的转变是当下传统媒体寻求发展的全新突破口。具有源源不断优质内容的传统媒体应积极布局各大短视频平台，与拥有数量庞大受众群体的短视频平台进行深入的、立体的融合，实现电视与网络有机结合下的良性共生和相互导流。

当前，中央广播电视总台各频道的节目都在"央视频"App上线，传统媒体的传播渠道得到拓展，吸引了更多的受众。通过台网联动的播出形式，传统媒体的优质内容帮助网络平台提升了用户黏性，网络平台的渠道优势让传统媒体的优质内容产生了更多的话题，从而抵达更多年轻受众。二者的融合在近年逐步实现双向反哺，逐步走向和谐共生。然而，在新媒体时代，一方面，传统电视媒体可以搭乘融合媒体的"便车"，在资源、传播、营销等方面进行全面整合，实现转型升级；另一方面，在努力拓宽渠道的同时，传统电视媒体也面临内容质量下降、价值导向失衡的困境。因此，主流媒体应注意牢牢把握价值导向，在坚守价值导向的基础上进行渠道的拓宽，在新媒体环境下更好地起到引领方向的作用，真正发挥好主流媒体应有的价值导向作用。

融媒体时代,传统电视节目可以借助短视频平台来扩大宣传推广范围,与时俱进,吸引更多年轻人的关注和支持。很多新型的电视综艺节目在策划初期的定位就是围绕短视频应用程序进行宣传和推广,并通过手机拍摄的短视频,宣传短视频App的功能和特效。同时,节目中的游戏环节设置也借助花式的短视频拍摄方式来宣传节目,帮助用户了解如何用手机拍出大片的质感,在展现节目核心思想的同时,进一步助力短视频App的市场推广。

《国家宝藏》节目通过抖音、快手等短视频平台的快速传播,产生了良好的"口碑效应"。《国家宝藏·展演季》还推出小屏节目《宝证不一样》(见图4-9),同观众进行深层次的有效互动,在弘扬优秀传统文化的同时,也吸引了很多游客前往西安、北京和南京的博物馆进行参观。《中国诗词大会》播出时,观众可以通过微信"摇一摇"同步答题,大量的选手精彩答题瞬间及学者讲解片段在短视频平台上快速传播,真正实现了大屏带动小屏、小屏深化大屏的传播效果(见图4-10)。

图4-9 《国家宝藏·展演季》在央视频推出小屏节目《宝证不一样》(图片来源:节目截图)

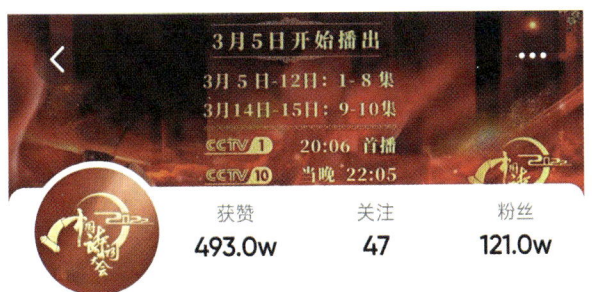

图4-10 《中国诗词大会》播出时，观众通过微信"摇一摇"同步答题（图片来源：节目官方微博）

四、国外节目不断本土化，原创节目急需开发

（一）国外版权节目本土化

1. 游戏系列：从《谁想成为百万富翁》到《一站到底》

最早走进观众视线的益智类节目是1998年始创于英国的电视节目《谁想成为

百万富翁》。《谁想成为百万富翁》的节目规则极为简单，只要连续正确回答问题，即可赢得百万英镑大奖。而中国的益智类节目，无论是由美国NBC的节目 *Who's still Standing* 改编而来的益智攻擂节目《一站到底》，还是"家庭总动员"式的《开心辞典》，最明显的本土化改造是淡化节目的功利色彩和博彩意识，以"平民智力英雄"和完成"家庭梦想"的理念来替代单纯获取奖金的目的（见图4-11）。两档节目都采用新颖的形式、趣味十足的赛制，不仅有充满悬疑的答题部分，还有娱乐性十足的节目效果，节目从单纯答题升级为加入表演环节的益智类综艺节目。

图4-11 《谁想成为百万富翁》与《一站到底》（图片来源：节目截图）

2. 心理问题系列：从《菲尔医生》到《幸福魔方》

调解类电视节目也完成了真人秀的本土化改造。2003年于美国首播的脱口秀节目《菲尔医生》，由菲尔·麦格劳博士邀请嘉宾直面他们自身的问题进行脱口秀表演。在节目的人物设置上，《菲尔医生》采用传统情感节目中的简单人物构成模式——主持人+当事人；在空间设置上，采用面对面交流场景。而中国的情感问题调解节目《幸福魔方》则打破了原有的情感节目模式，通过知性主持人和心理疏导师对矛盾双方的调解，达到化解或弱化矛盾的效果（见图4-12）。此外，该节目还在舞台上设计了一个"玻璃屋"，主持人和主诉人坐在"玻璃屋"中，其他当事人和心理疏导师围坐四周，组成了一个360度的全景空间。

图4-12 《菲尔医生》与《幸福魔方》（图片来源：节目截图）

3. 好声音系列：选手经历是否纳入选拔标准

2012年浙江卫视与灿星制作联手打造的《中国好声音》，是由《荷兰好声音》原版引进的现象级音乐综艺节目（见图4-13）。节目在引入中国并经过本土化改造以后，其选拔标准除了"好声音"以外，也注重选手本人的故事及经历。在选手具备"好声音"的前提下，节目将选手的故事作为情绪的渲染，进行一定程度的彰显。然而，需要注意的是，节目中故事的讲述不能背离音乐选秀的初衷，不能过度以学员的故事、煽情的情节作为吸引观众的手段。故事只能作为节目的陪衬，专业性才是节目始终应该坚持的。

图4-13 《荷兰好声音》与《中国好声音》（图片来源：节目截图）

4. 达人秀系列：中国传统文化类节目更有优势

2010年，东方卫视播出了《中国达人秀》第一季，该节目将国外选秀节目《英国达人》《美国达人》移植至国内以后，取得了可观的成绩，得到了业界的好评和观众的追捧，其原因是节目没有照搬照抄，而是在引进后进行了大量的本土化改造（见图4-14）。在表演内容上，不同于《英国达人秀》中戏剧表演、奇人绝技的展现，《中国达人秀》更多的是结合中国的传统文化，通过节目中的达人展现中国传统技艺和民族特色才艺。在呈现方式上，《英国达人秀》采用情景设计的手法，节目有着不同的主题和剧情，而在《中国达人秀》中，观众看到的不仅是达人的才艺，更是其才艺背后真实动人的情感故事。因而，《中国达人秀》更符合中国观众的审美需求。

图4-14　《英国达人秀》与《中国达人秀》（图片来源：节目截图）

5.创业系列：从《学徒》到《赢在中国》

《赢在中国》是一档全国性的商战真人秀节目，节目创意来自美国的技能应试类真人秀《学徒》，其获得成功的重要原因在于节目进行了适应中国观众的本土化改造（见图4-15）。与《学徒》中着力营造选手间钩心斗角的紧张氛围不同的是，《赢在中国》虽然也展现选手间的竞争关系，但更多的是对选手自身能力以及选手之间通力合作的良性竞争关系的呈现，这样的改造更符合中国的文化背景和中国人的审美期待。

图4-15　《学徒》与《赢在中国》（图片来源：节目截图）

中国在引进国外成熟节目模式时，不可避免地会面临因为文化和背景不同而带来的差异，将这些引进节目进行本土化改造是使其符合中国主流价值观的改造手段。海外版权引进节目要在引进的基础上寻找新意，做出中国气质，从而避免引进版权所带来的依赖性，并逐渐摆脱引进模式，形成自己的原创模式。因此，引进海外版权节目，进行本土化改造只是中国电视节目发展路上的一条学习路径，而不是发展的终点。

在中国电视节目版权引进的过程中，虽然有许多国外成熟模式为中国的综艺节目发展提供了创作思路,提高了中国综艺节目的制作水平,并在一定程度上丰富了中国的电视荧屏,但在引进的路上仍会遇到瓶颈期。中国的电视综艺节目如何突破依靠版权引进的现有格局,实现从海外引进到本土化创新,再到向海外输出原创节目的转型升级,仍然是当前节目发展的重要问题。

(二)原创节目经典化

中央广播电视总台作为国家级媒体,担负着当代社会文明传承的责任使命,近年来以打造中国原创文化节目为目标,出品了一系列以中华传统文化为依托的节目,吸引着观众的眼球,如文化音乐节目《经典咏流传》,文化类节目《故事里的中国》《典籍里的中国》《国家宝藏》等。这些原创节目在文化传递和形式创新上达到了新的美学高度,在泛娱乐化的行业氛围中坚守着艺术品质和文化立场。中华传统文化与时代背景的紧密结合,让更多的年轻观众感受到中国传统文化独特的魅力和不竭的生命力。

文化音乐节目《经典咏流传》响应落实了中国共产党第十九次全国代表大会报告中"推动中华优秀传统文化创造性转化、创新性发展"的精神,以"和诗以歌"的形式将传统文化中的经典诗词与现代流行歌曲有机结合。节目由撒贝宁担任主持人并朗诵诗词,明星嘉宾用流行歌曲的演唱方法演唱经典诗词,讲述歌曲创作背景及时代意义,再由文化专家解读经典背后的人文历史知识。《经典咏流传》播出的四季节目,在形式上不断发展、层层推新,而不变的内核是共同品鉴歌词文化内涵、领略诗词之美,赋予流行歌曲文化底蕴、赋予传统文化新的时代表达。

《故事里的中国》是中央广播电视总台推出的另一档具有创新性的文化节目,每期节目由演绎经典、嘉宾访谈、围读剧本三个环节组成,演绎经典部分采用了"戏剧+影视+综艺"的表达方式进行呈现。节目组还通过匠心置景,将历史场景进行全景式的还原。节目首期播出的由刘涛、胡歌演绎的《永不消逝的电波》,真实地再现了胡歌饰演的地下情报员的工作场景,狭小的阁楼、昏暗的灯光,完美营造了秘密发报的紧张感,给观众极强的视觉冲击力与代入感。节目还创新采用多舞台空间,进行多线并行的立体叙事,增强了节目的表达张力,为观众带来沉浸式体验。《故事里的中国》第三季选取中国共产党成立100周年之际获得"七一勋章""共和国勋章"的代表人物,将这些时代人物及其背后的真实故事重现于戏剧舞台，展示时代的伟大精神力量。继《故事里的中国》后，总台又推出系列节目《典籍里的中国》，这档节目仍然延续戏剧化结构、影视化表达，营造多空间、沉浸式的故事讲述场。节目以"让书写在古籍里的文字活起来"为破题点，将厚重的古籍文化题材转化成年轻人易于接受的审美形式，以"现代读书人"和"古代读书人"穿越时空对话的模式讲述古籍故事，解读古籍中的思想要义。首期节目解读《尚书》时，由倪大红扮演的伏生带领观众回到思想的源头，了解"九州从何而来""华夏自古一体"，让观众明白了华夏文明生生不息的根本。

《国家宝藏》立足于中华文化宝库资源，通过对一件件文物的梳理与总结，演绎文物背后的故事与历史，让更多的观众走进博物馆，在懂得如何欣赏文物之美的同时，也了解文物所承载的文明和中华文化延续的精神内核，唤起大众对文物保护、文明守护的重视。节目邀请有影响力的公众人物，作为"国宝守护人"讲述文物背后的故事，通过电视语言的呈现让文物"活"起来，让文物不仅是博物馆中的一件陈列品，更是能够让观众感受到"生命"的文化传奇。

最新一季《国家宝藏·展演季》突破原有节目形式，由001号讲解员张国立每期邀请一位文化学者发布"招贤榜"，号召全国各地的表演者揭榜挂帅，选定展中的一件文物，为其定制表演，演绎国宝的今生乐章。每期三组表演将看似没有联系的国宝统一在同一榜单主题下，逐步构建起具有中华基因的"国宝宇宙"。第三期"星汉灿烂"中，权利乐队创作的先锋音乐《天·眼》在未来感十足的电子音乐风格中，融入"天眼"FAST收集到的脉冲星的声音，引爆全网。这首没有歌词的作品，借由青铜纵目面具的"一眼万年"，串联起一部恢宏的"人类发展简史"。它以编钟、川剧、号角、蒸汽火车等声音开篇，以"天眼之父"南仁东教授的声音引至高潮，以航空航天的声音收尾结束，让观众既能聆听宇宙的心跳和脉搏，也能听见历史进程的铿锵鼓点，极具科技感和未来感。

中央广播电视总台出品的一系列具有代表性的原创节目都通过不同的创新形式向观众展示着中国的文化基因。通过挖掘不同文化类型的意蕴、品格，结合人民群众的文化需求和时代社会特色，中央广播电视总台不断制作出集思想性、艺术性、观赏性于一体的原创节目，坚持履行国家级媒体的职责使命，不断讲述中国故事、弘扬中国精神、传播中国文化。

❓ 本节思考题

1. 如何提升本土原创综艺节目的品牌价值?
2. 简述海外节目本土化的几种途径,并结合案例进行分析。

附 录

1 《国家宝藏》策划案

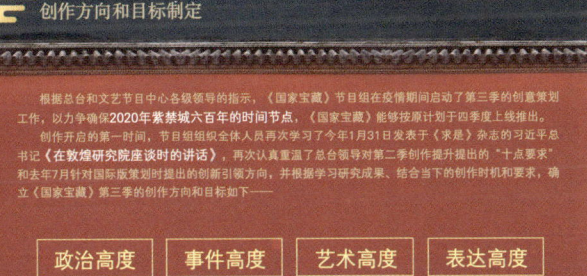

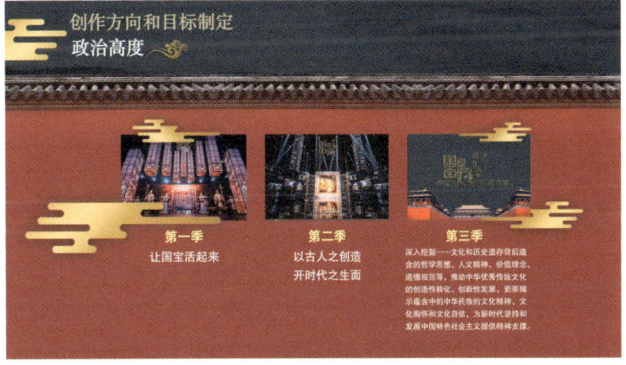

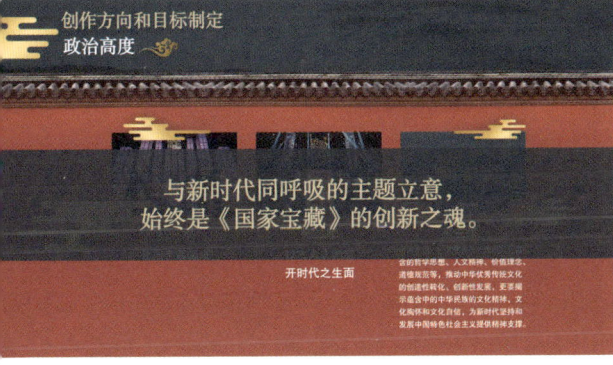

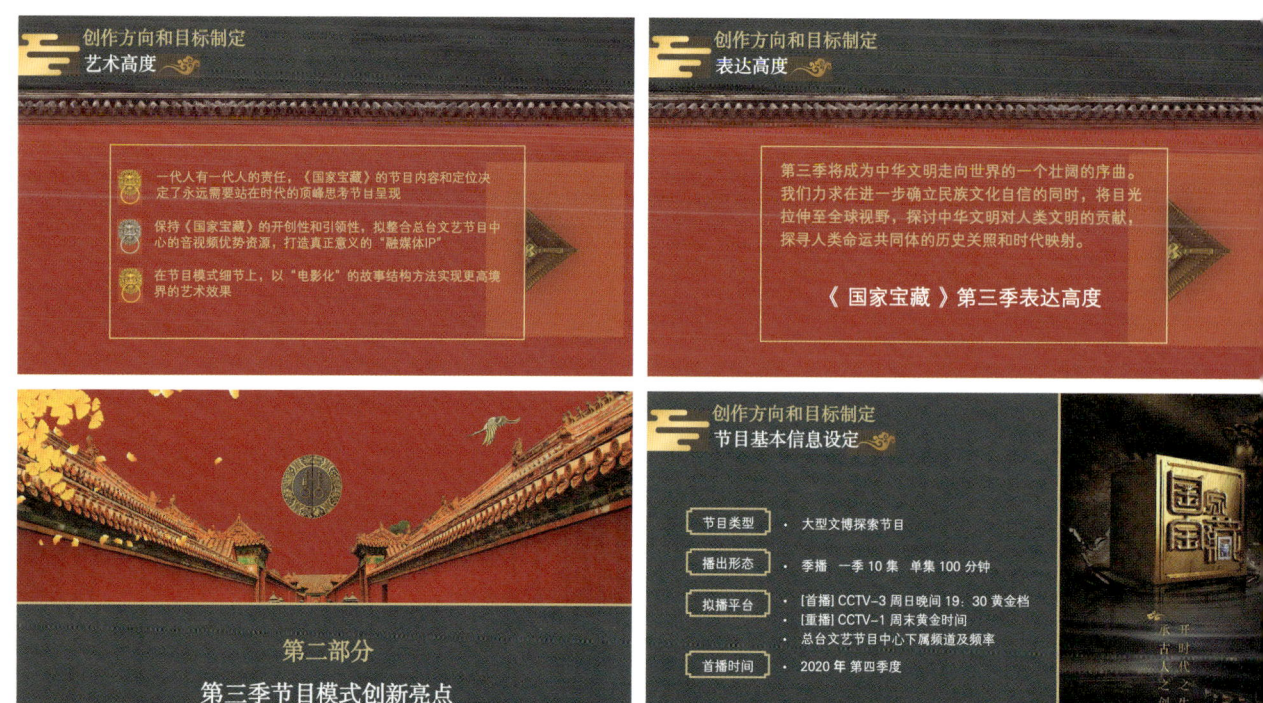

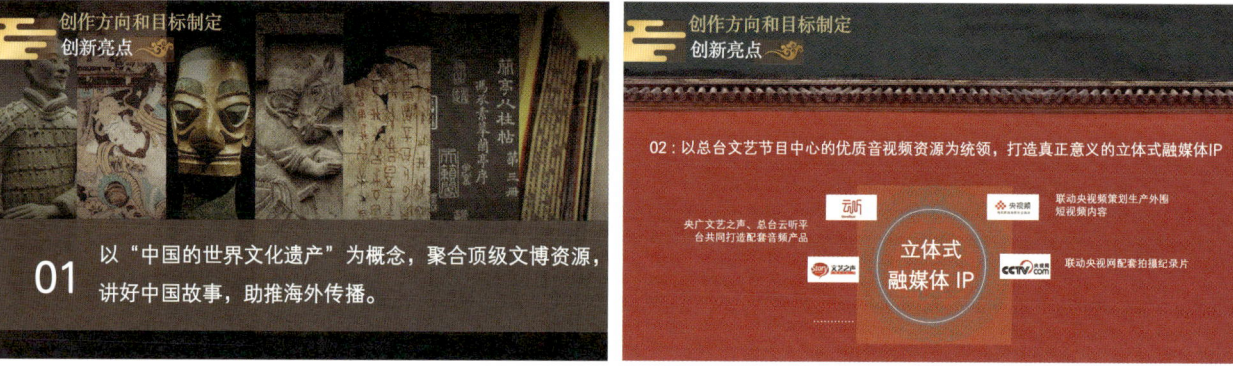

创作方向和目标制定
创新亮点

03：以戏剧表演 + 电影化结构 + 优质文化内容，为观众提供更好的故事讲述

口碑优势 → 提升完善 → 模式创作细节 → 故事讲述 / 嘉宾选取 / 舞美视觉 / 表演手法 / 表达领域

创新亮点
内容立意再次升级
国家宝藏荡气回肠的前世今生 + 文明现场跨越时空的恒久魅力

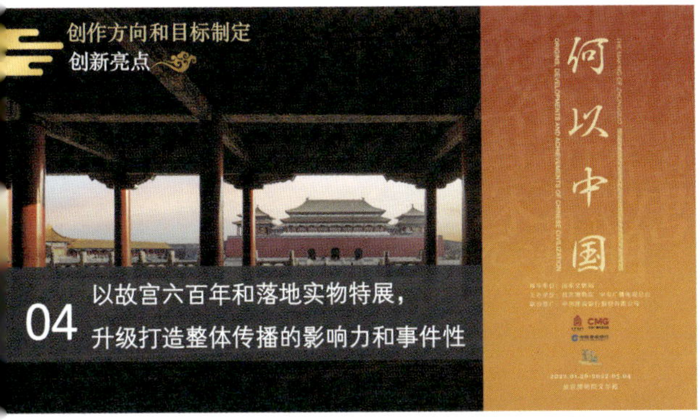

创作方向和目标制定
创新亮点

04 以故宫六百年和落地实物特展，升级打造整体传播的影响力和事件性

何以中国

创新亮点

05 以优质IP的创新开发，创造社会效益和经济效益的双赢

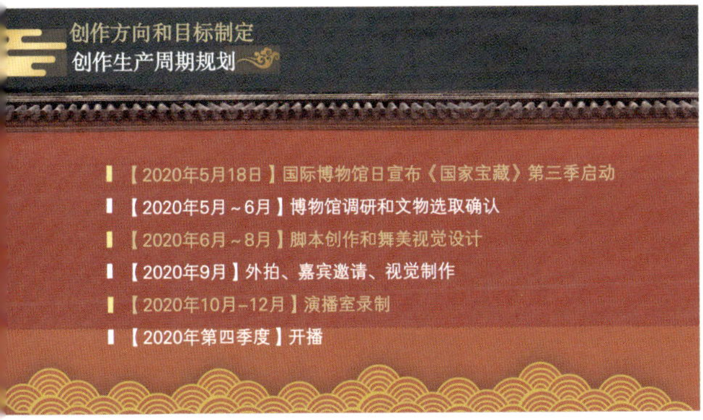

创作方向和目标制定
创作生产周期规划

- 【2020年5月18日】国际博物馆日宣布《国家宝藏》第三季启动
- 【2020年5月~6月】博物馆调研和文物选取确认
- 【2020年6月~8月】脚本创作和舞美视觉设计
- 【2020年9月】外拍、嘉宾邀请、视觉制作
- 【2020年10月~12月】演播室录制
- 【2020年第四季度】开播

第三部分
备选博物馆和亮点国宝介绍

故宫

故宫，又名紫禁城，既是中国最大的古代文化艺术博物馆，也是蜚声世界的明清两朝皇宫遗址。2020年适逢紫禁城建成600周年，故宫博物院院长王旭东应中国八大遗址博物馆发出邀请，共同加盟《国家宝藏》第三季，走进九州华夏的文明现场，展现跨越时空的恒久魅力。

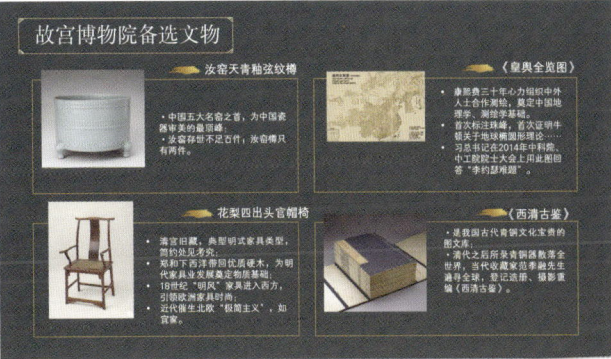

故宫博物院备选文物

汝窑天青釉弦纹樽
- 中国五大名窑之首，为中国瓷器审美的巅峰作。
- 汝瓷存世不足百件，汝窑樽仅有两件。

《皇舆全览图》
- 康熙费三十年心力组织中外人士合作测绘，奠定中国地理学、测绘学基础。
- 首次标注珠穆朗玛峰，首次证明牛顿关于地球椭圆形理论。
- 习近平书记在2014年中科院、小工程院士大会上此图回答"李约瑟难题"。

花梨四出头官帽椅
- 清宫旧藏，典型明式家具类型，简约俊朴处足考究。
- 郑和下西洋带回优质硬木，为明代家具发展奠定物质基础。
- 18世纪"明风"家具涌入西方，引领欧洲家具时尚。
- 近代俄北欧"极简主义"，如宜家。

《西清古鉴》
- 是我国古代青铜文化宝藏的图文库。
- 清代之后所存青铜器散落全世界，当世收藏家范季融先生通过全球、登记造册、摄影兼编《西清古鉴》。

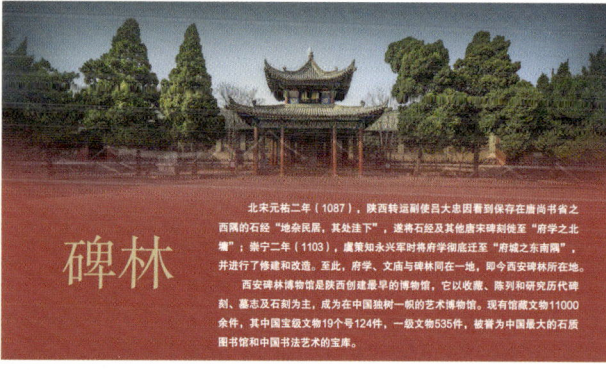

碑林

北宋元祐二年（1087），陕西转运副使吕大忠因看到保存在唐尚书省之西隅的石经"地余民居，其处洼下"，遂将石经及其他唐宋碑刻徙至"府学之北墉"；崇宁二年（1103），虞策如永兴军时将府学御底迁至"府城之东南隅"，并进行了修建和改造。至此，府学、文庙与碑林同在一地，即今西安碑林所在地。

西安碑林博物馆是陕西创建最早的博物馆，它以收藏、陈列和研究历代碑刻、墓志及石刻为主，成为在中国独树一帜的艺术博物馆。现有馆藏文物11000余件，其中国宝级文物19个号124件，一级文物535件，被誉为中国最大的石质图书馆和中国书法艺术的宝库。

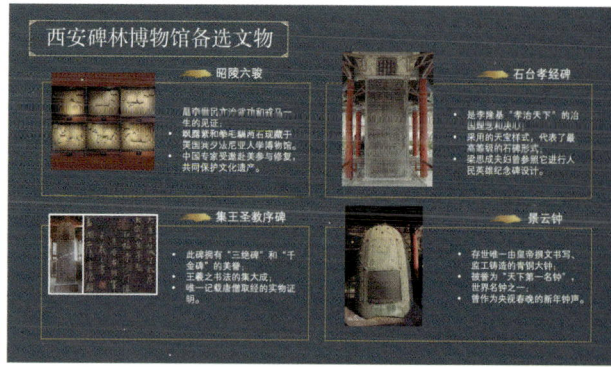

西安碑林博物馆备选文物
- 昭陵六骏
- 石台孝经碑
- 集王圣教序碑
- 景云钟

布达拉宫

公元7世纪松赞干布为迎娶文成公主而兴建。被誉为"世界十大土木建筑"之一，堪称建筑艺术与佛教艺术的博物馆。内部绘有数以万计的壁画作品，是名副其实的巨型绘画艺术长廊。其中有中国最大的贝叶经藏经库，全世界藏经居首位。同时还收藏了大量文物珍宝。1994年12月，联合国教科文组织列其为世界文化遗产。

布达拉宫备选文物
- 布达拉宫藏清代修砌图
- 文成公主进藏图
- 《四部医典》藏医药唐卡
- "文化十明"贝叶经

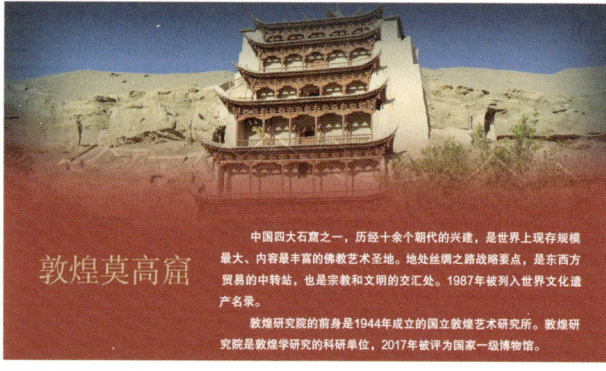

敦煌莫高窟

中国四大石窟之一，历经十余个朝代的兴建，是世界上现存规模最大、内容最丰富的佛教艺术圣地。地处丝绸之路战略要点，是东西方贸易的中转站，也是宗教和文明的交汇处。1987年被列入世界文化遗产名录。

敦煌研究院的前身是1944年成立的国立敦煌艺术研究所。敦煌研究院是敦煌学研究的科研单位，2017年被评为国家一级博物馆。

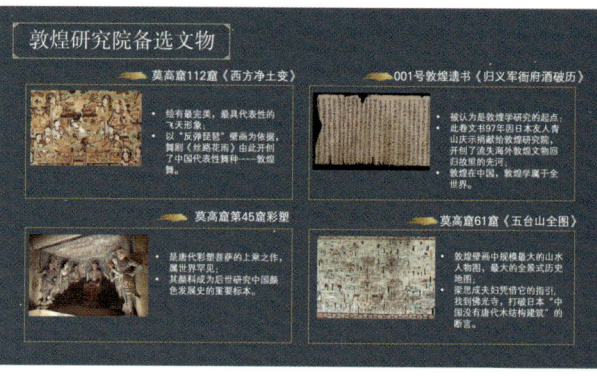

敦煌研究院备选文物
- 莫高窟112窟《西方净土变》
- 001号敦煌遗书《归义军衙府酒破历》
- 莫高窟第45窟彩塑
- 莫高窟61窟《五台山全图》

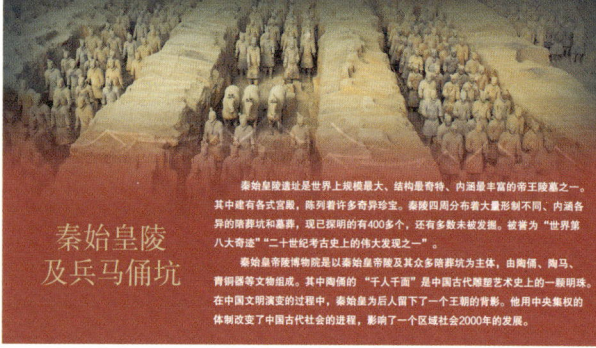

秦始皇陵及兵马俑坑

秦始皇陵遗址是世界上规模最大、结构奇特、内涵最丰富的帝王陵墓之一。其中建有各式宫殿，陈列着许多奇异珍宝。秦陵四周分布着大量形制不同、内涵各异的陪葬坑和墓葬，现已探明的有400多个，还有多数未被发掘。被誉为"世界第八大奇迹"之"二十世纪考古史上的伟大发现之一"。

秦始皇帝陵博物院是以秦始皇帝陵及众多陪葬坑为主体，由陶俑、陶马、青铜器等文物组成。其中陶俑的"千人千面"是中国古代雕塑艺术史上的一颗明珠。在中国文明演变的过程中，秦始皇为后人留下了一个王朝的背影。他用中央集权的体制改变了中国古代社会的进程，影响了一个区域社会2000年的发展。

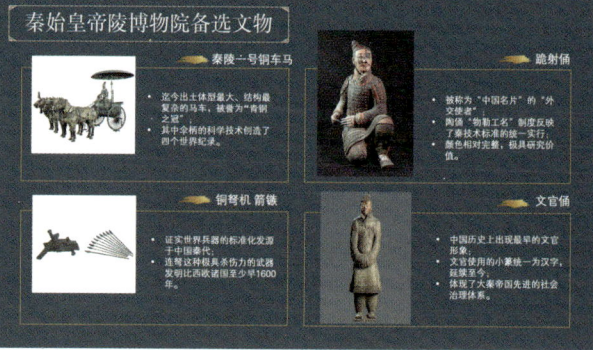

秦始皇帝陵博物院备选文物
- 秦陵一号铜车马
- 跪射俑
- 铜弩机 箭镞
- 文官俑

附录 203

孔府 孔庙 孔林

山东济宁曲阜的孔府、孔庙、孔林，统称曲阜"三孔"；孔府是孔子嫡系子孙居住之地，即"衍圣公府"；孔庙是祭祀孔子的庙宇；孔林是孔子及其家族的专用墓地。三孔是中国历代纪念孔子、推崇儒学的表征，以丰厚的文化积淀、悠久历史、宏大规模、丰富文物珍藏而著称。1994年被联合国列入《世界遗产名录》。

孔子博物馆，北倚孔庙公里，与"三孔"世界遗产遥相呼应，为纪念孔子、集中展示孔子思想学说而建成。其中藏品主要源自历史上孔府百年来积累的旧藏。可以说是"三孔"文化遗产的延伸，馆藏丰富，拥有各类馆藏文物70万件。

孔子博物馆备选文物

- 明人绘《三圣像》
- 商周十供
- 清光绪版《桃花扇传奇》

殷墟

殷墟遗址是中国历史上第一个有文献可考并为甲骨文和考古发掘所证实的古代都城遗址，距今已有3300年的历史。它是一座都城，是一个国家的政治中心、经济中心、军事中心和文化礼仪中心，是一个王朝的缩影。

1961年殷墟被公布为第一批国家重点文物保护单位。2001年被评为"中国20世纪100项考古大发现"之首。2006年被列入《世界遗产名录》，同年建立殷墟博物馆，集中收藏、保护、展示殷墟出土的可移动文物。

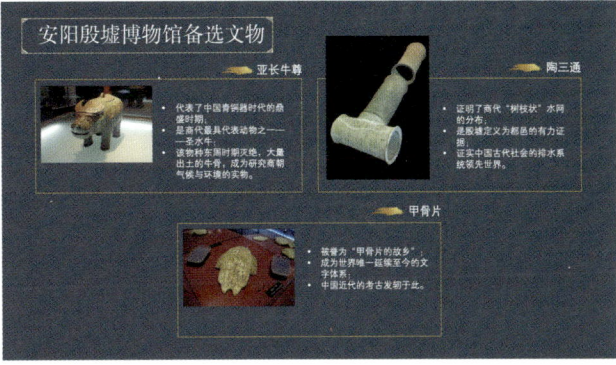

安阳殷墟博物馆备选文物

- 亚长牛尊
- 陶三通
- 甲骨片

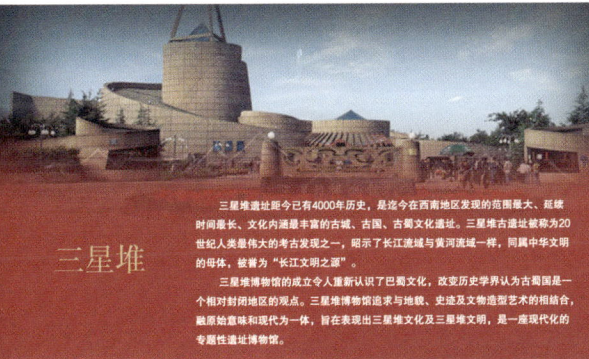

三星堆

三星堆遗址距今已有4000年历史，是迄今在西南地区发现的范围最大、延续时间最长、文化内涵最丰富的古城、古国、古蜀文化遗址。三星堆古遗址被称为20世纪人类最伟大的考古发现之一，昭示了长江流域与黄河流域一样，同属中华文明的母体，被誉为"长江文明之源"。

三星堆博物馆的成立令人重新认识了巴蜀文化，改变历史学界认为古蜀国是一个相对封闭地区的观点。三星堆博物馆追求与地貌、史迹及文物造型艺术的相融合，融原始意味和现代为一体，旨在表现出三星堆文化及三星堆文明，是一座现代化的专题性遗址博物馆。

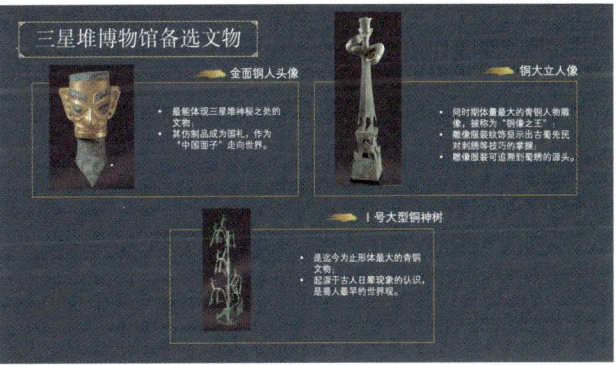

三星堆博物馆备选文物

- 金面铜人头像
- 铜大立人像
- 1号大型铜神树

2 《典籍里的中国》策划案

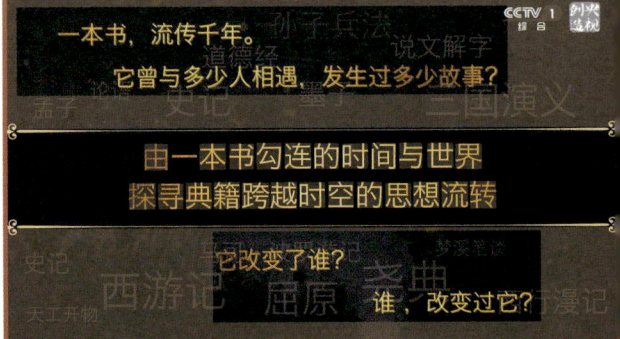

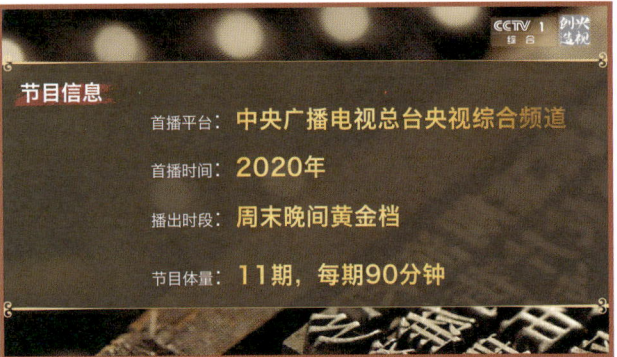

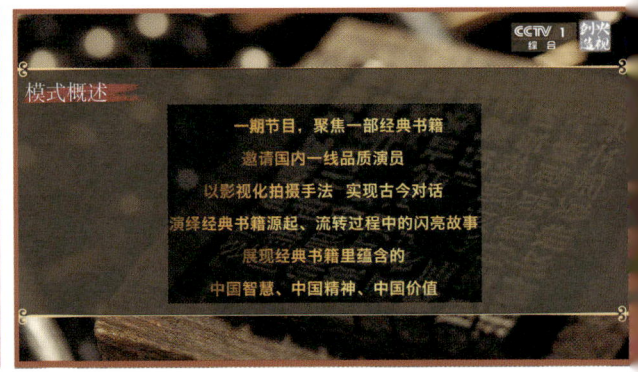

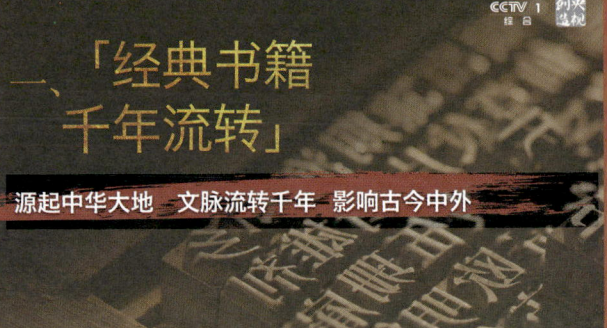

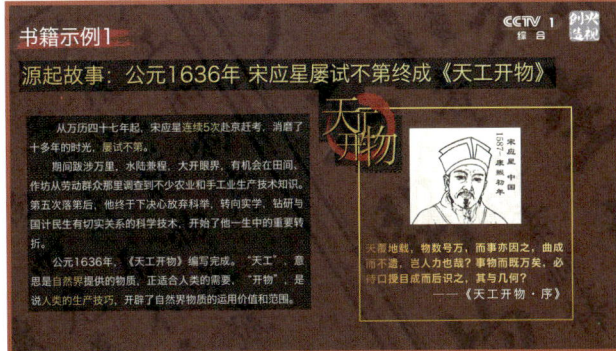
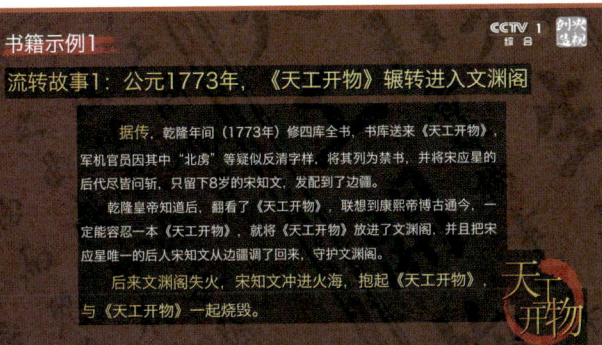
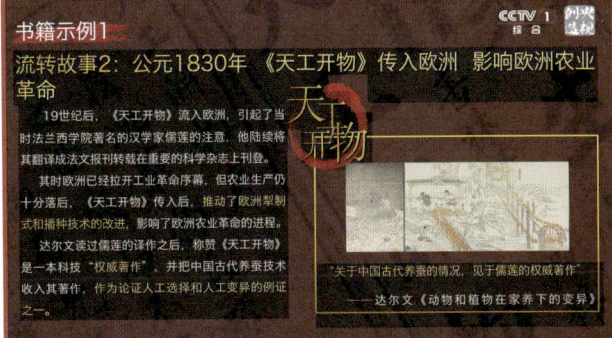
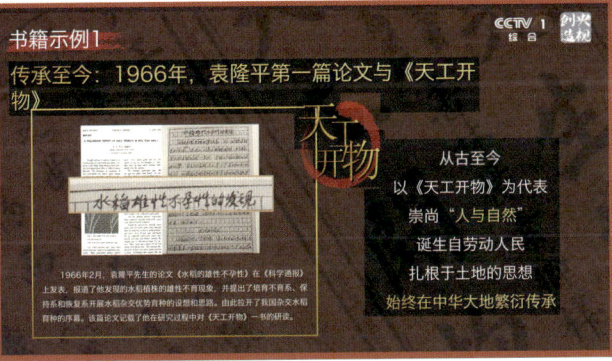

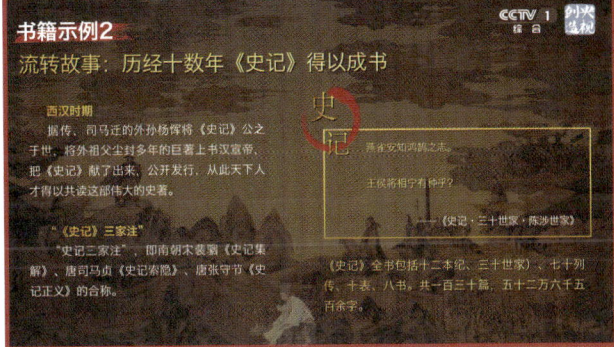

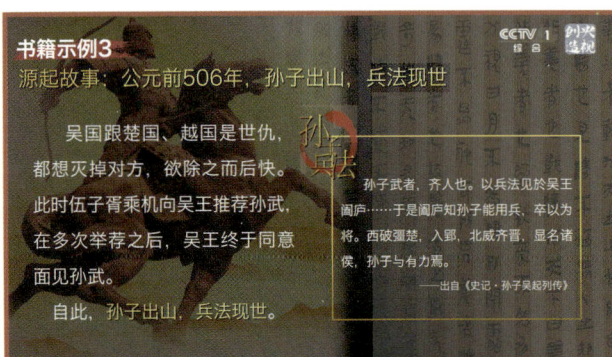
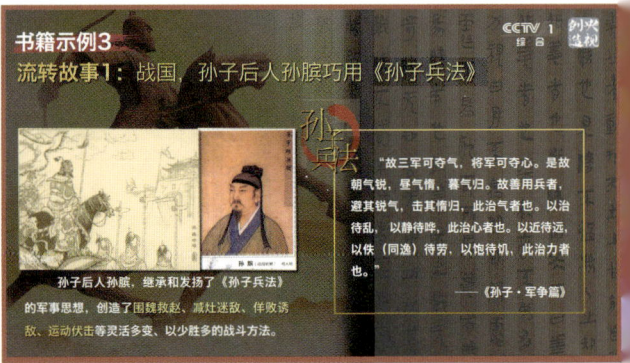
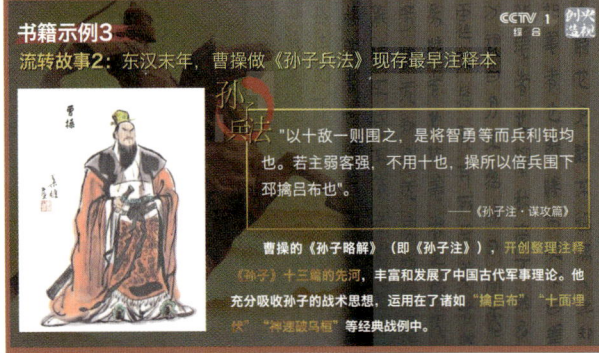
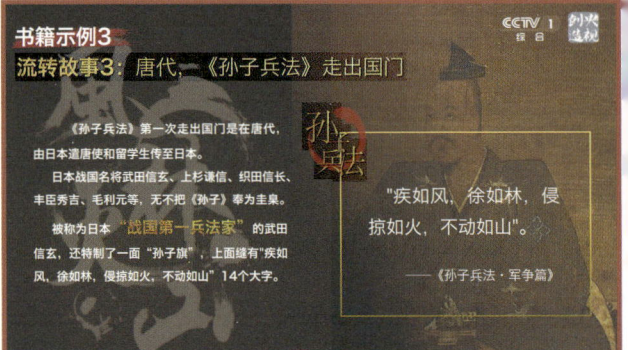
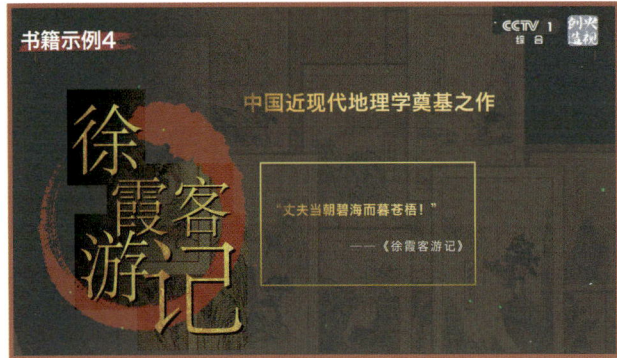
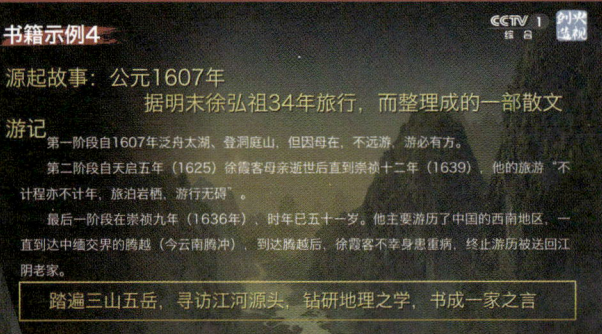

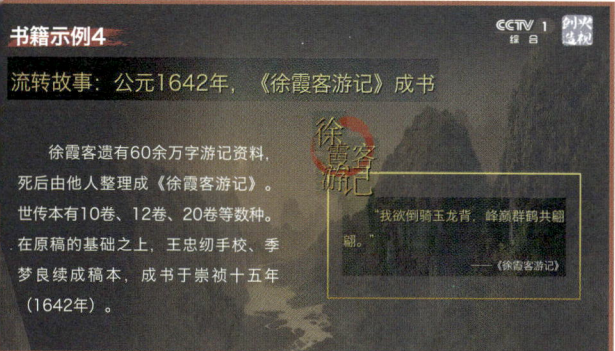

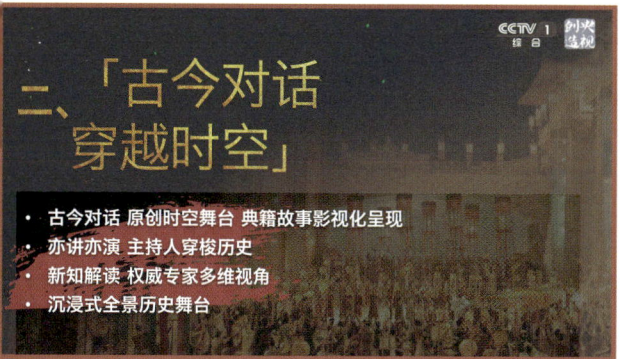
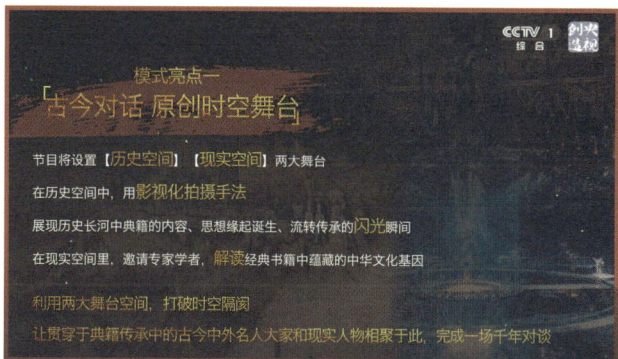

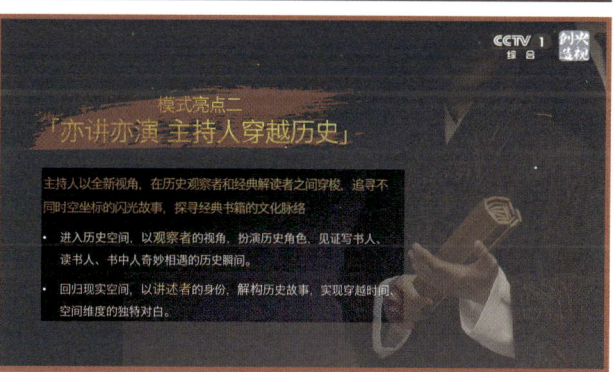

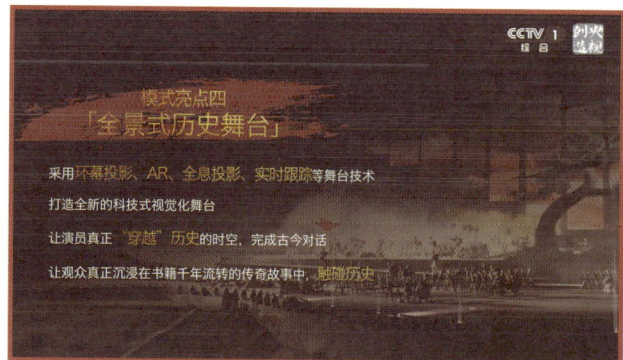

3 《经典咏流传》项目推介

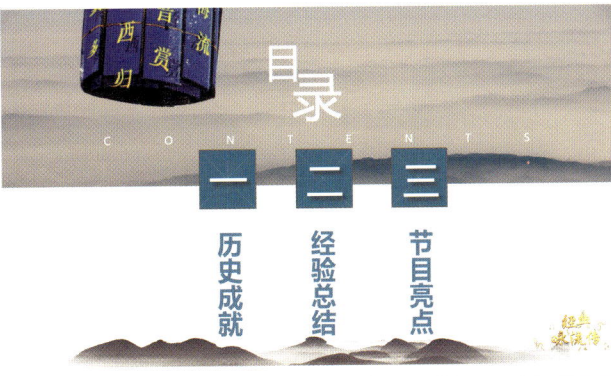

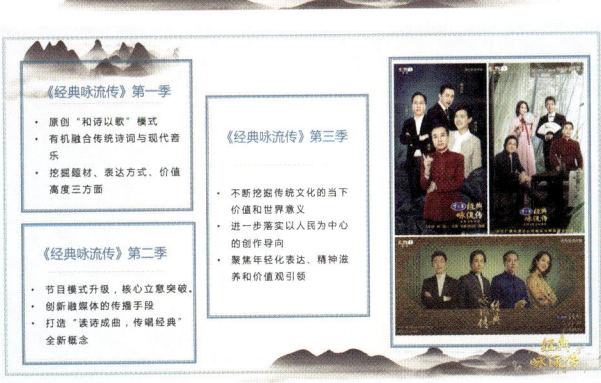

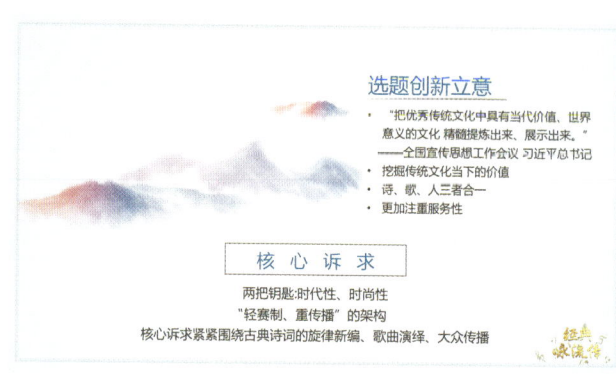
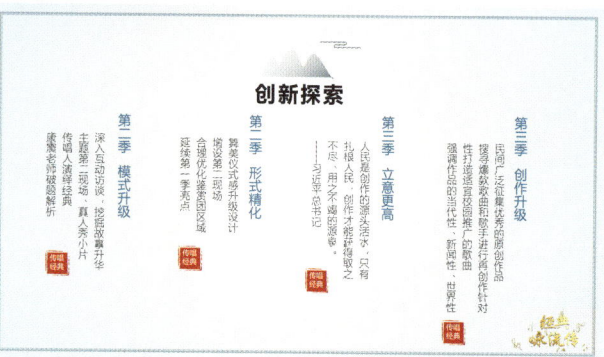

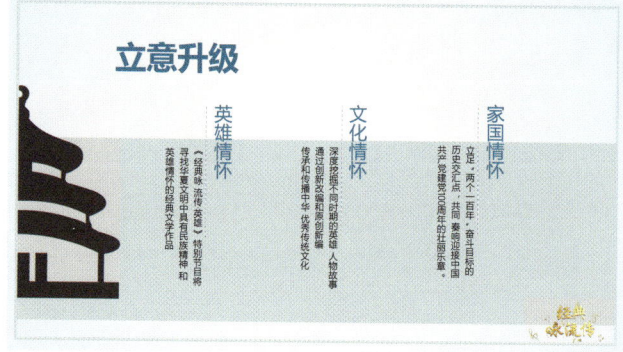

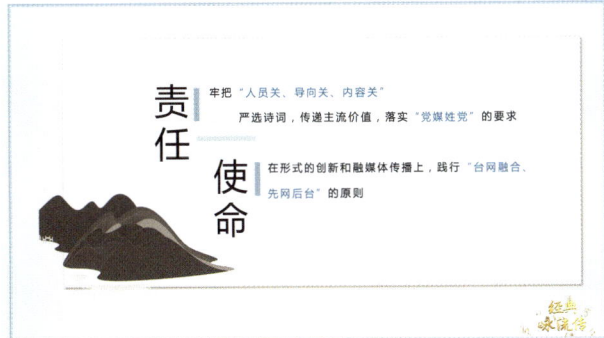

4 《冬日暖央young》策划案

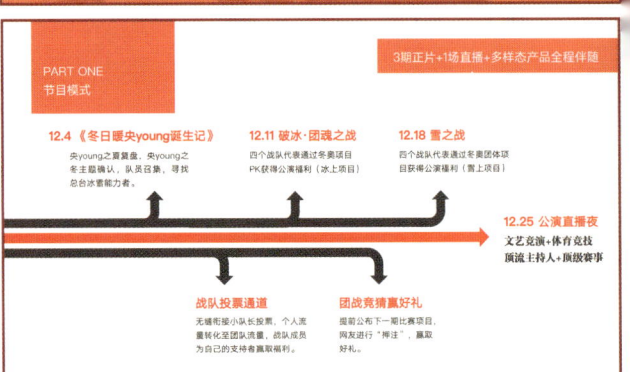

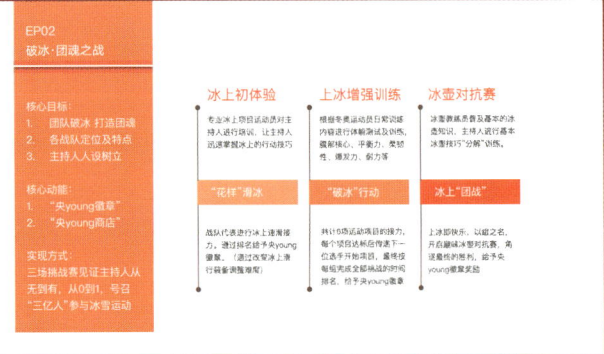

附录 213

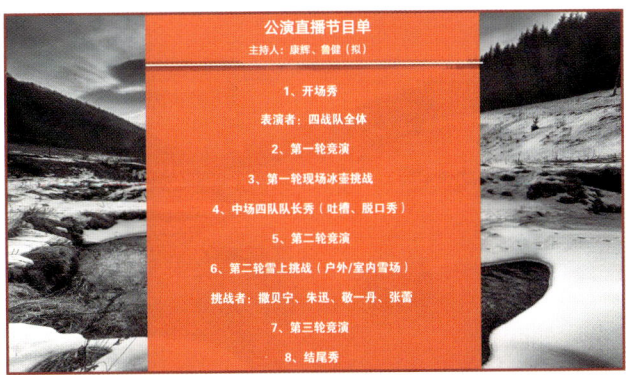
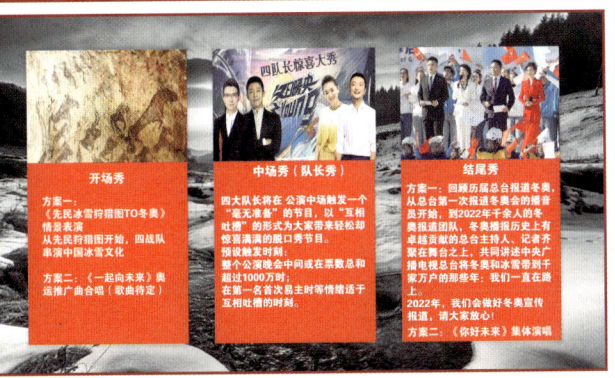
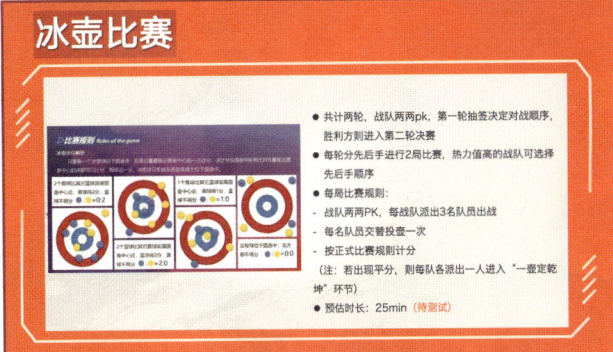
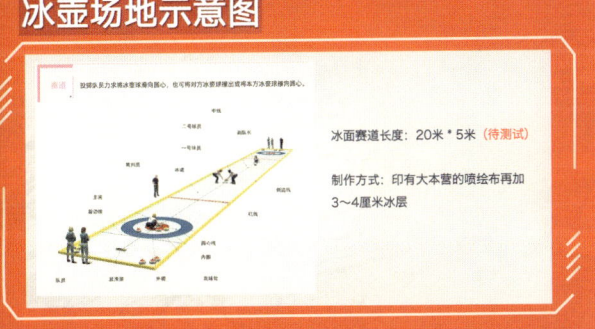

02
PART TWO
四大战队介绍及节目设计

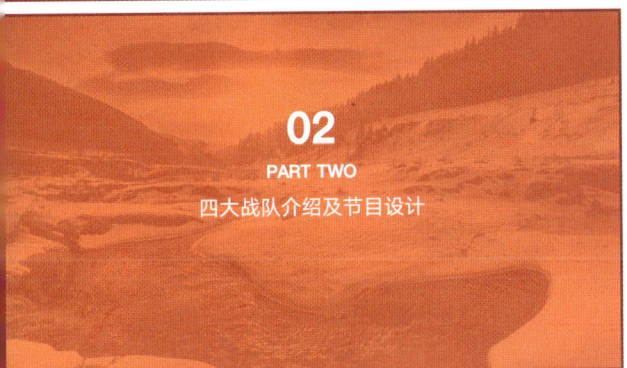

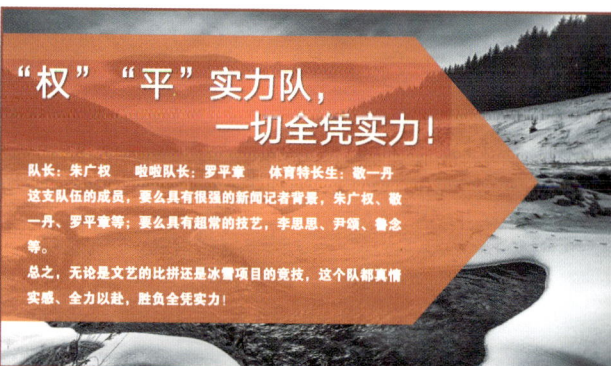

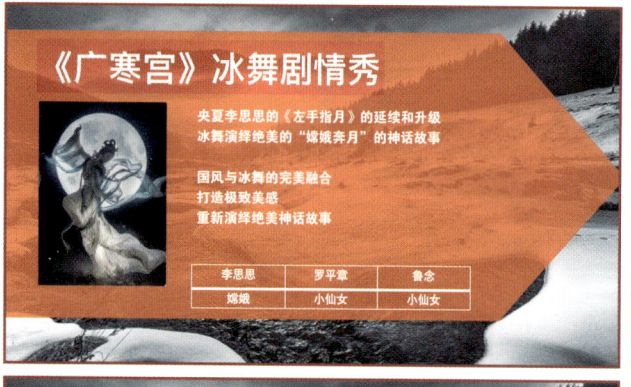
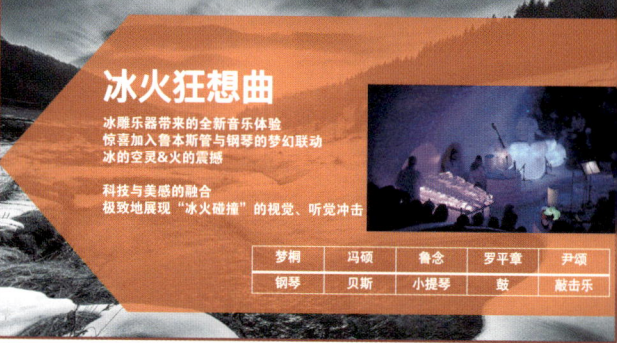
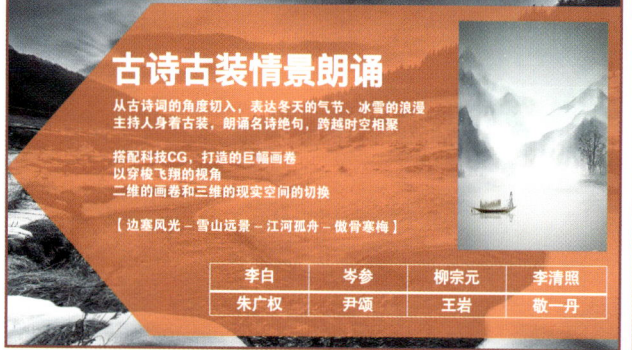
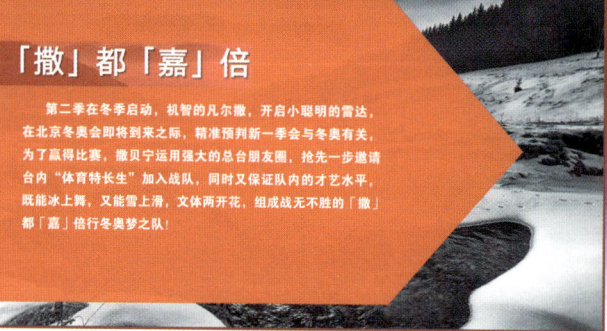

>>> 附录 215

「撒」都「嘉」倍：队长+小队长担当

"嘉""贝"= 加 倍！
撒都加倍战队

- ✓ 快乐加倍
- ✓ 经典加倍
- ✓ 热情加倍
- ✓ 魅力加倍

大队长：撒贝宁
「撒」都行的凡尔撒选手

小队长：王嘉宁
滑雪
（钢琴、吉他、唱歌）

拟搭档队员及才艺

- **鞠萍** 秘书长&纪律委员（戏曲、表演）
- **龙洋** 轮滑、艺术体操（民族舞、唱歌）
- **张韬** 轮滑项目（民族舞、蒙古舞）
- **王冠** 滑水、双板滑雪项目（长笛、唱歌）
- **刘天伊** 单板滑雪、滑冰（唱歌、跳舞）
- **姚轶滨** 短道速滑、滑雪（唱歌）
- **何岩柯** 滑冰项目（唱歌）
- **郑春莹** 轮滑项目（钢琴、空中瑜伽）

「撒」都「嘉」倍 节目方向设计 方案一 快乐加倍！

情景音乐剧
《达拉崩吧》 X 《冰雪皇后》

■ **《冰雪皇后》故事背景**

加伊和格尔达是从小到大的玩伴。某天，一片带有魔力的恶魔镜子碎片掉入了加伊的眼中，碎片使加伊变得冷酷无情，同格尔达绝交。

一天，格尔达得知了加伊失踪的消息，得知加伊跟随冰雪皇后去了她的宫殿。于是，格尔达开始向着宫殿进发，救出了加伊。

■ **呈现形式**

歌曲选用网络神曲《达拉崩吧》，替换原有剧情，选择安徒生经典童话《冰雪皇后》。

撒贝宁作为故事的讲述者，以旁白的视角，用演唱的方式串联故事剧情，队员在其中扮演主要角色，用情景音乐剧的方式呈现《冰雪皇后》故事。

■ **角色分配**
- 男孩加伊 —— 何岩柯
- 女孩格尔达 —— 刘天伊
- 冰雪皇后 —— 鞠萍
- 故事讲述者 —— 撒贝宁

一人分饰多角、多种唱法展现撒贝宁的演唱天赋，切换美声、通俗、流行、二次元卡通音效展示多角色。
- 恶龙声音一般的魔力镜子；
- 沧桑低沉的老巫婆；
- 放肆狂妄的强盗；
- 善良可爱的花斑鸠……

「撒」都「嘉」倍 节目方向设计 方案二 经典加倍！

国风舞蹈 X 《牡丹亭》——#莎翁对话汤显祖#

■ **节目设计：** 张韬&龙洋在「央夏」中出演莎翁经典爱情IP《罗密欧与朱丽叶》，「央冬」两人继续搭档诠释汤显祖传世经典《牡丹亭》，通过缠绵悱恻的舞蹈演绎杜丽娘与柳梦梅的爱情故事。

■ **场景设计：** 《牡丹亭》中写道"有一日春光暗香黄金柳，雪意冲开了白玉梅"。杜丽娘在故事中以"梅花"为象征，"游园"故事的发生又在深冬，因此场景设计中将凸显雪景及梅花的元素，紧扣本季主题。

■ **呈现设计：** 古典舞为基础，融入昆曲身段及水袖表演；同时选取《牡丹亭》经典唱词作为歌词主要意境，结合流行音乐旋律并融入昆曲念白。

■ **人员分配：** 舞蹈-张韬&龙洋，长笛-王冠，钢琴-王嘉宁

「撒」都「嘉」倍 节目方向设计 方案三 热情加倍！

#全员撒化/全员凡尔赛# #拒绝emo，反向操作#
我们一起真的很不错   **啦啦操 X 空中瑜伽**

在曾经的索契冬奥会、平昌冬奥会都有啦啦操出现的身影。在北京冬奥会来临之际，战队将派出一支强有力的啦啦队，用自己的实际行动为冬奥鼓舞喝彩。

■ **舞台呈现：**
- ✓ 啦啦操分为四队出场，每队将围绕花滑、速滑、冰壶、冰球进行舞蹈动作的设计，在冰上进行运动项目展示。
- ✓ 邀请专业冰上舞蹈演员协助啦啦操伴舞。
- ✓ 操队介绍：鞠萍（每组展示，用口号的方式引出）
- ✓ 啦啦操：龙洋、刘天伊、王嘉宁、郑春莹（空中瑜伽）
- ✓ 主唱：撒贝宁
- ✓ 冬奥运动展示：何岩柯（花滑）、王冠（速滑）、姚轶滨（冰壶）、张韬（冰球）
- ✓ 拟定歌曲：《你要跳舞吗》+《我真的很不错》

「撒」都「嘉」倍 节目方向设计 方案四 魅力加倍！

#当国风遇上冬奥，又是一番笑傲江湖#

■ **节目设计：** 将冬奥冰雪项目包装传统国风装扮（例如头戴京剧盔头进行花滑表演，古代侠客装扮进行滑雪表演，配以威压等特技形式及舞蹈动作进行展示。表达国风与运动、传统与现代的融合。展现冬奥项目的魅力及国潮文化的精粹。同时融入电子国风乐为表演铺底音乐，将传统文化的标识符号作为贯穿于整个节目的结构性元素，展现一场文化与体育的碰撞。

可结合元素举例：
- ✓ 花滑+敦煌飞天壁画的造型
- ✓ 冰球+川剧变脸造型
- ✓ 滑雪+古代剑客（以雪板做剑）
- ✓ 冰壶+棋师
- ✓ 有舵雪橇+青花纹样&武生造型

"冰"雪"尼"好
——将文艺进行到底

在《央young之夏》中，尼格买提率领的"Sunny姐妹团"，形成了以总台高颜值、多才艺的女主艺的女主持人阵容，百变女团的出现，也成了尼格买提战队最靓丽的一道风景线。

《冬日暖央young》"总台暖心弟弟"尼格买提将继续担任队长，更邀请总台文艺男青年陈旻、李峥倾情加入，三大文艺男青年将带领总台百变女团，打造"冬日限定版"文艺青年团，将文艺进行到底！

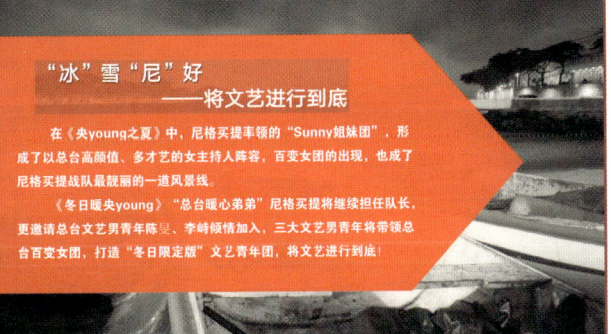

"冰"雪"尼"好

尼格买提

王冰冰

拟搭档成员：朱迅、胡蝶、陈旻、谢颖颖、白影、王曦梁、李峥、伊拉娜、王音棋

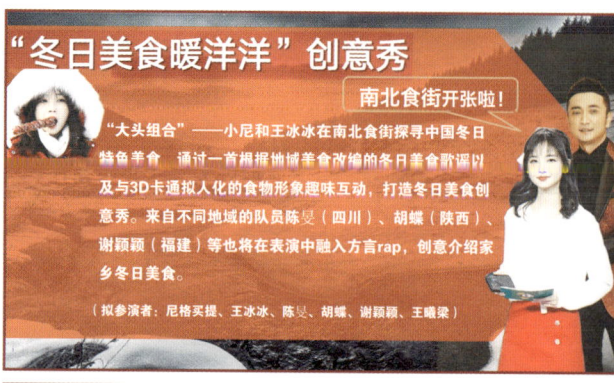
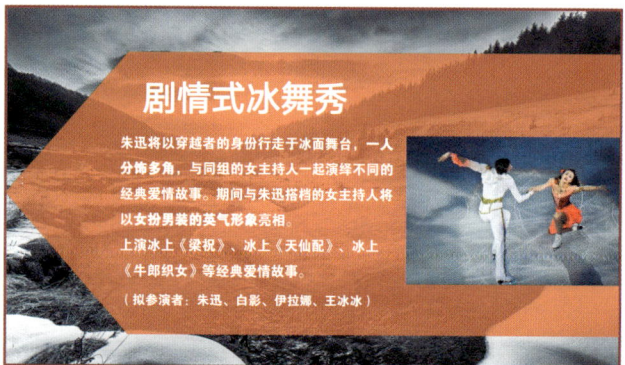
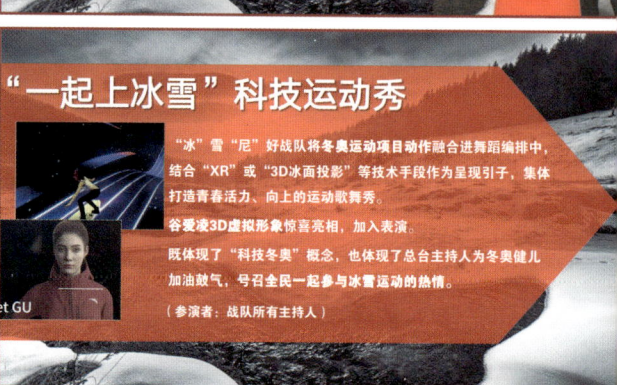
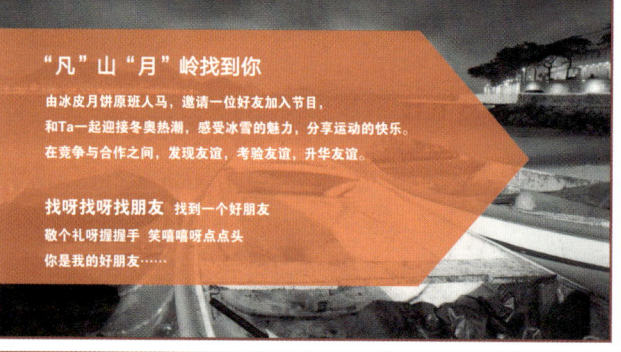

附 录 217

冰上舞台剧《寻找雪孩子》

节目呈现

1、舞美布置：将冰面舞台按照水晶球内的景观进行复刻，无论是建筑、植物、飘雪等，都做到1比1还原，营造身临其境的感觉。
2、回忆杀又回来了：多个动画角色集体登场，构建中国童话"英雄宇宙"，让它们各展所长，帮助雪孩子复活。
3、雪孩子主观视角：通过GoPro镜头将雪孩子凝望、眼泪、衰弱、重燃希望等情绪和状态更加直观的展现在观众面前。
4、冰面投影
  火焰：通过逼真的冰面投影，将观众带入兔子妹妹被困火场，雪孩子救援的紧张氛围中。
  时钟：花滑演员围绕时钟转圈，代表雪孩子的生命倒计时。

创新喜剧大秀

《当我们在解说冬奥时，我们在解说什么》

主要人物：贺炜、邵圣懿
助演成员：月亮姐姐、杨帆、绿泡泡、马凡舒、高涵
惊喜嘉宾：宋世雄、韩乔生、杨扬

【选题意义】2021、2022超级体育大赛年，冬奥会蓄势待发，我们派出最优秀的两位体育解说员"炜懿"选手——贺炜、邵圣懿带来新颖又特别的喜剧节目。将场景设定在冬奥解说现场，互联网元素过多，脑洞可以无限大。贺炜从未解说过冬奥会，作为他的好朋友，本战队成员需要帮助他成为一名全面的解说员，所以一场冬奥创新喜剧大秀，开始了……

【整体结构】
▶ 贺炜邵圣懿出场，邵圣懿cue贺炜尝试解说冬奥项目
▶ 战队主持人在冰场上尝试不同的冬奥项目，贺炜、邵圣懿用个人特色的方式对主持人的表现进行解说。在最后的争夺，冬奥中国首金获得者杨扬再现速滑场面，同步两位解说宣布新章世煌、韩乔生惊喜亮相，合力解说当年的高燃时刻。

复古DISCO：《冬天里的一把火》

节目设计

《冬天里的一把火》将以年代秀的方式呈现出上世纪八十年代与当下的年代差异，一边是八十年代的人们从广播声中听见冬奥转播实况，另一边是当下的普通人通过直播的方式分享冬奥盛况。一起表演这首代表着火热激情的《冬天里的一把火》。

▶ 表演人员：战队全体人员（12人）

视觉呈现

表演起初，将舞台视觉一分为二，表现年代差异，作为引子。之后双空间打破，融为一体，舞台配合场景加入"火"元素，主持人聚集在台前一起演唱。

80年代   今天

节目意义

节目将从年代的变迁中感受中国人与冰雪冬奥共同走过的数十年，感受不同年代观看冬奥的方式，让相同的是，大家对于冬季运动的热情，表露出冬奥在不同代际人心中的热忱。

04
PART FOUR
全网IP运营策略及节奏

全网IP运营策略
端外联动式运营

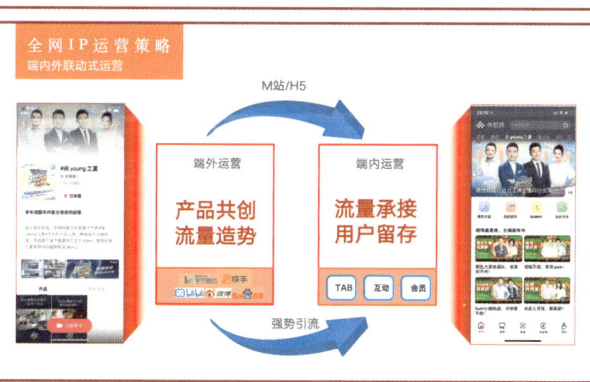

端内运营亮点策略
用户分层黏性运营

端内运营亮点策略
IP驱动 会员权益 运营

端外运营亮点策略
各平台差异化运营

5大主阵地破圈出击

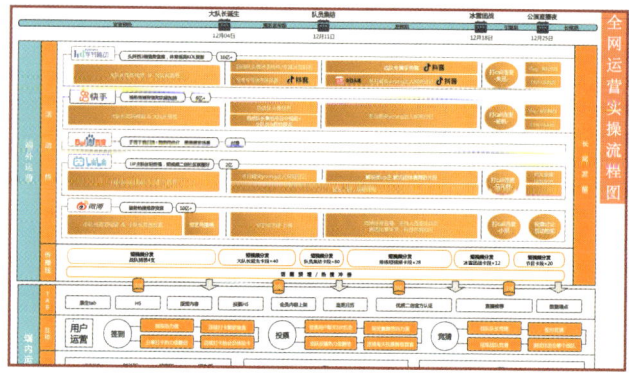

5　《这就是街舞2》策划案

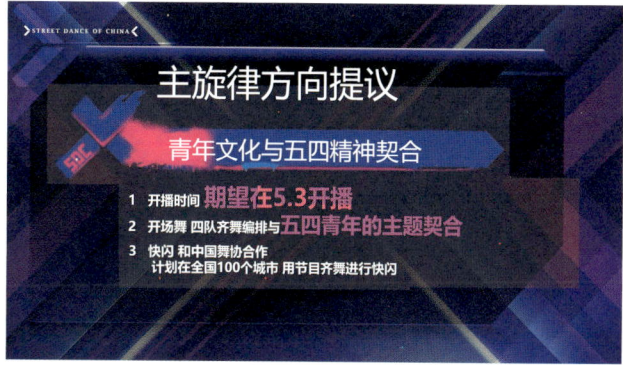
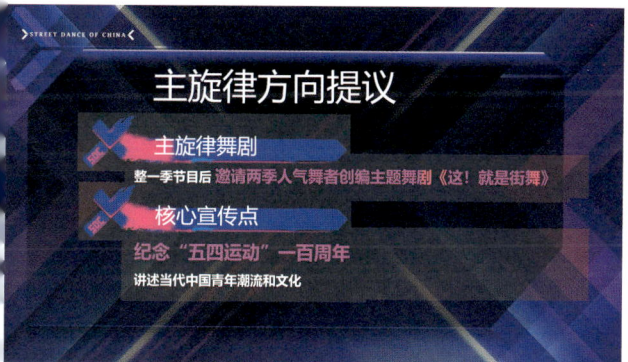

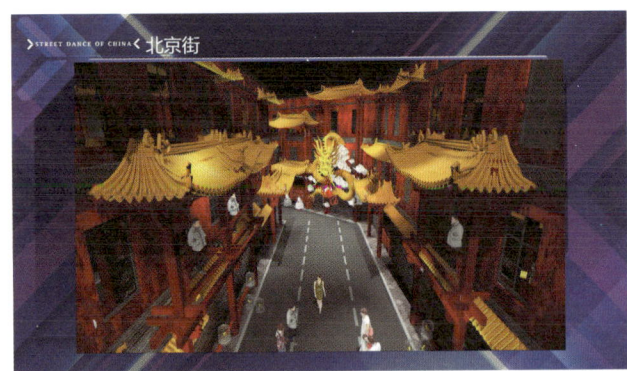

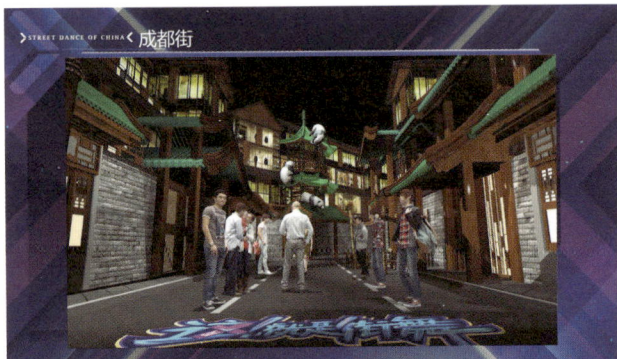

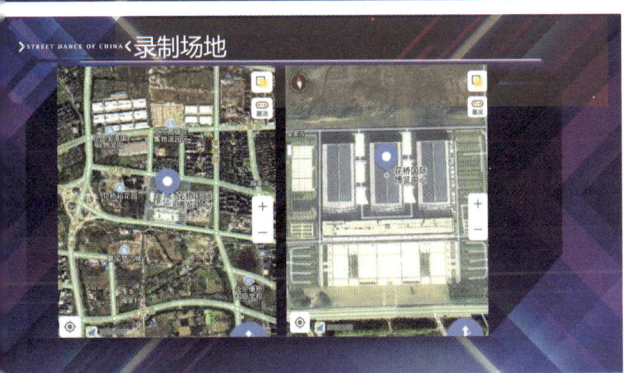

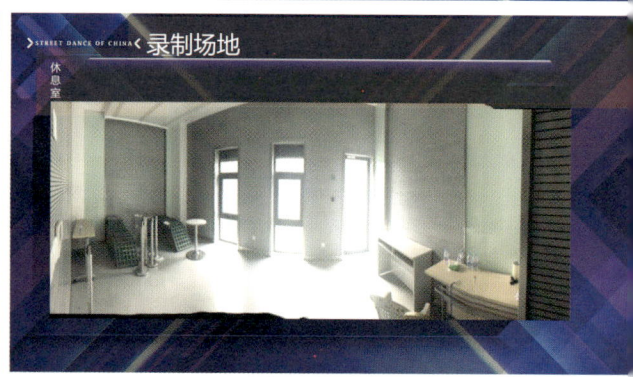
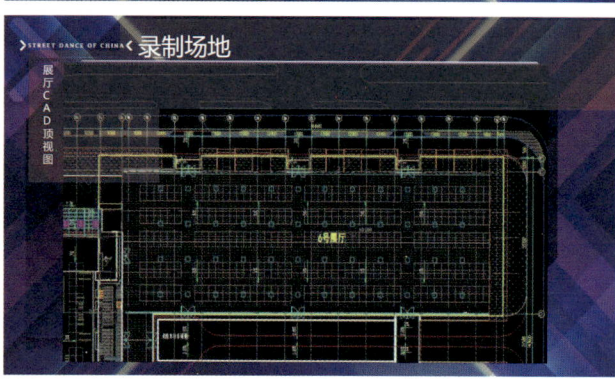

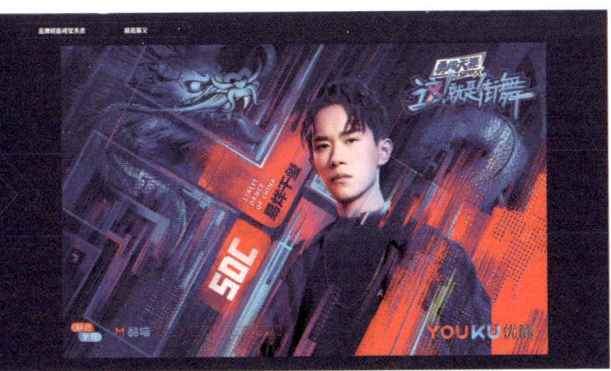

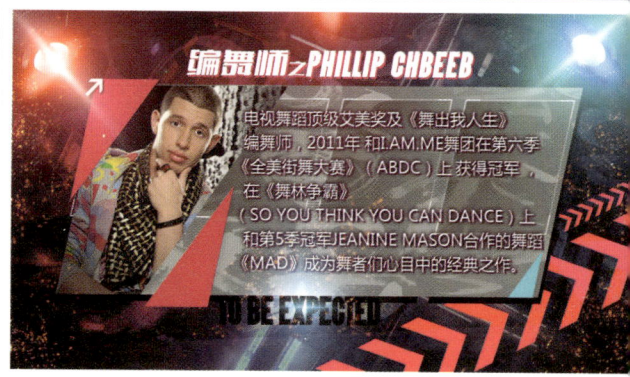

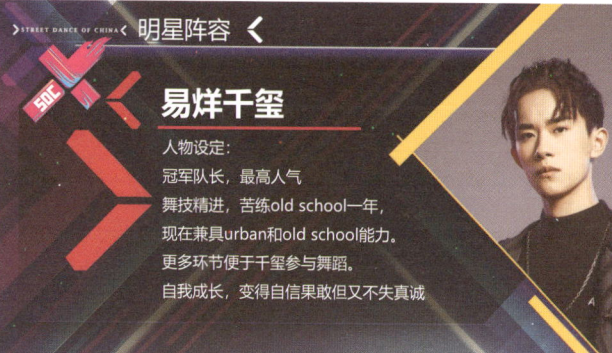

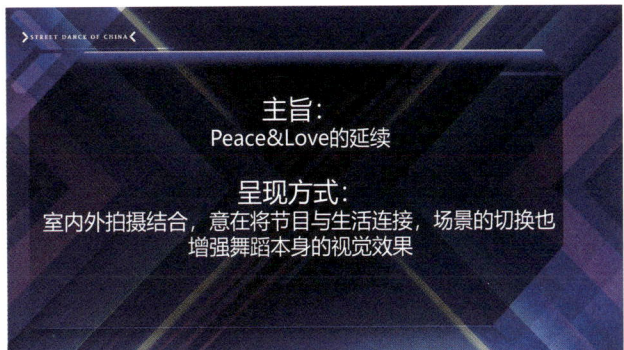

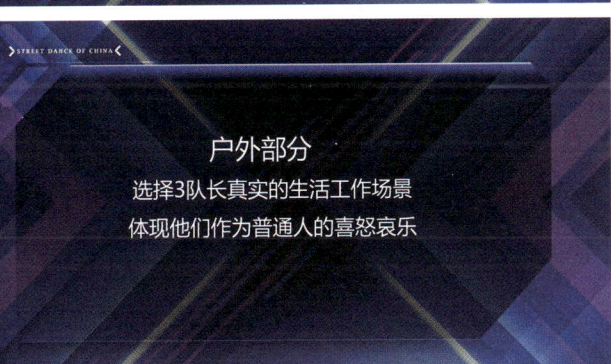

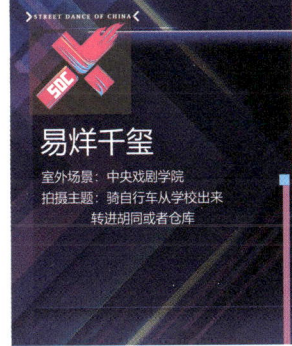

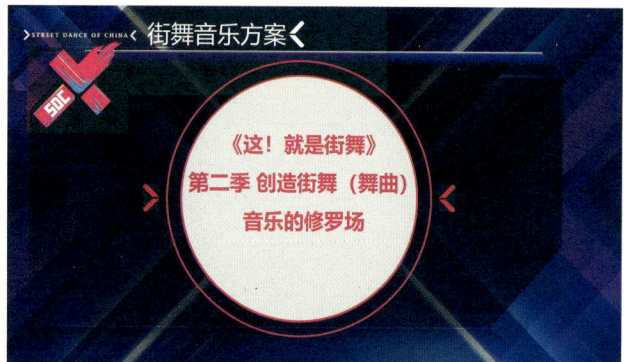
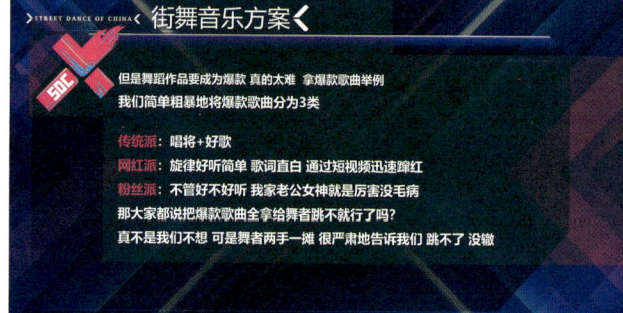
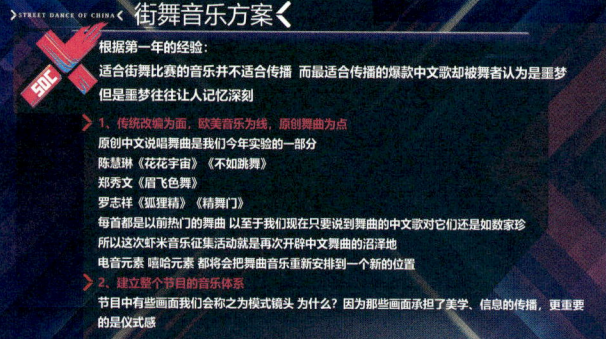
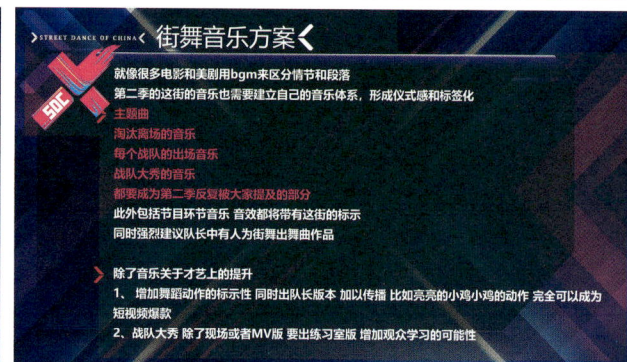

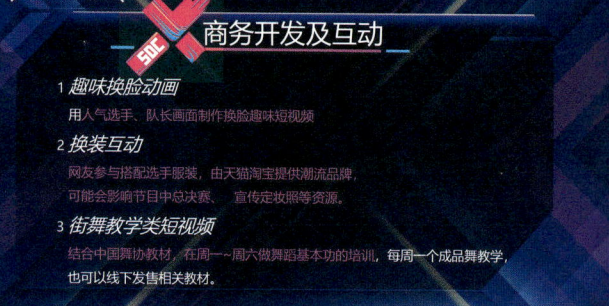

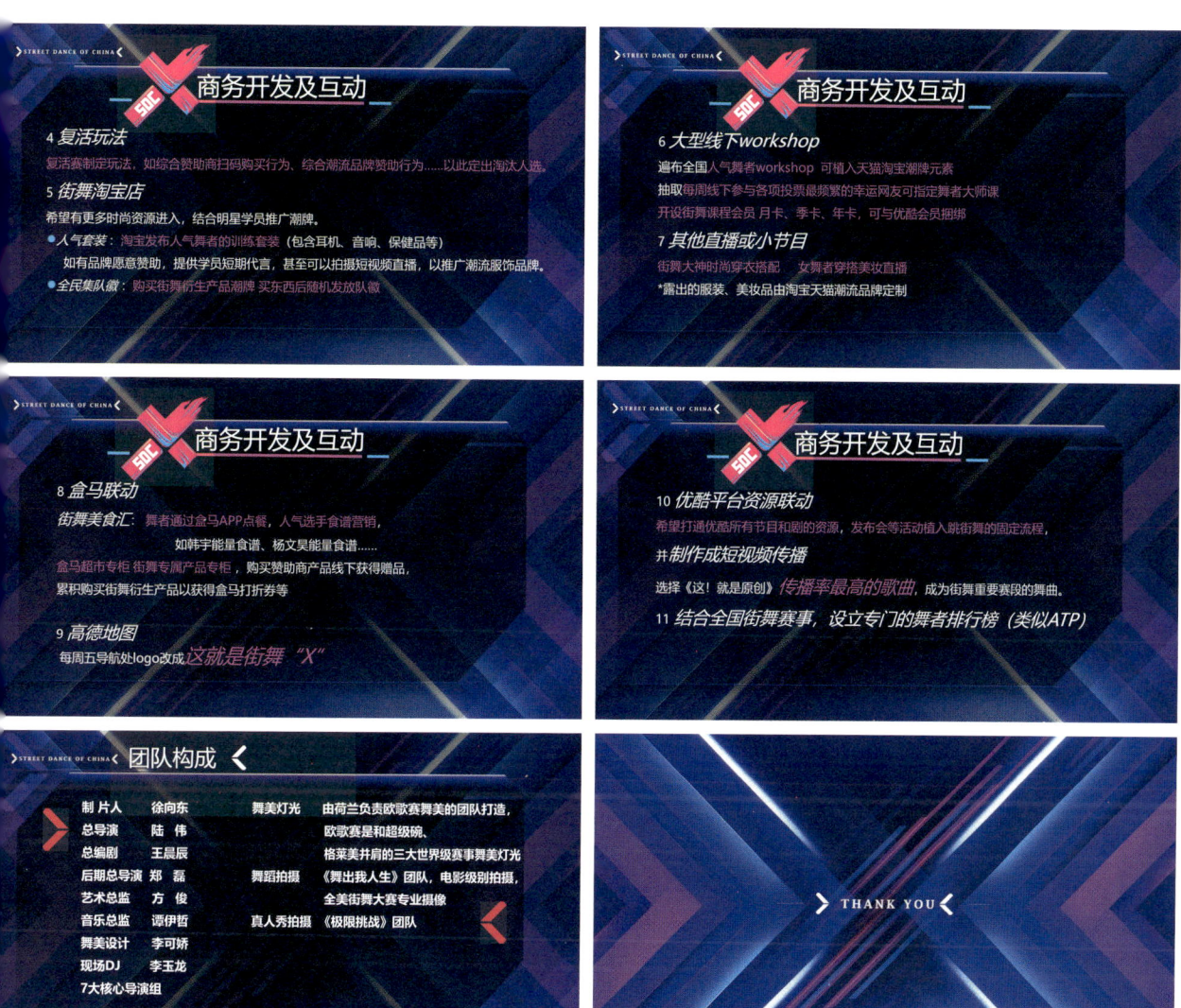

6 《创造营2021》策划案

● 节目升级点——一个国际男团的诞生

《创造营2021》
亚洲青年文化交流节目
冒险岛的奇遇记　多国社交实验　游戏化

Slogan：世界那么大，我们一起闯！

● 嘉宾升级点——发起人团阵容+特教资源

【发起人团】
行业前辈-邓超
金句制造女王-宁静　创家族男团代表-周震南
热搜体音乐导师-周深　国际代表-amber

【特邀嘉宾】木村光希（线上）

【国际学员助教】甜美萌妹-nene

各司其职、全方位陪伴学员成长、助力学员出圈。

● 选手升级点——多样化的选手面貌

亚洲多国少年的聚集：荷尔蒙、快乐、逗趣
【国际化】【视觉向】【年轻化】【表达向】

刘聪　李沛洋　甘望星　佐藤永翔　井汲大翔　尹浩宇

● 选手升级点——高粉丝关注度的焦点少年

周柯宇　　　　林墨　　　　任胤蓬　　　魏子越
嘉行王子　　原计划邻家男孩　哇唧银河少年　参加韩国404
十八岁的小大人　　　　　　　　　　　　　颜值出圈

● 选手升级点——后浪来了！星二代们

吴宇恒　林煜修　李政庭　李嘉祥　陈瑞丰　赞多

● 选手升级点——天然话题、未播先火

韩佩泉　　　诺言　　　　AK

附 录

●选手升级点——独特审美风格

胡烨韬

薛八一

●选手升级点——舞蹈、声乐超高能力者

刘宇

张腾

井胧

●节目录制时间及分集设置

集数	录制时间【暂定】	主题内容
第1期	1月14日-1月16日	亮相真人秀+首秀舞台
第2期	1月18日-1月19日	真人秀+任务发布1
第3期	2月6日	公演1
第4期	2月6日-2月27日	真人秀期
第5期	3月1日-3月14日	任务发布2+淘汰1
第6期	3月20日	公演2
第7期	3月28日-3月29日	淘汰2+任务发布3
第8期	4月4日	公演3
第9期	4月11日	淘汰3+任务发布4
第10期	4月24日	总决赛直播

●真人秀选址

中国·海南·海花岛
跨海相聚 扬帆起航

世界那么大，我们一起闯

海岛地围持续加翻ing，来自全球的优质小哥哥，以兴趣和梦想为集结号角，完成不同文化和背景的碰撞与融合。

一场盛大的游戏即将开始，创始人们将一同见证梦想破茧，理想展风。
同时，他们也将在此找到各自pick的小哥哥，并为他们的推荐"买单"。

●真人秀场景

入户大厅：联合logo

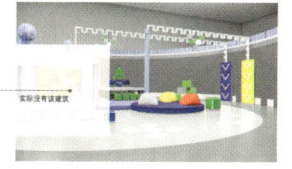
练习室活动区：联合logo

备注：场景与最终呈现会有微调，以实际搭建为主

●真人秀场景——排练厅

排练厅
A班：联合logo+产品植入
其他班级：联合logo

备注：场景与最终呈现会有微调，以实际搭建为主

●真人秀场景

健身房：联合logo

篮球场：联合logo

备注：场景与最终呈现会有微调，以实际搭建为主

●真人秀场景

跑步机：联合logo

篮球场：联合logo

备注：场景与最终呈现会有微调，以实际搭建为主

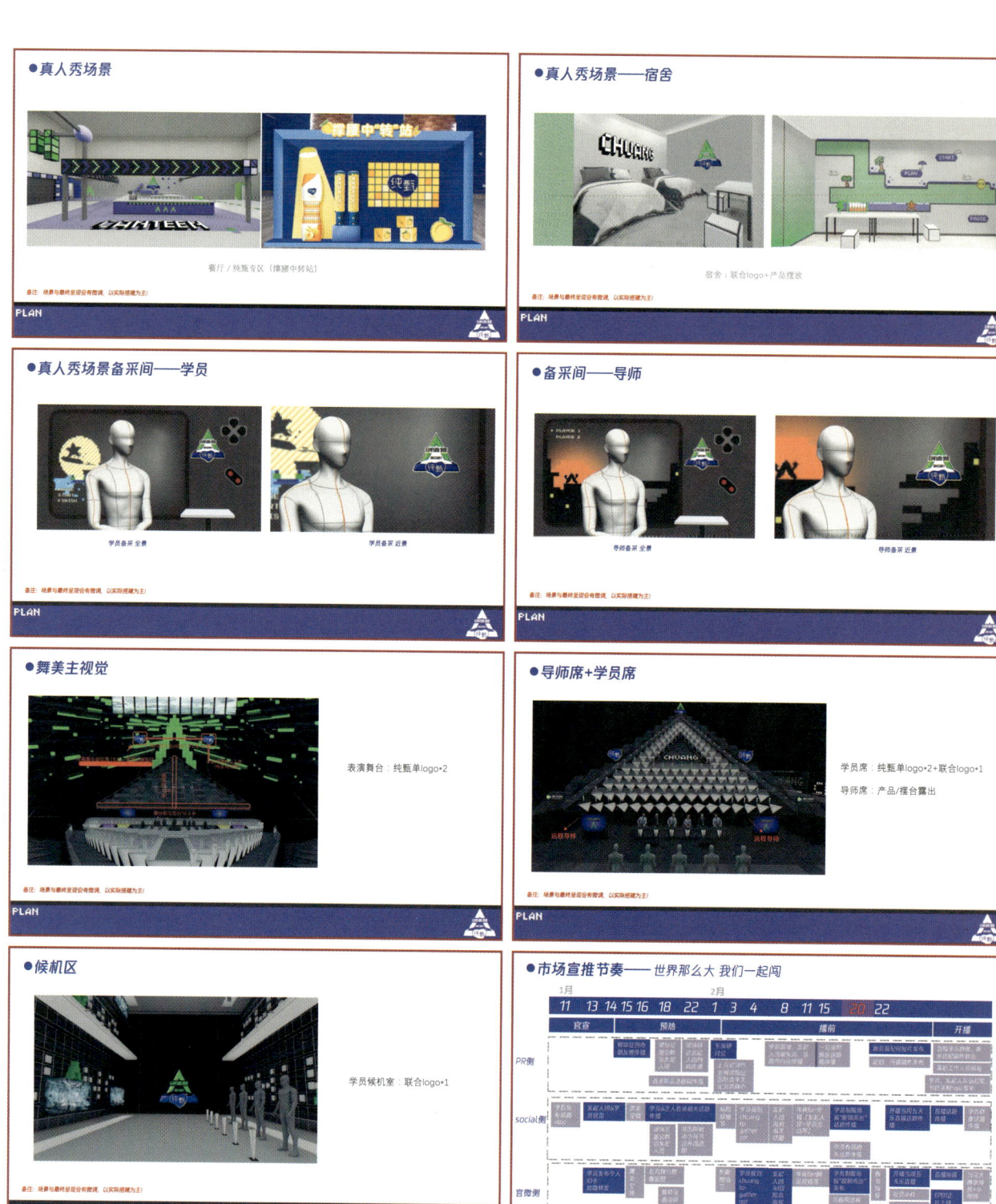

7 爱奇艺《乐队的夏天》招商方案

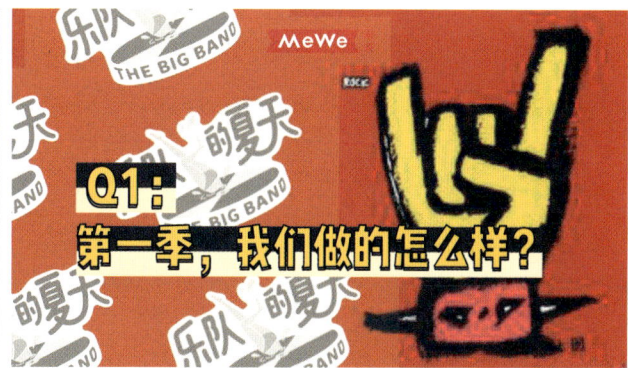

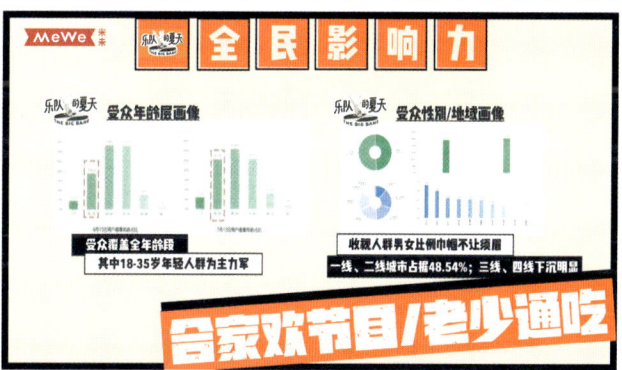

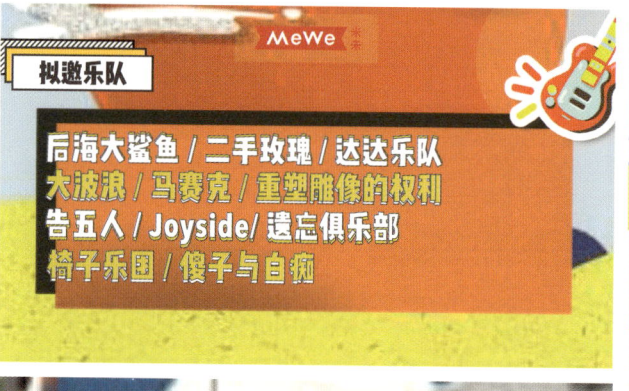

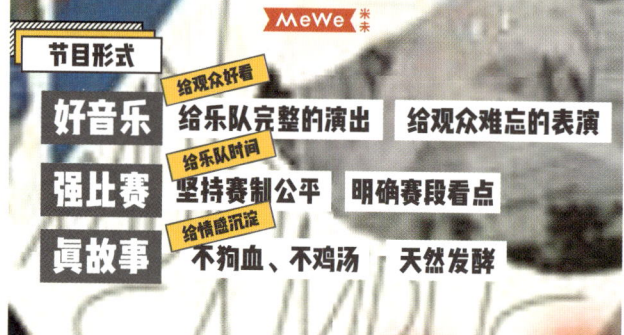

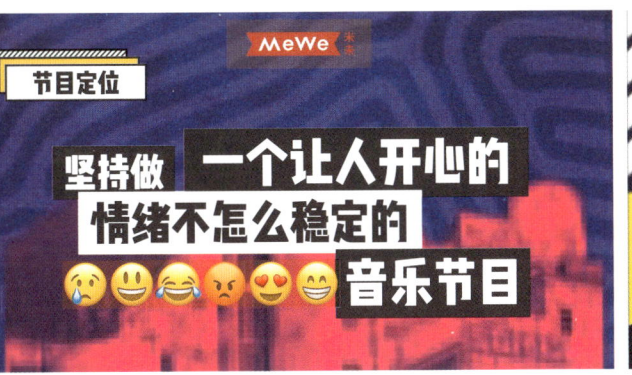

8 《50公里桃花坞》招商简案

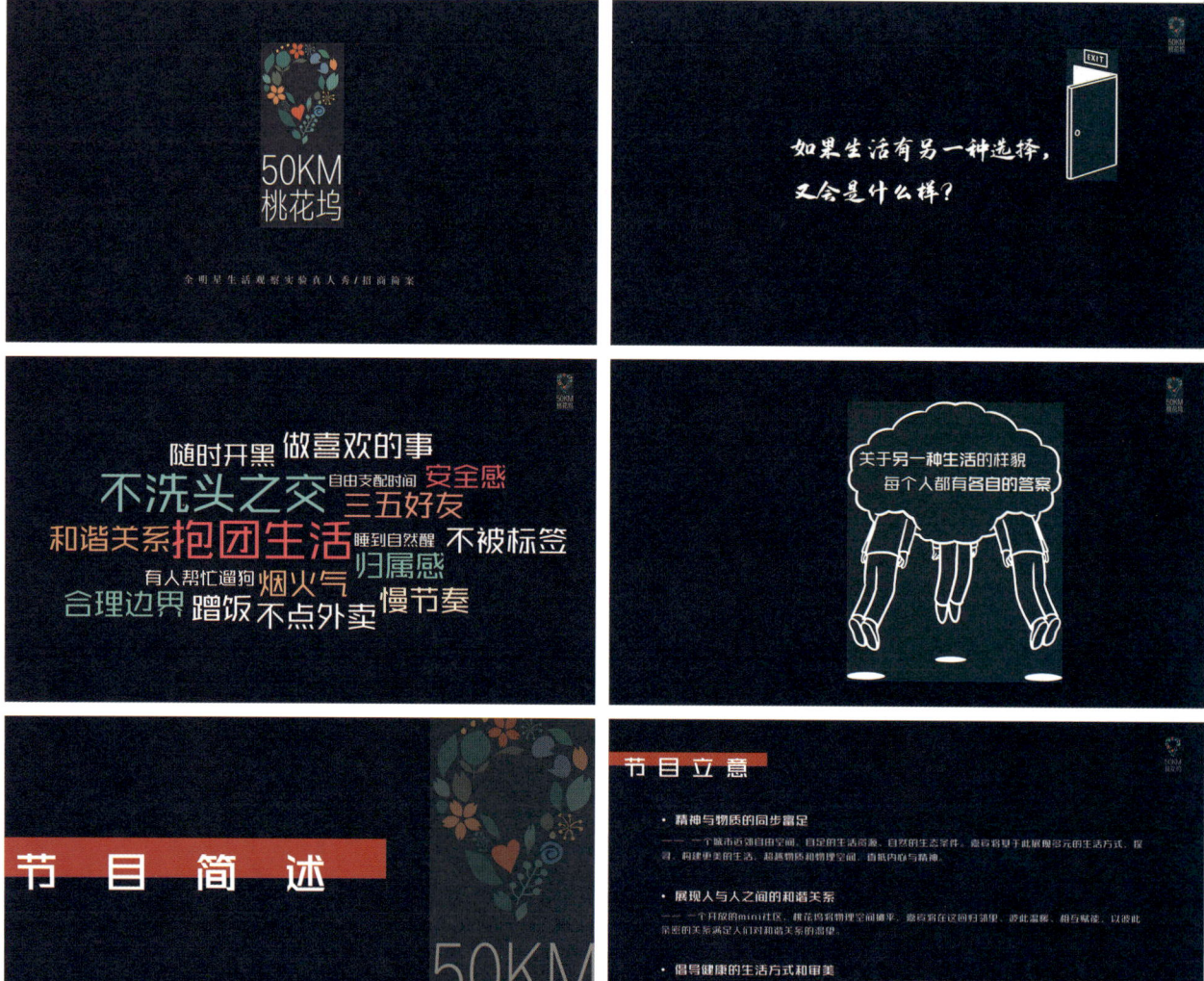

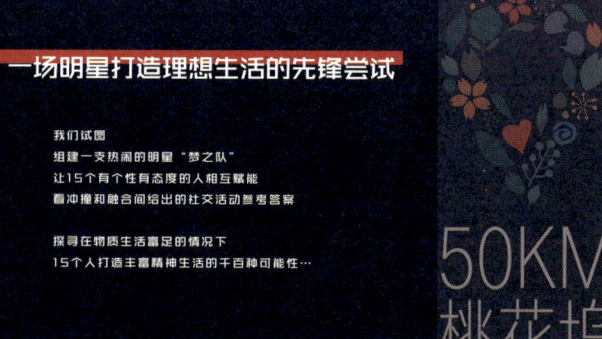

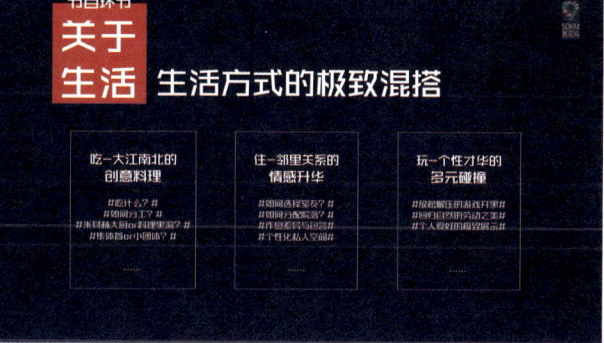

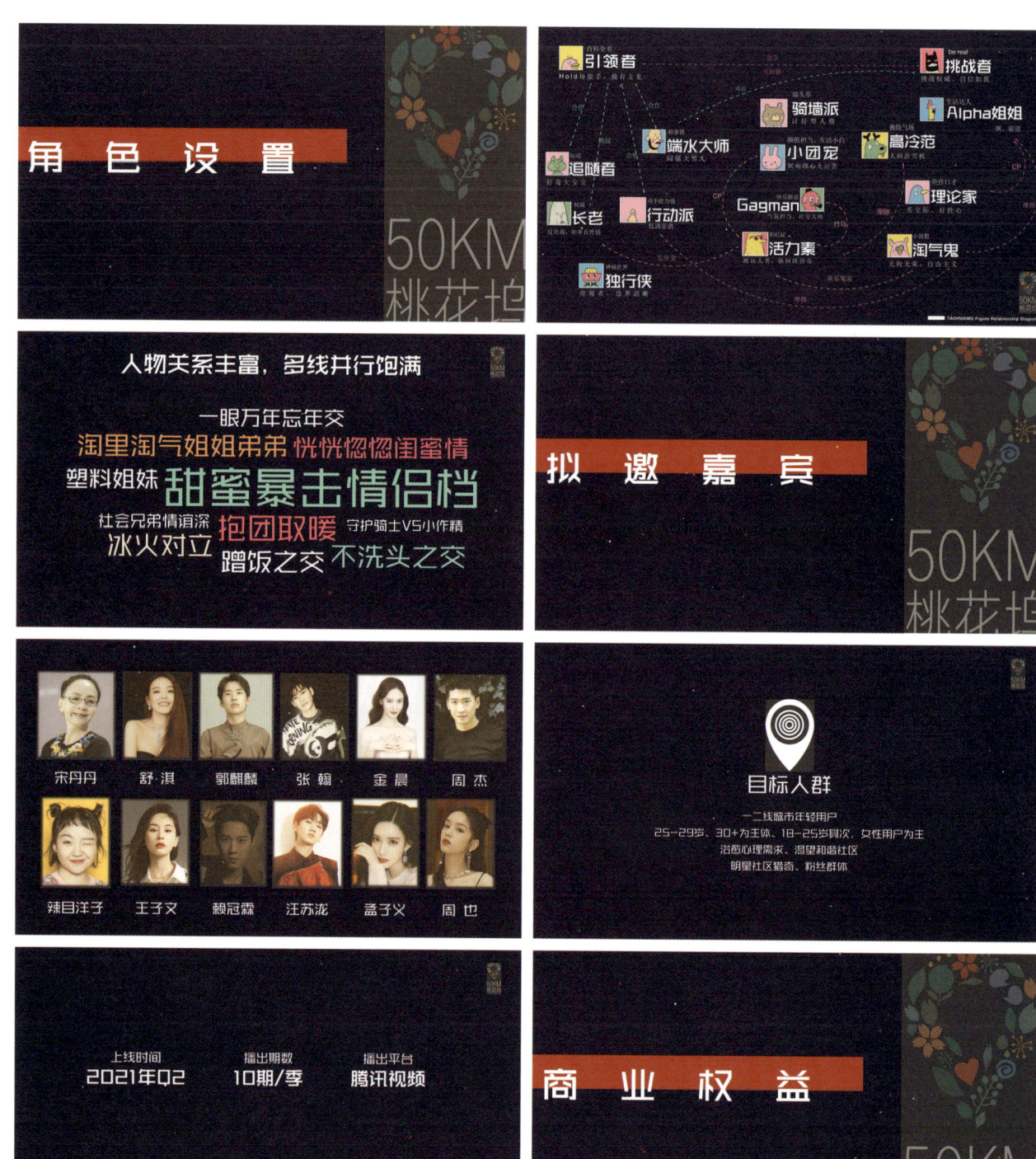

空间植入 — 品牌专属空间

桃花坞呈现一个完整的社区环境，拥有主富场景，如厨房、餐厅、烘焙坊、酒吧、卧室、会议室、球场、画廊、展厅等，作为固定场景持续呈现，跨品类商家入驻生活场景，沉浸式联动品牌效应，挖掘品牌新生能量！

举例：品牌时刻
居民升级桃花坞广播室
品牌拥有独家报时功能
花式播报，玩转热梗

举例：品牌味道
厨房／餐厅品尝一刻
品牌拥有独家三冠冠名功能
一日三餐独家记忆

举例：品牌活题
会议室巧辩一刻
品牌拥有绝佳话语权
桃花坞会议品牌tag随处可见

空间植入 — 品牌地标 创意露出

品牌入驻桃花坞"时代广场"
首创真实广告位，桃花坞版"HOLLYWOOD"！
品牌进驻拥有至高存在感，打造绝对品牌领域！

合作设想：
绝美的自然风光为品牌加持质感，打造热议话题点，提升品牌热度。节目中，俯瞰桃花坞山谷，航拍镜头完美展现，助力品牌升级！

空间植入 — 品牌定制

桃花坞品牌能量屋

全新概念创意设计，是明星获取生活用品的百宝箱，也是导演组的万能口袋。节目品牌双向深度合作，定制设计款XXX（品牌名）能量屋，深入真人秀场景，掌握剧情走向，个性化呈现品牌质感！

合作设想：
品牌入主冠名权，获得专属风格化装修，厂牌logo呈现，还有定制款品牌slogan，一次合作，多项权益。

内容植入 — 专属活动

明星在桃花坞将开启精彩纷呈的主题活动，如不插电音乐会、巨型画作大比拼等。你的主题活动，优加品牌来助力。

举例：活动冠名
来一场XX不插电音乐会
明星品牌共狂欢

活动直播开启一次艺术创作
个性中插巧妙软植
全方位拉高品牌曝光率

赞助商玩偶等趣味周边
明星与产品互动
玩转消费新形态

内容植入 — 食材赞助

在桃花坞，吃是头等大事。产品与内容强强联动，打造共赢新生态。

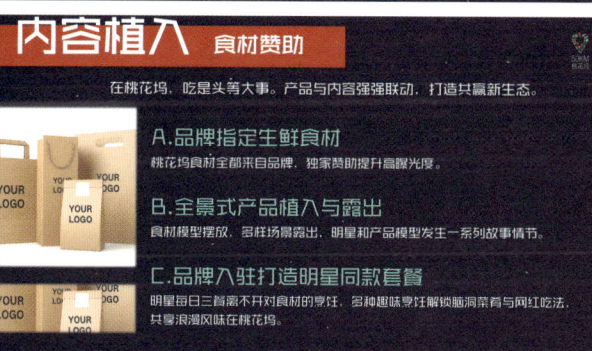

A. 品牌指定生鲜食材
桃花坞食材全都来自品牌，独家赞助提升高曝光度。

B. 全景式产品植入与露出
食材模型摆放，各样场景露出，明星和产品模型发生一系列故事情节。

C. 品牌入驻打造明星同款套餐
明星每日三档离不开对食材的烹饪，多种趣味烹饪解锁脑洞菜肴与网红吃法，共享浪漫风味在桃花坞。

内容植入 — 环节和道具植入

品牌属性解锁桃花坞道具、环节，各种姿势高频曝光，个性化定制，拥有专属style。

在桃花坞里，推车、投票箱等道具是不可或缺的高频使用道具。
品牌多种权益强势赋能，实现双赢。

明星将在桃花坞打造美好生活方式。
吃饭、投票、换窗、集体休闲等固定时刻，期待品牌入驻，品牌时刻妙不可言。

内容植入 — 艺术中插

明星沉浸式交互中插
明星趣味演绎，观众在线进行产品选择，荧屏前后实时交流互动

凡尔赛式反转创意中插
玩转网络热梗，节目中剧情逗乐表演

剧情中插
产品作为里联剧情道具，不着痕迹融入生活里。

中插广告不独立于节目内容之外，结合桃花坞生活形成连续式剧情。

内容植入 — 常规权益

花式口播

花字植入

后 记

《综艺节目创作》是一本工作指南，更是一部记录文编人成长答案的书，其编写过程承载了学界及业界综艺人对文艺事业的热爱与反思。

感谢中国传媒大学文艺编导专业赋予我们文艺思辨能力，让我们能洞察瞬息万变的行业发展。

感谢中国传媒大学与业界平台给予我们理论及实践相结合的空间。感谢学界专家及业界一线导演团队对本教材的支持。感谢前辈作者对晚辈的充分信任与指导。

感谢中国传媒大学所有教授专业课的文艺系老师们。

感谢总台及央视网、央视频、央视创造传媒有限公司，感谢北京卫视、东方卫视、浙江卫视、江苏卫视、湖南卫视等地方卫视，感谢腾讯视频、优酷、爱奇艺、芒果TV、B站等互联网平台，感谢米未传媒、皙悦传媒等相关内容制作团队的支持。

特别感谢总台于蕾导演团队、卢小波导演团队、田梅导演团队，央视网闫雨丝导演团队。

同时感谢参与本教材资料整理、内容文献核对、数据分析、绘图及对业界项目进行系统分析的各位同业及同学，他们分别是：

中央广播电视总台张楚；央视网闫雨丝、王佳、王艺诺、火然；央视创造传媒韩佳思；新华网刘音苑；中国传媒大学张文嵘、秦睿迪、刘洋、贺雅欣、梁梓琳、武俊豪、余佩璇、任潇、黄彭颖、武婷婷。

感谢本教材理论顾问中国电视艺术委员会编辑部副主任闫伟。感谢产学研先锋新媒体传媒1号对本教材相关内容及数据的理论支持。

感谢每一位深耕在创作一线的文编伙伴及各位行业前辈，文编的种子也将持续不断地在各大综艺节目制作平台生根发芽，感谢一路同行的我们。

朱星辰

中国传媒大学广播电视艺术学教授，博士生导师